MÉMOIRES
SECRETS

POUR SERVIR A L'HISTOIRE DE LA RÉPUBLIQUE DES LETTRES EN FRANCE, DEPUIS MDCCLXII, JUSQU'A NOS JOURS.

═══════❦═══════

ANNÉE M. DCC. LXXXIV.

18 Mai 1784. Par des lettres-patentes en forme d'édit, données à Versailles au mois d'août 1783, & enrégistrées au parlement de Toulouse le 10 janvier dernier, les portions congrues des curés & vicaires du diocèse de Toulouse sont augmentées, & pour cet effet l'archevêque est autorisé à supprimer certains prieurés & autres bénéfices y désignés.

« Le parlement, dans son enrégistrement, dit:
« Que sera ledit seigneur roi très-humblement

» supplié de prendre tous les moyens que sa sa-
» gesse lui inspirera, pour accélérer l'amélioration
» du sort des curés congruistes & des vicaires
» dans tous les autres diocèses du ressort de la
» cour. »

19 *Mai*. Extrait d'une lettre de Rouen, du 15 mai........ " M. *Blanchard* n'ayant pu obtenir à Paris la permission de répéter son expérience du 2 mars, s'est rendu dans cette ville, où il annonce qu'elle aura lieu le 23 de ce mois. Il promet de monter & de descendre à volonté, au moyen d'ailes & de machines qu'il a inventées; de planer long-temps; de faire diverses évolutions dans un espace circonscrit. Il ne promet pas de diriger à volonté, mais il l'espere. »

19 *Mai*. M. le comte de *Choiseul-Gouffier* ayant été demander au roi son agrément pour la nomination que l'académie françoise a faite de M. de *Montesquiou*, sa majesté approuva le choix de l'académie, & daigna s'informer en même temps de l'état de M. *le Franc de Pompignan*, qu'on désespere de voir pleinement se rétablir, depuis la derniere attaque d'apoplexie dont il a été frappé.

20 *Mai*. Les arts regrettent beaucoup M. *Mairet*, qui n'étoit point encore de l'académie, mais y auroit figuré incessamment avec avantage. Ses deux estampes les plus précieuses, & qui doivent le devenir davantage depuis sa mort, sont deux pendants d'après M. *Moreau*: *l'arrivée de Voltaire*, & *l'arrivée de Jean-Jacques Rousseau aux Champs Elysées*. Ce graveur avoit une connoissance profonde du dessin, une touche moëlleuse, suave & spirituelle. Il est mort le 24 décembre dernier, n'ayant pas trente ans.

MÉMOIRES
SECRETS
POUR SERVIR A L'HISTOIRE
DE LA
RÉPUBLIQUE DES LETTRES
EN FRANCE,

DEPUIS MDCCLXII JUSQU'A NOS JOURS;
OU
JOURNAL
D'UN OBSERVATEUR,

CONTENANT les *Analyses des Pieces de Théâtre qui ont paru durant cet intervalle ; les Relations des Assemblées Littéraires ; les notices des Livres nouveaux, clandestins, prohibés ; les Pieces fugitives, rares ou manuscrites, en prose ou en vers; les Vaudevilles sur la Cour; les Anecdotes & Bons Mots; les Eloges des Savants, des Artistes, des Hommes de Lettres morts, &c. &c. &c.*

TOME VINGT-SIXIEME.

. . . . *huc propius me,*
. . . . *vos ordine adite.*
Hor. L. II, Sat. 3, ⱽ. 81 & 82.

A LONDRES,
CHEZ JOHN ADAMSON.

M. DCC. LXXXVI.

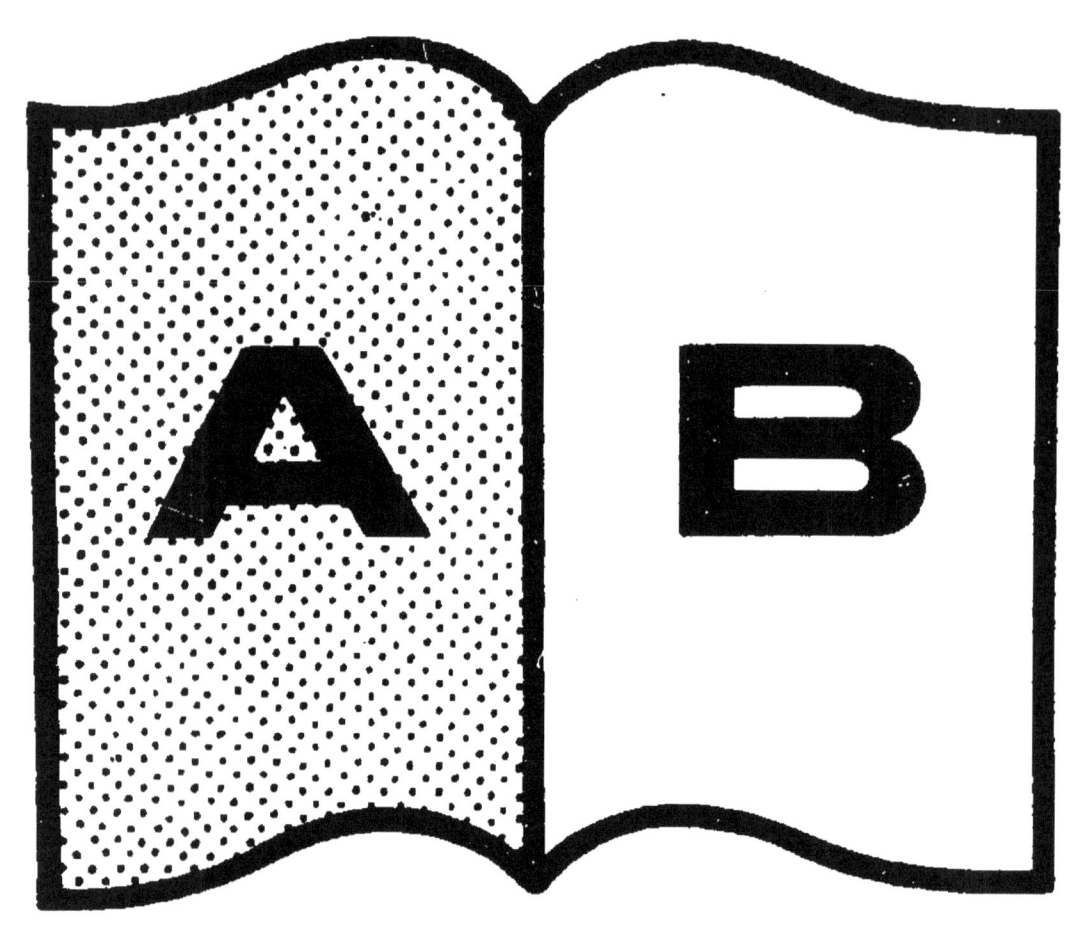

Contraste insuffisant

NF Z 43-120-14

20 *Mai*. M. *Salieri* fait assaut de modestie avec le chevalier *Gluck*, son maître; dans une lettre adressée aux journalistes de Paris en date du 16 mai, en convenant que les idées musicales des *Danaïdes* sont de lui, il déclare que l'emploi qu'il en a fait, leur application aux paroles & leur marche dramatique, lui ont été entièrement suggérés par l'auteur d'*Iphigénie*.

21 *Mai*. On n'a pas manqué de plaisanter M. le marquis de *Montesquiou* sur sa nomination à la place vacante à l'académie françoise. C'est une épigramme vive, courte & plus piquante que si elle étoit bien longue, en ce qu'elle frappe également & sur sa nullité littéraire & sur sa morgue:

Montesquiou-Fezensac est de l'académie:
Quel ouvrage a-t-il fait!..... Sa généalogie.

Ce qui rend l'épigramme encore plus juste & plus mordante, c'est qu'on assure que ce seigneur a effectivement composé & livré à l'impression sur cette matiere un petit livre qui ne se vend point, mais qu'il donne à ses amis, à ses créatures, à ses valets.

21 *Mai*. Dans ce temps où les charlatans pullulent de toutes parts & sur toutes sortes d'objets, un poëte aimable & ingénieux a cru devoir leur imprimer le ridicule qu'ils méritent, par une petite piece de vers très-jolie: tournure la meilleure pour guérir, s'il est possible, l'imagination de leurs crédules enthousiastes. Elle a pour titre: *Portrait du charlatanisme, fait par lui-même dans un moment de franchise*. On attribue cette production manuscrite à un ex-jésuite,

nommé *Carutti*. Comme elle frappe un peu sur le miniſtere, nos journaliſtes n'ont oſé s'en emparer.

22 *Mai*. M. *Roettiers*, graveur, qui avoit la qualité de chevalier-membre de l'académie royale de peinture & de ſculpture, vient de mourir. Ce n'eſt point une perte pour les arts, en ce que depuis pluſieurs ſalons il n'y avoit rien expoſé.

22 *Mai*. Un abbé *Rouſſeau*, jeune homme de 22 à 23 ans, qui débutoit dans la littérature, membre du muſée de la rue Dauphine, y liſant quelquefois de la proſe & des vers; mardi dernier eſt allé dîner au Palais-Royal, chez un reſtaurateur. Après avoir copieuſement bu & mangé, il s'eſt retiré dans un petit cabinet ſous prétexte d'écrire; il a demandé du papier & de l'encre. Peu après on a entendu le bruit d'un coup de piſtolet; on l'a trouvé mort. On a lu ſur la table, dit-on, ces vers-ci, où il explique les motifs de ſa funeſte réſolution & qui peuvent lui ſervir d'épitaphe :

Né de parents obſcurs, rebut de la fortune,
Et follement épris pour d'innocents appas,
Dont ſans quelque forfait, je ne jouirois pas,
Je n'ai pu triompher d'une flamme importune,
Et j'ai préféré le trépas.

On veut qu'il fût devenu amoureux de la ſœur d'un jeune homme, dont il étoit l'inſtituteur, que la demoiſelle ne fût pas éloigné de ſe laiſſer ſéduire; mais qu'effrayé de ce crime & des ſuites, dans la crainte de ſuccomber à ſa paſſion, il ait pris ce parti violent, tel qu'il l'annonce dans ſon teſtament de mort.

22 *Mai.* L'école du chant établie, par arrêt du conseil d'état du roi du 3 janvier 1784, a fait son ouverture le 1 avril dernier.

M. *Gossec* a été nommé directeur de cette école, & c'est à lui que l'on s'adresse pour y être admis; MM. *Piccini*, *l'Anglès* & *Guichard*, maîtres pour la perfection & le goût du chant; MM. *Rigel*, *Saint-Amand* & *Méon*, pour le solfège; MM. *Gobert* & *Rodolphe*, pour le clavessin & la composition; MM. *Molé* & *Pillot*, pour la déclamation & le jeu du théâtre; MM. *Guénin* & *Rochez*, pour le violon & la basse; M. *Rosset*, pour la langue françoise & l'histoire; M. *Donadieu*, maître d'armes, & M. *Deshays*, maître à danser.

23 *Mai.* Me. *Monnot*, le député des avocats du parlement de *Besançon*, est un membre très-ardent, qui avant de venir ici a eu une prise violente avec M. *Droz*, le conseiller de grand'chambre le plus instruit, le plus zélé, le plus ardent & le plus despotique.

M. *Monnot*, arrivé à Paris, n'a eu rien de plus pressé que de voir ses confreres du parlement de Paris, les anciens bâtonniers sur-tout, qui ont regardé la querelle de Besançon comme la leur propre, & en conséquence ont convoqué une assemblée générale de l'ordre. La conduite des avocats de Besançon y a été approuvée, & l'on a nommé sur le champ deux députés pour aller voir M. le garde-des-sceaux, lui représenter que tout ce qu'avoit fait l'ordre des avocats de Besançon étoit conforme au réglement de 1707, qu'il seroit supplié de vouloir bien remettre en vigueur, ainsi que d'éteindre la procédure monstrueuse du parlement de Besançon, de manière qu'il n'en reste pas vestige.

A 4

23 *Mai*. Le Sr. de *Beaumarchais* vient de finir un opéra, dont il a fait lecture à un comité d'élite. On en a été enchanté. Il ne s'agit plus que de trouver un musicien digne de le mettre en musique. Il en fait bien lui-même, & de fort agréable ; mais il n'ose entreprendre une si grande tâche.

24 *Mai*. Le parlement ne perd point de vue l'affaire des *Quinze-Vingts*. Le premier président a dû porter encore hier au roi de nouvelles remontrances, & sur-tout l'exposé des faits venus à la connoissance de la cour, extra-judiciairement il est vrai, & par des témoins non sermentés, mais si graves, si circonstanciés, si multipliés & si appuyés sur la notoriété publique, qu'elle n'a pu s'empêcher d'en mettre le tableau effrayant sous les yeux de sa majesté.

Ces faits sont de trois natures différentes. Les uns concernent le despotisme du grand-aumônier, porté au point qu'il maintient en place un officier nommé par lui seul au préjudice d'un autre nommé par le roi, revêtu de lettres-patentes enrégistrées ; les autres roulent sur l'infidélité de sa gestion : en sorte qu'il paroîtroit s'être approprié près d'un million au moins : enfin les derniers prouvent à quel excès de débordement est venue cette maison religieuse, où l'on ne trouve par-tout, au contraire, que des scenes d'impudicité & de scandale, jusques dans l'église & au pied des autels.

Le parlement n'abandonne pas non plus l'affaire des bénédictins, & il doit y avoir aujourd'hui assemblée de commissaires, pour rédiger vraisemblablement de troisiemes remontrances. La commission des réguliers étant devenue un accesfoire plus important que le fond, n'y sera sans doute pas oubliée.

Quant aux lettres de cachet, sur-tout celle de M. de Mions, comme le sort de celui-ci paroît s'aggraver à mesure que le parlement remontre en sa faveur, il a cru, par humanité pour cet exilé, devoir rester dans le silence en ce moment, & éprouver si la situation de M. de Mions en deviendra meilleure.

Du reste, le roi n'ayant encore fait aucune réponse au mémoire concernant les abus de la justice, cet objet reste *in statu quo*.

24 *Mai*. Le clergé de France vient de gémir d'un nouveau scandale. Il s'agit d'un abbé *Arnoux*, ci-devant avocat, aujourd'hui grand-vicaire de M. l'archevêque de Rheims, qui avoit toute sa confiance, toute celle de la maison de *Tallayrand*, qui, par contrecoup, avoit acquis un grand crédit auprès de beaucoup de prélats ; dont la maison étoit le séminaire des jeunes abbés de qualité, aspirant aux gros bénéfices & à l'épiscopat ; revêtu en outre de bénéfices pour 25,000 liv. de rente, sans compter ce que lui valoit sa gestion de l'archevêché de Rheims : ce personnage vient de renoncer à tout cela pour une grisette qu'il a enlevée, & avec laquelle il est en fuite. On prétend qu'il fait en outre une banqueroute considérable.

25 *Mai*. Le docteur *Mesmer* a enfin fait imprimer un volume d'environ quatre-vingts pages, qu'il distribue à ses adeptes, où l'on s'attend à trouver sa doctrine déduite, & où l'on ne trouve qu'un grand étalage des cures qu'il a faites à Vienne, en Suisse & en France, des persécutions qu'il y a essuyées ; en sorte que ces cures

telles que celle de Mlle. *Paradis*, qu'il avoit guérie de la cécité, & que nous avons revue aveugle ici, font presque toujours restées imparfaites, ou même anéanties tout-à-fait. Il finit par établir quelques propositions qui, bien loin de contredire les lettres de M. de *Montjoie*, publiées dans le *Journal de Paris* dont on a parlé, y sont absolument conformes. C'est un vrai galimathias, semblable à celui des livres cabalistiques, hermétiques, aux ouvrages des alchymistes, des médecins Arabes & autres, de *Nicolas Flamel*, de *Nostradamus*, en un mot, de tous les partisans de l'astrologie judiciaire, ou de la philosophie trismégiste.

25 Mai. On ne peut mieux placer la pièce du *Charlatanisme*, qu'à la suite de l'article concernant le grand charlatan dont on vient de parler :

J'ai créé la race innombrable
Qui, par le merveilleux, séduit le genre humain :
J'ai le ton emphatique, avec un air capable ;
J'excelle aux tours d'esprit, j'excelle aux tours de main ;
  Je m'enveloppe du mystere,
  Et je m'environne du bruit :
  Le bruit en impose au vulgaire,
  Et le silence à l'homme instruit.
On me voyoit jadis sur la place d'Athene,
Du haut de la tribune inspirer les rhéteurs ;
  Près du tonneau de *Diogene*
  Je rassemblois les spectateurs ;
  J'ai fait valoir plus d'un grand homme,

Changeant selon le siecle & selon le pays ;
Je m'en vais débitant des reliques à Rome,
  Et des nouveautés à Paris.
  Autrefois moliniste,
  Ensuite janséniste,
  Puis encyclopédiste,
  Et puis économiste,
  A présent mesmériste,
C'est moi qui traduisis par d'heureux changements,
  L'esprit évangélique,
  L'étude politique,
  La science physique
  En style de romans.
Dans le siecle passé je redoutois Moliere,
  A son nom encor je frémis.
Dans le siecle présent je redoutois Voltaire ;
Rousseau, sans le vouloir, étoit de mes amis ;.
Dans le sénat Anglois, je joue un très-grand rôle,
Mon zele aux deux partis se vend le même jour.
  Puissant d'intrigue & de parole,
Je suis *Catilina*, *Cicéron* tour-à-tour.
A l'Amérique Angloise, encore un peu sauvage,
Je n'ai pu jusqu'ici faire accepter mes dons,
  Mais j'en espere davantage,
Depuis que ses héros inventent des cordons.
Des papes quelquefois je colorai les bulles ;
J'ai souvent embelli les récits des héros ;
  De nos contrôleurs généraux
  Je tourne aussi les préambules.
Je dicte à nos prélats de pieux mandements,
  Des discours aux académies :

Sans être ému, j'ai de grands mouvements ;
Pompeusement j'orne des minuties.
Professeur émérite en l'université,
  Je suis vieux docteur en sorbonne ;
Mais ma premiere place est dans la faculté,
  Et ma seconde auprès du trône.
  En peu de mots voici les traits
  Auxquels on peut me reconnoître ;
  J'aime à parler, j'aime à paroître ;
  J'aime à prôner ce que je fais ;
  J'aime à grossir ce que je sais ;
  J'aime à juger, j'aime à promettre ;
  J'annonce les plus beaux secrets :
  Je n'en ai qu'un, celui de mettre
  Tous les sots dans mes intérêts.
Venez voir dans Paris tout l'or que j'accumule ;
Venez voir près de moi les badauds attroupés :
Depuis la sainte ampoule ils y sont attrapés :
Ce François si malin est encor plus crédule.

16 Mai. Depuis long-temps on parle d'une contestation qui se doit engager entre Me. *Linguet* & le sieur *le Quesne*, au sujet des friponneries dont le premier taxe ce dernier. On annonçoit même que Me. *Tronçon du Coudrai* avocat, son compatriote, plaideroit pour lui : on sait aujourd'hui que Me. *Linguet* demande à venir plaider lui-même, & ne veut absolument qu'aucun autre confrere soit chargé de sa cause. C'est dans cette idée sans doute qu'il doit envoyer, avec son journal, à tous ses souscripteurs un mémoire judiciaire de quatre-vingts pages, où, traitant l'affaire *ex professo*, il revient sur la même matiere dont il les a déjà entretenus très-amplement comme journaliste. Ce mémoire est signé de *Quequet*, procureur au Châtelet; ce qui annonce que le procès est en premiere instance à ce tribunal. Il est fort rare, & quoique beaucoup de gens en parlent, peu l'ont vu.

26 Mai. M. *Bertholet*, docteur en médecine de la faculté de *Paris*, adjoint de l'académie royale des sciences pour la classe de chimie, avoit donné ses cent louis au sieur *Mesmer*, & en conséquence avoit été admis à quelques séances, lorsque confondu de toutes les niaiseries qu'il voyoit, il a exhalé son indignation & a fait une sortie violente contre cet étranger, en le traitant de la façon la plus méprisante, lui & sa doctrine. Il a apostrophé ensuite les enthousiastes crédules du charlatan, leur a dit qu'ils étoient des dupes, ainsi que lui; qu'il leur conseilloit de l'imiter, de laisser M. *Mesmer* débiter tout seul son galimathias qui n'avoit pas le sens commun, & qui n'étoit que les vieilles rêveries de l'astrologie judiciaire rajeunies; que pour lui il n'auroit pas la sottise de revenir, & que pour empêcher les autres de donner dans de semblables folies, il alloit publier sur les toits que le prétendu secret du sieur *Mesmer* ne consistoit que dans des simagrées vaines, dans des puérilités misérables, dans des folies indécentes & dangereuses. On a voulu lui objecter le serment par lequel il avoit juré en entrant de ne rien révéler de ce qu'il avoit vu. Il a répondu qu'il ne se croyoit pas obligé par un serment qui portoit lui-même à faux, & n'étoit qu'une singerie de plus. Il est sorti furieux alors, & récite cette scene à qui veut l'écouter.

26 Mai. M. le baron de *Breteuil* continue à s'occuper sans relâche de tous les moyens d'améliorer encore les hôpitaux & maisons de force. Le 24 de ce mois, il a visité dans le plus grand détail, en présence des administrateurs, les maisons de *Bicêtre* & de la *Salpêtriere*.

27 *Mai.* M. de *Montgolfier* a été reçu chevalier de l'ordre de *Saint-Michel*, dans le chapitre de l'ordre tenu le 8 de ce mois aux cordeliers. C'est M. le vicomte de la *Rochefoucault* qui y a présidé au nom du roi ; & M. *Poussin de Grand-champ*, secretaire du roi, l'un des chevaliers, nommé aussi par S. M. pour suppléer M. *Collet*, chevalier & secretaire de l'ordre, y a prononcé le discours d'usage.

27 *Mai.* On parle toujours de nouveaux aérostats, & chaque province à l'envi veut jouir de ce spectacle. M. *Figene*, ingénieur des ponts & chaussées à *Narbonne*, y en a lancé un le 28 avril, suivant la méthode de M. de *Montgolfier*, qui en moins de 4 heures a fait 32 lieues. Il n'y avoit point de voyageur ; il étoit en toile & papier, de trente pieds de diametre.

Le sieur *Adorn*, opticien & physicien italien, établi à *Strasbourg*, en ayant construit un aussi suivant le même procédé, s'est élevé avec lui le 15 de ce mois ; il avoit un compagnon de voyage ; ils ne sont restés que quatre minutes en l'air ; il est retombé sur un magasin de palissades, y a mis le feu, & auroit causé le plus grand dommage, si le feu n'avoit été promptement éteint. Les deux voyageurs n'ont pas péri ; mais sont en mauvais état.

28 *Mai.* Outre le livre dont on a parlé, le docteur *Mesmer* a fait imprimer un petit livret, contenant la liste des cent premiers membres, fondateurs de la société de l'Harmonie, depuis le

1 octobre 1783, jusqu'au 5 avril 1774. Ainsi voilà le mesmérisme érigé en société ou ordre, dont il est le grand-maître. On lit ensuite les noms des cent chevaliers, parmi lesquels les plus illustres personnages de la cour, des académiciens, des médecins, des savants, des chefs d'ordre, &c. C'est un délire incroyable. Depuis ces cent apédeutes, il en a enrôlé près de cent autres: il s'établit des baquets par-tout. On nomme ainsi la cuve commune: *Réservoir du magnétisme animal*, auquel tous les malades pompent ensemble ce précieux fluide.

28 *Mai*. Il paroît que c'est un mémoire que le sieur le *Quesne* a pris enfin le parti de faire composer & de communiquer pour sa défense aux juges du Châtelet, où le procès est réellement engagé avec Me. *Linguet*, qui a été envoyé à celui-ci à *Londres*. Sa bile s'en est enflammée, & il a de nouveau enfanté sur cette matiere un mémoire très-volumineux, qu'il a fait passer en réponse aux magistrats, & qu'il compte donner à ses souscripteurs dans une suite de numéros. Il est vrai que ce sera un cadeau qu'il leur fera, dit-on, gratuitement.

29 *Mai*. L'*Héliopt* occupe toujours les savants, astronomes & navigateurs. C'est ainsi qu'on nomme l'instrument inventé par M. de *Sornay*, pour trouver la longitude. On a déjà parlé de cette découverte faite à l'*Isle-de-France*, & dont les premieres expériences ont eu lieu dans les mers des Indes. Elles ont été contestées ici, & M. de la *Lande*, entr'autres, a paru se moquer de la crédulité de ceux qui racontoient ces faits. Il a même essuyé des réponses dures: MM. de *Beaulieu*, de *Looz* & de la *Ronsiere*, trois capitaines de vaisseau d'un

mérite diftingué, qui avoient fait féparément, depuis quatre ans, dans des voyages de long cours, beaucoup d'obfervations avec cet inftrument, fe trouvant réunis à Paris, s'affemblerent le 22 de ce mois à l'obfervatoire. Ils y déterminerent conjointement, en préfence de plufieurs perfonnes, la longitude de Paris, à l'aide de deux *Heliopts*, qui la donnerent également avec la plus grande précifion.

Cette expérience paffe pour fi authentique, qu'on ne doute pas qu'elle ne force enfin l'académie des fciences à s'expliquer & à donner fon fuffrage à l'*Heliopt*.

29 *Mai*. M. *Radix de Sainte-Foy*, par arrangement avec le parlement, eft revenu à Paris le mercredi au foir. Il s'eft conftitué le lendemain jeudi prifonnier à la conciergerie, & puis en eft forti pour fe rendre à l'audience, & préfenter à genoux fes lettres d'abolition & d'extinction.

Après avoir répondu aux diverfes queftions d'ufages, ces lettres, fur les conclufions du miniftere public, ont été admifes pour qu'il eût à fe pourvoir à la tournelle & les y faire entériner. Un monde immenfe affiftoit à ce fpectacle.

29 *Mai*. M. de *Fontanier*, chevalier de l'ordre royal & militaire de Saint-Louis, ancien intendant & contrôleur-général des meubles de la couronne, commiffaire-général honoraire du bureau des dépenfes de la maifon du roi au département du garde-meuble, de l'académie de Stockholm & des académies royales des fciences & d'architecture de Paris, vient de mourir.

30 *Mai*. Encore un nouveau journal qui s'annonce pour le 1 feptembre prochain. Il aura pour titre: *Journal du roulage & du commerce de l'Eu*

rope. Cet ouvrage périodique paroîtra une fois par semaine.

Son plan est de renfermer régulièrement dans une feuille de quatre pages, tous les renseignements qui peuvent faciliter les opérations du commerce dans l'intérieur du royaume & dans toute l'*Europe*. On voit qu'il est spécialement destiné à tous les négociants, banquiers, commerçants, manufacturiers, fabricants, consommateurs & rouliers de l'*Europe*.

Ce plan est déjà ancien, car les auteurs du *prospectus* se glorifient que l'empereur l'ayant vu à son dernier passage dans cette capitale, fut tellement frappé de son utilité pour le progrès du commerce de l'*Europe*, que non-seulement il leur permit de faire circuler librement leur journal dans tous les états héréditaires, mais leur offrit d'en faire distribuer le *prospectus*.

30 *Mai*. Quoique le jugement du conseil de guerre de l'*Orient*, mis sous les yeux du roi, ne soit pas encore public, comme on sait à-peu-près ce qui en doit résulter, on a fait déjà un calembour dessus. On dit que toute l'armée navale est innocentée; M. de *Grasse* déclaré spécialement innocent; le roi, comme accusateur, mis hors de cour, & l'état condamné aux dépens.

30 *Mai*. L'affaire du *de Nassau* de Châtelleraut n'aura pas lieu; il paroît que l'autorité s'en mêle, qu'on a intimidé ce malheureux maître d'école, ainsi que les avocats chargés de prendre sa défense; que M. l'avocat-général Seguier, qui devoit porter la parole dans cette affaire, s'est même ouvert à eux & leur a paru si prévenu qu'ils ont cru devoir y renoncer. On veut même qu'il y ait eu arrêt, auquel il a consenti, qui lui fait défenses de se dire *Nassau*.

31 *Mai.* On parle d'une chanson en plusieurs couplets sur la piece du sieur de *Beaumarchais*, qu'on annonce comme bien supérieure à l'épigramme, comme non moins méchante, non moins juste, mais plus fine & plus gaie. Elle est rare encore, & l'on ne croit pas que le héros soit tenté d'y donner de la publicité, comme il l'a fait à l'égard de l'épigramme.

31 *Mai.* Il existe depuis près d'un demi-siecle en cette capitale une *Société des Enfants d'Apollon*, où sont admis tous ceux qui dans les arts libres ont une certaine supériorité, & qui en outre ont des mœurs & de la considération. Jusques ici les membres satisfaits du bonheur qu'ils goûtoient entre eux, ne s'étoient pas piqués de donner aucun éclat à leurs assemblées. Enfin ils ont voulu aussi faire parler d'eux & n'en seront sans doute pas plus heureux.

Cette société a arrêté de donner une fois par an, dans le cours du mois de mai, un concert public, dans lequel on ne joueroit que des morceaux nouveaux, composés & exécutés par des freres.

Le premier a eu lieu le jeudi 27 de ce mois dans la salle du musée de la rue Dauphine, & son exécution a été parfaite.

Un *Hymne à Apollon*, dont les vers, très-lyriques, prêtent sur-tout à la variété & à la richesse musicale, a frappé le plus les auditeurs. La musique est de l'abbé *Rose*; l'auteur des paroles est anonyme.

31 *Mai.* Extrait d'une lettre de Rouen, du 26 mai.... « Le 23 de ce mois à sept heures du soir, M. *Blanchard* s'est élevé seul, avec le même aérostat dont il s'étoit servi le 2 mars à Paris, & que

M. *Vallet* étoit venu remplir ici ; car M. *Blanchard*, habile méchanicien, n'eſt point du tout phyſicien. Il eſt deſcendu à quatre lieues de Rouen. Ses ailes étoient en bon état, & il n'a éprouvé aucun obſtacle. Mais on n'a pas remarqué qu'il ait fait les évolutions qu'il avoit annoncées, ni qu'il ſe ſoit ſervi d'autre direction que de celle du vent.

1 *Juin* 1784. La chanſon dont on a parlé contre la piece du ſieur de *Beaumarchais*, eſt en quatre couplets, ſur le même air que ceux chantés à la fin par les divers perſonnages:

  Jadis on a vu Thalie
  Jeune & d'aſſez belle humeur
  Se permettre la faillie,
  Sans alarmer la pudeur ;
  En mauvaiſe compagnie
  On voit bien à ſes diſcours
  Qu'elle vit ſur ſes vieux jours, *bis.*

  Meſdames, plus de grimace,
  Plus d'éventails, plus d'hélas !
  On pourra vous dire en face
  Ce qu'on vous contoit tout bas ;
  Ce n'eſt que changer de place,
  L'amour y perd ; mais enfin
  C'eſt abréger le chemin. *bis*

  Près de cet amas grotesque
  De fripons & de catins,
  parlant en ſtyle burleſque,
  De leurs projets libertins ;
  Pourquoi d'un ton pédanteſque

S'écrier, ah ! quelle horreur !
C'est l'histoire de l'auteur. *bis.*

Oui, Messieurs, la comédie
Que tout Paris applaudit,
Des erreurs vous peint la vie
Du grand homme qui la fit ;
De l'impudence impunie
On admire le héros
Sous les traits de Figaro. *Bis.*

1 Juin. M. *de Montgolfier* qui, nommé l'année derniere correspondant de l'académie royale des sciences, vient d'en être élu associé, spécialement chargé par le roi & par l'académie des travaux propres à tirer parti de sa découverte des *aërostats*. En conséquence, obligé de retourner à Annonay pour ses affaires, il y a emporté le globe de soixante-dix pieds, avec lequel il a fait des expériences depuis un mois. Il les continuera dans son pays, soit relativement au combustible, soit par rapport aux forces nécessaires pour diriger ce globe.

2 Juin. Une grande affaire existante au Châtelet, entre M. *Bertin*, ministre d'état, accusateur, & plusieurs de ses commis accusés, est précieuse comme historique, à raison des différentes connoissances qu'on puise dans les requêtes & mémoires imprimés qui y ont paru.

On y voit d'abord constaté d'une façon juridique en quelque sorte, que le feu roi avoit un pécule particulier.

Que ce pécule consistoit principalement : 1°. dans les revenus de la province de Dombes ; 2°. dans la propriété de 150,000 livres de contrats, reste de la place de fermier-général réservée lors du bail de 1762 ; 30. dans le bail de 1768.

Ces différents objets qui donnoient à-peu-près 350,000 livres de revenus, étoient précisément les fonds du département de M. Bertin ; il en avoit la direction, & il en étoit constamment l'ordonnateur, l'administrateur.

Il résulte encore de ces mémoires que les bureaux de M. Bertin n'étoient pour la plupart qu'un repaire de coquins, de brigands, de banqueroutiers, & que ce ministre, sans être dérangé dans ses mœurs, par sa paresse & son insouciance, causoit & fomentoit le dérangement de ses subalternes.

Outre les différents commis de ce ministre qui ont déjà paru sur la scene sous ce point de vue, deux nouveaux figurent ici ; savoir, les sieurs *le Seurre* & *Belon*, accusés d'abus de confiance & de divertissement de deniers. Le procès est toujours pendant au Châtelet depuis 1777.

On y voit encore que la dotation de l'ordre du Saint-Esprit dont M. Bertin étoit grand-trésorier, est de 581,000 liv.

2 *Juin*. Un sieur Michel, machiniste de Strasbourg, est arrivé ici & fait voir un spectacle fort curieux ; il consiste dans une machine imitant parfaitement le tonnerre dans les plus grands orages & dans les effets les plus terribles.

On trouve en outre chez lui des modeles de machines singulieres, telles que celles dont on s'est servi pour transporter le rocher, piédestal de la statue équestre de *Pierre le Grand* à Pétersbourg. Ce rocher pesoit deux millions cinq cens mille livres.

2 Juin. Il a paru en 1781 un *Recueil de pieces intéressantes & peu connues pour servir à l'histoire*, en un volume. On vient d'y en joindre pour cette année un second, *pour servir à l'histoire & à la littérature*. On a grande raison de soupçonner que l'éditeur est M. de *la Place*.

Ce qu'il y a de plus intéressant dans le premier, c'est un *Extrait* ou *mémorial du Recueil d'anecdotes de monsieur Duclos*, secretaire perpétuel de l'académie françoise & historiographe de France, par lequel on voit qu'il n'étoit pas encore fort avancé dans cet ouvrage.

Dans le second volume, où la disette des matériaux, sans doute, a obligé l'éditeur de ramasser plusieurs morceaux d'un genre différent, l'*anecdote persane* est la plus remarquable, comme touchant de plus près à nos jours. Suivant cette anecdote M. le comte d'*Affry*, notre ambassadeur en Hollande, auroit intercepté & retiré, à deux ou trois exemplaires près, toute l'édition d'un libelle en deux volumes contre madame de *Pompadour* & *Louis XV*, en anglois. Le marquis de *Marigny* seroit venu prier M. de *la Place*, alors très-malade, de le traduire ; ce qu'il auroit fait avec les plus grandes précautions & la plus grande ingratitude de la part du Marquis, lequel avoit même laissé ignorer à sa sœur ce service de M. de *la Place* ; en sorte que celui-ci n'en a jamais été récompensé.

L'éditeur promet un troisieme volume, & l'on ne peut que lui savoir bon gré d'avoir ramassé ces matériaux, dont la plupart se lisent avec plaisir.

3 Juin. Des Mémoires qui ont paru dans le procès de M. *Bertin* contre ses commis accusés d'abus de confiance, il résulte un état détaillé de son pécuniaire, bon à conserver.

En 1763, lorsque M. Bertin fut élevé de la place de contrôleur-général à celle de secretaire d'état, il n'avoit d'autre traitement

	livres
1°. Que les gages du conseil comme secretaire d'état, qui sont	28,000
2°. La gratification annuelle attachée au titre de ministre	20,000
3°. Les appointements en qualité de conseiller au conseil royal	10,000
4°. Ceux de commissaire au bureau du commerce	4,000
5°. Un acquit de	3,000
Total	65,000

Dont il falloit déduire

| 1°. Pour dixieme | 6,500 | |
| 2°. Pour capitation. | 2,400 | 8,900 |

Ainsi il restoit net . . . 56,100

M. Bertin avoit de plus une pension en finance de : . 6,000
qui au moyen de la retenue de . 1,800
pour trois dixiemes, se trouvoit réduite à . . 4,200

Or cet ensemble de la somme de 60,300
se trouvant insuffisant, le feu roi y joignit
1°. La direction des haras, avec un traitement particulier de 12,000
2°. Une gratification de 30,000
sur les revenus de la province de Dombes, ou le produit de la place de fermier-général, réservée en 1768.

Ainsi, à cet époque, c'est-à-dire, au premier janvier 1764, le traitement de M. Bertin étoit un objet de 102,300

M. *Bertin* eut la modération de s'en contenter pendant environ cinq années, quoique le traitement des secrétaires d'état fût au moins de 200,000 livres ; mais en 1768 le ministre de la finance fit accorder à M. *Bertin* une gratification annuelle de 100,000 livres.

Cette gratification réduite ensuite à 70,000 liv. fût payée par ordre du feu roi sur son pécule, pendant les premieres années de l'administration de M. l'abbé *Terrai*.

Enfin le 27 mars 1774, le traitement de M. *Bertin* ayant été porté, comme celui du ministre de la marine, à une somme de 200,000 liv. la gratification annuelle de 70,000 livres & les 12,000 livres sur les haras cesserent d'avoir lieu.

3 Juin. On assure que le vrai testament de mort de l'abbé Rousseau étoit en prose & conçu en ces termes :

« Le contraste inconcevable qui se trouve entre la noblesse de mes sentimens & la bassesse de ma naissance, un amour aussi violent qu'insurmontable pour une fille adorable, la crainte de causer son déshonneur, la nécessité de choisir entre le crime & la mort, tout m'a déterminé à abandonner la vie. J'étois né pour la vertu, j'allois être criminel, j'ai préféré de mourir. »

4 Juin. M. le comte de *Mirabeau* est de retour ; il a rapporté avec lui son nouveau *Factum*, qui a pour titre : *Mémoire du comte de Mirabeau, supprimé au moment même de sa publication par ordre particulier de M. le garde-des-sceaux :*

Et réimprimé par respect pour le roi & la justice, avec une conversation de M. le garde-des-sceaux & du comte de Mirabeau.

Reste à savoir comment, si le premier Mémoire

moire a été arrêté, celui-ci plus redoutable pourra percer.

4 Juin. Mad. *Dugazon* s'est mieux tirée qu'on ne l'espéroit du grave accident que lui avoit procuré son excès d'incontinence; elle a reparu hier dans *le Droit du Seigneur*: un de ses admirateurs lui avoit adressé la veille à cette occasion le madrigal suivant:

<blockquote>
Au gré de nos désirs, te voilà rétablie:
 Momus va rentrer dans ses droits;
 Et jeudi trois du présent mois,
On donnera *le retour de Thalie*.
</blockquote>

4 Juin. On se plaint depuis long-temps des échoppes qui embarassent dans les rues & sur les ponts; qui gâtent dans les places leur symmétrie & sur les quais ôtent le coup d'œil de la rivière: cette invention de la cupidité de quelques particuliers & même de quelques corps, vient enfin d'être proscrite par des lettres-patentes données à Versailles au mois de mai dernier, & regiſtrées en parlement le 27 dudit.

Par ces lettres-patentes on ne conserve que les échoppes aliénées au profit des domaines du roi; il ne pourra à l'avenir, sous quelque prétexte que ce soit, être établi que des échoppes purement mobiles, placées le matin & enlevées le soir.

5 Juin. Il paroît constant que M. *Court de Gebelin*, qui l'an passé avoit publié une Lettre très-volumineuse, dont on a rapporté la substance, en faveur de *Mesmer* & son système, qui célébroit la cure merveilleuse que ce charlatan avoit faite en sa personne, non-seulement n'étoit pas guéri, mais avoit été obligé de continuer à supporter le traitement du magnétisme animal; que pour en mieux jouir, il s'étoit logé chez le grand-maître de l'ordre de l'harmonie, & qu'il y est mort la nuit du 13 au 14 mai dernier, à deux pas du baquet mystérieux, sur lequel on s'empressoit, mais trop tard, de le porter.

5 *Juin*. Depuis long-temps les Italiens n'avoient donné aucune piece aussi constamment & aussi généralement applaudie que la pauvreté d'hier. Sur le titre seul, fadasse & trivial, le public en avoit eu peu d'idée & il n'étoit accouru presque personne. C'est *le Temple de l'Hymen*, piece épisodique en trois actes & en vers. M. *Desforges* qui en est l'auteur, y a introduit *Momus* qui s'égaie & y jette du piquant. Ce folâtre dieu est envoyé par *Jupiter* à l'Hymen pour le consoler & l'empêcher de fermer son temple, ainsi qu'il en a le projet, las d'entendre les plaintes des mortels contre lui. Aidé par l'Amour qui vient se réconcilier avec son frere, *Momus* obtient de l'Hymen qu'il restera dans son temple, mais se rendra plus difficile & ne s'ouvrira qu'aux vrais amants. L'Amour vole en chercher pour lui; il se charge d'éconduire les adorateurs qui ne seroient pas guidés dans leur culte par un zele pur. Ce qui donne lieu à plusieurs scenes critiques & allégoriques, où divers originaux passés en revue peignent en action les mariages de nos jours, & démasqués par le dieu de la raillerie en sont baffoués. Enfin l'Amour, après avoir long-temps couru, amene deux vrais amants, les seuls qu'il ait rencontrés. Ce couple éprouvé par différentes persécutions, en triomphe à force de constance & est couronné dans le temple. Un mélange de

scenes gaies, vives, intéressantes, résulte de ce plan & forme un contraste charmant ; elles sont remplies d'ailleurs de détails agréables & de vers heureux : par une gradation bien ménagée, la curiosité croît d'acte en acte & le dernier a fait le plus grand plaisir.

6 Juin. Dans son nouveau Mémoire M. le comte de *Mirabeau* s'adresse d'abord à *ses concitoyens*, & leur rend compte des motifs qui l'ont déterminé à faire cette nouvelle édition & à l'enrichir de l'anecdote qui y a donné lieu.

Son premier Mémoire venoit de paroître ; il n'en avoit distribué des exemplaires qu'à une petite partie de ses juges, lorsqu'un ordre de M. *Laurent de Villedeuil*, le chef actuel de la librairie, en arrêta la publication.

Le lundi 19 avril on demanda au sieur *Cuchet*, son libraire, quel nombre d'exemplaires il avoit fourni, quel nombre il en avoit en magasin ? & il reçut la plus sévère injonction de n'en pas délivrer un seul à l'auteur même.

Le comte de *Mirabeau* s'en plaignit au directeur de la librairie, qui, par un concours de circonstances fort singulier, se trouvoit être le rapporteur de son procès. Ce magistrat lui répondit pour toute solution : *Je suis le bras de M. le garde-des-sceaux*, & s'est déporté depuis du rapport.

Après différentes tentatives inutiles, soit à Paris, soit à Versailles, pour parvenir auprès de M. le garde-des-sceaux, & après avoir prévenu M. le baron de *Breteuil*, que le comte de *Mirabeau* regarde comme le protecteur de la liberté des citoyens dans une place où l'on y a trop souvent attenté, résolu à faire un éclat, il se rendit à l'audience publique de M. de *Miromesnil* le vendredi 24 avril.

Suit la conversation assez longue de M. le comte de *Mirabeau* avec M. le garde-des-sceaux, où celui-ci seroit l'écolier & l'autre le maître, si elle étoit rapportée aussi exactement qu'il le prétend, & même mot à mot, à ce qu'il assure.

Par cette conversation, il paroîtroit que M. le garde-des-sceaux seroit indisposé de longue main contre M. le comte de *Mirabeau*, au sujet de *l'Espion dévalisé*, dont il s'obstineroit à le croire auteur, quoique monsieur de *Mirabeau* l'ait toujours nié, & qu'il ne puisse lui être attribué par quelqu'un qui connoîtra son style & sa manière, bien différents de ce qu'on trouve dans cette compilation indigeste autant qu'indécente & de mauvais goût.

M. de *Mirabeau* ne pouvant rien gagner du chef de la justice, le prévint *qu'il frapperoit du pied la terre, & qu'il en feroit sortir dix mille exemplaires d'un Mémoire dont on sauroit l'histoire & l'occasion*: modération de M. le garde-des-sceaux qui promet, par considération pour l'auteur, de vouloir bien l'ignorer.

Il va trouver le prince de *Poix*, capitaine des gardes de service, & lui remet une lettre au roi, datée de Versailles, du 13 avril 1784, où il se plaint à sa majesté, d'une manière aussi noble que ferme & respectueuse, du déni de justice de M. le garde-des-sceaux.

M. le prince de *Poix*, avant de remettre la lettre au Roi, a une entrevue avec M. le garde-des-sceaux, & n'en obtient aucune satisfaction. M. de *Mirabeau* écrit encore à M. de *Miromesnil* le 15 avril, sur son silence. La lettre est remise à sa majesté & renvoyée, suivant l'usage, à M. le garde-des-sceaux.

Après ces préliminaires se trouve réimprimé le Mémoire, élagué de tous les détails de jurisprudence, dont étoit rempli celui destiné aux juges ; il est également terminé par la consultation, du 20 février 1784, des jurisconsultes dont on a parlé, & enrichi de notes, dont quelques-unes fort piquantes, sur-tout celles relatives au comte de *Grasse*, acteur incident au procès, & qui n'y brille pas plus qu'au combat du 12 avril 1782.

Tous ces détails sont très-curieux, très-intéressants & font infiniment d'honneur à la plume, aux sentiments & au courage héroïque de M. de *Mirabeau* : il faudroit qu'il fût un hypocrite bien détestable & bien consommé, s'il ne sentoit pas tout ce qu'il exprime avec tant d'onction & d'énergie.

6 Juin. La *Gazette de santé*, rédigée depuis juillet 1776 par les mêmes coopérateurs dont on a parlé dans le temps, va changer de rédacteurs. Les nouveaux, suivant l'usage, promettent des merveilles dans un *Prospectus* brillant & très-bien fait. Elle doit prendre une forme différente & meilleure entre les mains de la société en question, composée de médecins, de physiciens, de chymistes. Voici comme ils définissent très-bien le *magnétisme animal* : Découverte si préconisée & si problématique encore, qui séduit ceux-ci, qui étonne ceux-là, qui fait de quelques-uns des partisans enthousiastes, de quelques autres des frondeurs ou des sceptiques, que les uns tâchent de deviner, mais dont les autres nient même les effets, tandis qu'en les supposant réels, il est d'autres personnes qui les attribuent à l'imagination exaltée, à la sensibilité, à l'irritabilité, ou même à un manege concerté. B 3

7 Juin. M. le comte de *Mirabeau* n'a point fait de difficulté de s'avouer l'auteur de son Mémoire nouveau & d'en être le distributeur : il en a adressé un exemplaire au roi & à toute la cour.

7 Juin. On parle d'une nouvelle tragédie de M. *le Mierre*, ayant pour titre *Semiris*, dont les comédiens françois se réservent de donner la premiere représentation devant le roi de Suede.

8 Juin. Extrait d'une lettre de Besançon, du 30 mai...... Me. *Marguet*, qui est un homme lourd, mais intrigant & chicaneur, ayant eu les moyens d'avoir les griefs sur lesquels le college des avocats avoit assis sa radiation, a imaginé de se constituer accusé & de présenter requête au parlement pour se justifier : la requête répondue, l'instruction a été faite, & après toutes les formalités nécessaires il a été déchargé de l'accusation. Cette tournure ne raccommode pas les affaires, & la scission est plus forte que jamais....

Nous voilà débarrassés de notre intendant, qui auroit eu envie de rester encore deux ans pour nous pressurer : on n'a pas jugé à propos de lui accorder ce répit. Dieu veuille que son successeur n'aie pas des secretaires aussi rapaces !

Le sieur *Ethis*, le secretaire de l'intendance pendant plusieurs années, avoit commis des exactions si criantes que M. de *la Corée* fut obligé de le sacrifier ; mais ce subalterne qui tenoit un état pareil à celui de son maître, n'en a pas moins emporté un million à la province.

A cet *Ethis* avoit succédé un nommé *Blanchard*, qui n'avoit rien & auquel on connoît aujourd'hui au soleil 600,000 liv. de biens.

Enfin le nommé *Grivois*, friponneau qui commençoit à s'arrondir, avoit déjà gagné pour sa part 200,000 livres : ainsi voilà de bon compte 1,800,000 livres que ces trois suppôts du commissaire départi coûtent à la Franche-Comté, une des provinces les plus pauvres du royaume.

8 *Juin*. On assure que le roi de Suede est arrivé hier ici, où il résidera sous le nom de comte de *Haga* : il loge chez son ambassadeur.

8 *Juin*. Le sieur de *Beaumarchais* a écrit à tous les auteurs dramatiques une lettre circulaire, où il les engage à se trouver chez lui aujourd'hui, afin d'y conférer de choses importantes qu'il a à leur communiquer concernant leurs intérêts.

9 *Juin*. C'est par arrêt du conseil, du 5 juillet 1781, qu'on supposoit une usurpation de la part des propriétaires riverains d'une partie de la Guyenne, dans l'espace de vingt-deux lieues, de tous les atterrissements, alluvions & relais appartenants au roi ; qu'il étoit d'une nécessité absolue, pour les intérêts de sa majesté, de connoître, d'une maniere irrévocable, la consistance de ces objets ; en conséquence, le grand-maître des eaux & forêts étoit chargé de faire cette vérification & avoit nommé un ingénieur-arpenteur pour y procéder.

Dès que cet arrêt fut connu, la consternation devint générale, chacun trembla pour sa propriété ; le procureur-général a cru devoir déférer cet arrêt au parlement de Bordeaux, par un réquisitoire, où il prouva, par les principes du droit romain & du droit françois, que tout ce qui est atterrissement, alluvion & accroissement, appartient au propriétaire riverain ; que d'ailleurs l'administration du domaine n'avoit aucun caractere pour faire la recherche des droits ignorés & inconnus, pour attaquer les propriétaires, &c. ; qu'en un mot toute cette opération étoit illégale, tortionaire, vexatoire, irréguliere & dans le fond & dans la forme.

En conséquence, le 3 mai 1782, le parlement, les chambres assemblées, rendit arrêt, ordonnant qu'il seroit fait au roi de très-humbles & très-respectueuses remontrances conformément au réquisitoire, & que néanmoins, *sous le bon plaisir de sa majesté*, il seroit sursis à l'exécution de l'arrêt du conseil du 5 juillet 1781, jusqu'à ce qu'il eût plu au roi d'exprimer clairement ses intentions, quand sa religion auroit été instruite, &c.

Les remontrances furent envoyées au roi; une jouissance tranquille de plus de vingt-deux mois suivit cet acte de zele & de devoir des magistrats, lorsqu'intervint l'arrêt du conseil du 31 octobre 1783, qui cassoit celui de cette cour, du 3 mai 1782, & fut signifié à son greffe.

Cet arrêt ne contenoit aucune réponse au parlement: acte d'autorité absolue, il n'indiquoit aucun principe, il ne résolvoit aucune difficulté; on n'y trouvoit aucun raisonnement dans le droit, aucun éclaircissement sur le fait; en un mot il portoit tous les caracteres de la surprise. C'étoit une entreprise, une voie de fait, suite d'un plan concerté, dont les fiscaux attendoient le succès pour compléter dans tout le royaume le plan d'usurpation qu'ils avoient formé.

C'est ce que fit valoir le procureur-général dans un second réquisitoire, encore plus vigoureux que le premier, où il pesa sur l'attribution faite au conseil de toutes les contestations à naître dans cette grande querelle, dont la connoissance ne pouvoit & ne devoit être portée que devant le bureau des finances, comme juge du domaine du roi, & par appel en sa cour, qui est par essence la cour féodale du roi.

D'après cet exposé la cour délibéra qu'il seroit fait au roi d'itératives remontrances, & ordonna, toujours *sous le bon plaisir du roi*, l'exécution de son arrêt du 3 mai 1782.

Cet arrêt est du 21 avril.

9 *Juin*. Une demoiselle de *la Croix*, par testament du 1 février 1781, fait un legs à Me. de *la Croix*, *avocat au parlement*, *mon parent paternel*: ce sont ses termes. Il se trouve au palais deux avocats de ce nom, mais qui ne se croient pas parents de la défunte, & cependant chacun d'eux s'est présenté pour recueillir le legs.

Le premier est Me. de *la Croix*, auteur de différents ouvrages: il assure que c'est à sa renommée littéraire qu'il doit le bienfait de la testatrice qu'il ne connoissoit pas, & que d'ailleurs son adversaire, portant le surnom de *Frainville*, ne peut prétendre à une identité dont l'écarte ce surnom.

Celui-ci regarde ces deux raisonnements comme plus spécieux que solides, & fait valoir en sa faveur la reconnoissance que les héritiers ont semblé en faire comme parent par la délivrance du legs.

Différents Mémoires ont paru pour & contre dans cette cause, qui égaie le barreau par le ridicule que chaque adversaire verse réciproquement sur son rival.

Le premier *la Croix*, ou *la Croix l'auteur*, comme s'il ne se sentoit pas assez fort pour répondre lui-même, a appellé à son secours Me. *Target*, qui n'a pas dédaigné de prendre la plume dans cette cause puérile, si l'avidité des prétendants ne lui imprimoit de plus un caractere odieux dans des avocats dont le défintéreſſement devroit être la premiere vertu.

9 Juin. M. le comte de *Haga*, dès aujourd'hui, eſt allé à la comédie françoiſe, où l'on jouoit la dix-huitieme repréſentation du *Mariage de Figaro*. La piece étoit à la moitié du premier acte lors de ſon arrivée. Le public lui a fait l'honneur de demander à grands cris qu'on recommençât ; il a même exigé que la toile fût baiſſée & que l'orcheſtre jouât une ſeconde fois l'ouverture : ce qui a été exécuté.

9 Juin. La chanſon à . . . . eſt la *Chanſon des cinq doigts* ; elle eſt extrêmement poliſſonne ; mais aujourd'hui tout paſſe : les femmes ne rougiſſent point de l'entendre ; elle ſe chante devant elles dans les grands ſoupers, elle eſt gravée & ſe vend publiquement.

10 Juin. Outre les ſpectacles habituels de cette capitale, il s'en préſente de temps en temps d'autres, tant plus curieux qu'ils ſont uniques ou ſe renouvellent rarement. Tel eſt celui qui a eu lieu dans le Marais le dimanche 6 juin.

Un nommé *Tricot*, ſergent du régiment du roi, recruteur, ſpadaſſin renommé, grand ſouteneur de mauvais lieux, héros des filles, des crocs & de tous les tapageurs de Paris, eſt mort & il a fallu l'enterrer. Tous les recruteurs ſes camarades ſe ſont fait un honneur d'eſcorter ſon convoi, auquel ils donnoient un air de pompe militaire : quand le corps eſt parti, ils ont vu avec peine qu'on ne prenoit point le chemin de Saint-Nicolas-des-Champs, paroiſſe du défunt, mais celui du cimetiere où on le portoit en droiture : ils s'en ſont plaints, & malgré la déclaration des prêtres qu'on n'avoit payé que pour cette marche, ils ont forcé, le fabre à la main, les porteurs du corps de le conduire à l'églife; mais quand le convoi eft arrivé, le Suiffe prévenu a fait fermer les portes. Grand effroi dedans, grand tumulte au dehors ; les recruteurs menaçoient d'enfoncer les portes : on a recours au curé qui, intimidé par toute cette cohorte, ordonne que le cadavre entrera par une porte, mais fans repofer fortira par l'autre : tout le cortege applaudit à la décifion du fage pafteur. on crie *bravo*, on entre en triomphe, on bat des mains, on répete *bis*; en un mot, on tourne en parade cette fête funéraire.

10 *Juin*. M. le comte de *Haga* ne perd pas un inftant durant fon féjour dans cette capitale; il cherche à s'inftruire, à tout voir avec le plus grand foin ; il a déjà vifité plufieurs artiftes qu'il a entretenus de leur art long-temps & en déployant beaucoup d'intelligence & de goût.

11 *Juin*. La plupart des auteurs dramatiques, même les académiciens, fe font rendus à l'invitation du fieur de *Beaumarchais*. Il leur a fait part de fon projet, qui eft de demander, par l'intervention des gentilshommes de la chambre, un réglement homologué au parlement, fuivant lequel il fera défendu à toutes les troupes de comédiens de province de jouer aucune piece nouvelle fans l'agrément de l'auteur & fans le faire bénéficier du feptieme des repréfentations, à l'inftar de *Paris*. Tout le monde a applaudi à ce projet ; l'on a remercié le fieur de *Beaumarchais* de fon zele pour l'intérêt de fes confreres, & il a été chargé d'agir en conféquence & de faire toutes les démarches néceffaires.

11 *Juin*. Par édit du mois de février 1776, le roi avoit changé le régime des corvées; par la déclaration du mois d'août suivant tout est rentré dans son ancien état; il y est expressément ordonné *que les travaux pour les réparations & entretien des grandes routes continueront d'être faits dans les diverses provinces du royaume comme auparavant*.

Le commissaire départi en Guyenne s'est arrogé le droit de créer un nouveau système, d'établir une imposition, de l'augmenter à son gré, de détruire des privileges que sa majesté avoit rétablis.

C'est sur cet attentat envers les loix, qu'est intervenu l'arrêt du parlement de Bordeaux, du 27 mars dernier, portant qu'il sera fait une enquête pour être mise sous les yeux du roi.

Par un arrêt du conseil du 17 avril 1784, cet arrêt du parlement a été cassé, & ledit arrêt a été signifié du très-exprès commandement du roi au greffier en chef du parlement, le 24 avril.

C'est alors que par un autre arrêt du 28 avril, fondé sur onze considérations des plus graves, le parlement, les chambres assemblées, a arrêté que le roi seroit très-humblement supplié de retirer ledit arrêt, comme évidemment surpris à sa religion; ordonne que, *sous le bon plaisir de sa majesté*, son arrêt du 27 mars sortira son plein & entier effet; ordonne que les enquêtes & toutes les pieces justificatives à leur appui seront mises sous les yeux du roi, & qu'il lui sera détaillé le monstrueux assemblage des vexations commises par le commissaire départi, d'après son système d'établir dans toute la généralité une imposition pour les corvées.

La cour a arrêté en outre que le roi seroit très-humblement supplié de faire cesser tous ces désordres; de vouloir faire une loi qui prévienne l'arbitraire, & qu'il n'est point de province dans le royaume qui ait plus de droits que celle de Guyenne à la sollicitude paternelle de sa majesté; qu'il n'en est point qui ait autant éprouvé les maux qui sont la suite naturelle de la guerre; que la nature des denrées de ladite province, & les secousses qu'a éprouvé le commerce, l'ont empêché de jouir encore des avantages de la paix: que cependant obligée de payer des impôts énormes, n'ayant que des revenus casuels, & dont le débouché est absolument obstrué, il seroit impossible qu'elle pût fournir à un nouvel impôt.

11 *Juin*. Ces jours derniers un marchand d'ariettes étant monté à la portiere de deux dames qui se promenoient sur le boulevard, leur propose d'acheter des ariettes, entr'autres du *Mariage de Figaro*. Deux officiers qui étoient sur le devant rejettent avec dédain ces ariettes, disant qu'ils ont vu la piece une fois, & que cela leur suffit: un *quidam* passoit, il s'arrête, les apostrophe & les injurie à l'occasion de leur mauvais goût de mépriser ce qui cause l'engouement de tout Paris: les officiers furieux descendent pour donner des coups de canne à l'insolent, qui persiste à leur reprocher leur ignorance: grand tumulte, la garde arrive, le *quidam* est traduit devant le commissaire, est obligé de décliner son nom; il se trouve que c'est le portier du sieur de *Beaumarchais*. On alloit le conduire en prison, lorsque les plaignants intercedent pour lui. Le commissaire, dont le devoir auroit été de faire toujours constituer prisonnier le délinquant, le relâche & se contente de le faire conduire sous bonne escorte chez son

maître, auquel il fait enjoindre de veiller avec plus d'attention sur ses valets, & d'empêcher qu'ils n'insultent les honnêtes gens.

11 *Juin*. Autant qu'on a pu tirer au clair l'anecdote du mémoire de Me. *Linguet*, voici ce qu'il y a de plus constaté.

Le sieur *le Quesne*, après s'être bien consulté sur la diffamation qui résultoit dans le public contre lui du N°. 72 de Me. *Linguet*, a été conseillé de rendre plainte & de faire assigner son adversaire, ou à désavouer les faits, les accusations & calomnies insérées dans les annales audit numéro, ou de se voir condamné à lui en faire une réparation authentique.

En conséquence l'assignation a été donnée chez le sieur de Montbines, le nouveau correspondant du journaliste, où il est censé avoir élu son domicile.

Le sieur de Montbines n'a pas manqué d'envoyer cette assignation à Me. *Linguet*, & c'est en réponse à cet acte juridique du sieur *le Quesne* qu'il a fait passer son mémoire in-4°. de 107 pages, pour être remis à ses juges.

Me. *Linguet* avoit en même temps proposé à son commettant de faire réimprimer ce mémoire à Paris pour l'envoyer à tous ses souscripteurs; mais celui-ci lui a représenté que cette réimpression pourroit souffrir beaucoup d'inconvénients, & qu'il croyoit plus expédient qu'il le fît imprimer à Londres, & le lui renvoyât tout prêt à être distribué.

11 *Juin*. L'affaire de M. le vicomte de *Noë* n'est point finie; mais indépendamment de ce qui peut avoir été fait à Bordeaux, après avoir présenté requête à la connétablie pour se rendre oppo-

fant à l'exécution du jugement du tribunal des maréchaux de France, qui avoient ordonné qu'il feroit enlevé de fa terre & conduit à Paris pour y fatisfaire aux ordres du tribunal, la connétablie ayant mis néant à cette requête, il s'eft pourvu au parlement de Paris par appel, & cette cour a rendu arrêt de défenses qui le prend fous fa protection. Les vacances ont empêché jufqu'à préfent les fuites de cette affaire, dont il doit réfulter une grande conteftation entre ce tribunal & le parlement.

12 *Juin.* D'après l'arrêt du confeil qui augmente & fixe les appointements des premiers fujets de l'opéra, le régime en eft encore changé. Ils ne font plus chargés de la recette, ni de la dépenfe; ce font les menus. On ne doute pas que cette nouvelle adminiftration ne retombe dans les inconvénients de la précédente, & que les frais qui augmenteront ne rendent ce fpectacle plus onéreux que jamais au roi. Déjà les fujets n'ayant aucun intérêt à la chofe fe négligent & ne veillent à aucune des déprédations qui fe commettent journellement dans fes détails économiques.

12 *Juin.* Non-feulement l'affaire de Bordeaux concernant les corvées ne s'arrange point, mais elle devient plus grave que jamais. M. de *Fumal* y a dû tenir avant la pentecôte une féance, pour caffer tout ce qui avoit été fait & même pour enlever les minutes, de façon qu'il n'en refte aucune trace. Le maréchal de Mouchy vient enfuite de partir avec ordre de contenir le parlement à la rentrée.

12 *Juin.* On peut fe rappeller le différend élevé entre le docteur *Mefmer* & le docteur *Deflon*, dont l'objet principal eft un fomme de 150,000 liv. que

le premier répete contre l'autre. Cette affaire a mûri depuis long-temps, & l'on assure qu'elle est enfin au moment d'éclater, qu'elle va se plaider *in magnis*; que c'est Me. *Gerbier* qui parlera pour le sieur *Mesmer*, & Me. de *Bonnieres* pour le sieur *Deslon*.

12 *Juin*. Il doit y avoir demain par extraordinaire bal à l'opéra. M. le duc de *Chartres*, qui cherche à tirer parti de tout pour accréditer son jardin, a fait afficher une annonce, par laquelle il restera ouvert & illuminé toute la nuit, & les masques auront toute permission d'y entrer. Les marchands des galeries sont invités de seconder la munificence de monseigneur, & de laisser leurs boutiques ouvertes.

13 *Juin*. L'émeute religieuse & comique arrivée à la paroisse de Saint-Nicolas-des-Champs mérite encore quelques détails. On n'avoit payé pour le convoi du sieur *Tricot* que 15 livres, & il en faut 45 liv. pour que le cadavre ait le droit d'entrer dans le lieu saint. Les prêtres s'étoient obstinés à se rendre au cimetiere, & le cadavre étoit arrivé sans eux à l'église.

Les recruteurs se battoient contre les Suisses pour faire entrer le cadavre, lorsque le curé instruit du tapage rendit la décision dont on a parlé, mais qui ne finit pas la querelle. Les recruteurs voulurent que le cadavre reposât un moment. Ils le firent placer sur des chaises arrangées en forme de piédestal; la loueuse de chaises s'y opposant & ayant donné un soufflet à l'un d'eux, fut foulée aux pieds: enfin n'y ayant aucun prêtre pour dire quelques prieres, les recruteurs y suppléerent en courant trois fois autour du cadavre aux acclamations de l'assemblée, & conduisirent ensuite leur héros au cimetiere en chantant la chanson des funérailles de Marlborough. On ajoute que le curé s'est plaint à la police de tant d'irrévérences, & que les recruteurs sont en prison, mais sourdement, pour ne point aggraver le scandale par trop de publicité.

13 *Juin*. Depuis que le jugement du conseil de guerre est rendu & connu, les mémoires percent moins difficilement. On voit dans le public :

1°. Mémoire du comte de *Grasse* sur le combat du 12 avril 1782, avec huit plans des positions principales des armées respectives.

2°. Observations du marquis de *Vaudreuil*, adressées au conseil de guerre à l'Orient.

3°. Réponse de M. de *Grasse* aux observations de M. de *Vaudreuil*.

4°. Mémoire de M. de *Bougainville*, commandant la troisieme escadre au combat du 12 avril 1782.

5°. Mémoire justificatif pour *Jean François*, Baron d'*Arros d'Argelos*, chevalier de l'ordre royal & militaire de Saint-Louis, capitaine des vaisseaux du roi, brigadier de ses armées, commandant le vaisseau le *Languedoc* dans l'armée sous les ordres du comte de *Grasse*.

6°. Lettre de M. d'*Albert de Rioms*, commandant le *Pluton*, à M. le marquis de *Vaudreuil*, datée de l'Orient ce 12 janvier 1784.

7°. Notes de M. le marquis de *Vaudreuil* en réponse à cette lettre.

8°. M. d'*Albert de Rioms* à MM. du conseil de guerre assemblés à l'Orient.

13 *Juin. Les cinq Doigts*, fur le vaudeville du mariage de Figaro.

Boufflers peignit avec grace
Le lieu, dont chacun eft fol ;
Barthe & *d'Arnaud* fur fa trace
Ont chanté le cul, le col ;
Sans m'élever à leur place,
D'une plus timide voix
Je vais chanter les cinq doigts.

Un vieux que chacun repouffe,
S'il a de l'or bien compté
Fait la cadence du pouce,
Soudain il eft fupporté.
Vénus va pour lui plus douce
A fon lit l'affocier ;
Honneur au doigt financier !

Du fecond l'emploi me touche,
Du myftere figne heureux ;
Près d'une mere farouche
Il exprime & parle aux yeux,
En le plaçant fur la bouche,
L'amour fidele & difcret
Nous dit : garde mon fecret.

Celui du milieu réclame,
Mefdames, le pas fur tous :
Quand l'amour perd de fa flamme
Ce doigt la réveille en vous,
Lorfqu'auffi près d'une dame

Le Dieu cueille un beau laurier,
Ce doigt est son brigadier.

Au suivant l'amour fidele
Met l'anneau de son bonheur,
Qui le reçoit d'une belle,
En retour promet son cœur :
Ce doigt d'amour éternelle
Offre le gage enchanteur,
Je le crois un peu menteur.

Le petit dans l'art magique
Passe pour être en crédit ;
Une femme despotique
De ce renom s'enhardit,
Et par ce mot sans réplique
L'amour foible est interdit :
Mon petit doigt me l'a dit.

De tous ces doigts, ce me semble,
L'éloge est poussé trop loin,
De l'écrire encore je tremble,
Et le dire est un besoin.
J'ai vu ces lâches ensemble
S'unir d'un effort commun,
Et se mettre cinq contre un.

14 *Juin*. La chanson ci-dessus avoit été précédée, ou a été suivie de la piece de vers ci-jointe, intitulée : *les Doigts*. On prétend qu'elle a été

adressée à la fille du marquis de *Paulmy*, la princesse de Luxembourg.

Honneur à cet artiste sage
Qui pour le bonheur des humains
Des doigts qu'il joignit à leurs mains,
Daigna multiplier l'usage :
C'est du ciel le don le plus doux,
Car des doigts l'adresse infinie
Fait tout le plaisir de la vie ;
Et sans les doigts que ferions-nous ?
Lise est savante, pour son âge,
Car à douze ans Lise conçoit
Tous les plaisirs du mariage
Que lui montre son petit doigt.
De jolis doigts ont de l'absence
Souvent adouci les rigueurs.
Que les doigts ont d'intelligence
Pour soulager deux tendres cœurs,
Que tourmente la vigilance
Et des mamans & des tuteurs.
Les doigts à l'amante captive
Pour oublier la liberté ;
Les doigts pour l'amante craintive
Dans un tableau bien imité
D'une jouissance illusive
En font une réalité.
Souvent dans l'amoureuse ivresse
Les doigts font le charme des cœurs,
Tout s'embellit par leur adresse
Et par-tout les doigts sont vainqueurs,

Si la beauté que je préfère
Daignoit permettre qu'aujourd'hui
De ses doigts la touche légere
Portât remede à mon ennui,
Je bénirois sa bienfaisance :
Si mes vœux n'étoient superflus,
En peignant ma reconnoissance
J'aurois pour elle un doigt de plus.

14 *Juin.* M. le marquis de *Montesquiou*, dans l'espoir que le roi de Suede voudroit bien honorer de sa présence sa réception à l'académie françoise, avoit fait différer la cérémonie. Dès que M. le comte de *Haga* a été arrivé, la compagnie a député vers lui pour l'instruire de son désir : M. le comte de *Haga*, flatté de l'honneur qu'on lui faisoit, en a témoigné toute sa reconnoissance ; mais a déclaré qu'il n'avoit de libre que le mardi quinze. Ce n'est point jour d'académie françoise, & c'est au contraire jour d'académie des belles-lettres, dont la salle tient précisément à l'autre, & sert même de passage les jours de séance publique. Grande négociation à ce sujet entre les deux secretaires. M. d'*Acier* a déclaré ne pouvoir suspendre de son autorité les travaux de sa compagnie ; il a fallu que M. le baron de Breteuil, comme ministre de Paris, écrivît une lettre au nom du roi pour décider la contestation, & demain la séance aura lieu extraordinairement *par ordre*. On a rassemblé en diligence tous les membres dispersés, qui avoient pris une courte vacance.

14 *Juin.* La fête que M. le duc de *Chartres* avoit imaginée n'a pas eu lieu hier, du moins

quant aux masques ; il est venu un ordre du roi qui a empêché de les laisser entrer durant la nuit dans le jardin du Palais-Royal. C'est une mortification donnée à son altesse, qui auroit dû prévoir le désordre que pouvoit occasionner une semblable saturnale.

15 *Juin.* Suivant le mémoire du comte de *Grasse*, l'équité du roi n'a pas permis que sa conduite au combat du 12 avril 1782, restât exposée au blâme public, sans avoir été juridiquement examinée. Il avoit lieu d'attendre ce bienfait de sa majesté après quarante-huit ans de service, trente campagnes, douze combats, & ses succès précédents durant la guerre qui vient de finir.

L'objet de son mémoire est de prouver : 1°. que le vaisseau amiral, après onze heures & demie de combat, privé de tout moyen de défense ultérieure, hors d'état de se sauver, lorsqu'il l'a rendu, ne laisse aucun sujet de blâme contre M. de *Grasse*, comme capitaine.

2° Qu'ayant fait depuis le commencement jusqu'à la fin du combat, les signaux propres à chacune des circonstances & aux variations des vents, il doit être absous avec honneur comme général.

Ce mémoire n'est point mal fait, sur-tout quant à la partie qui tend à disculper le comte de *Grasse* comme général : en supposant l'exposé des circonstances exact, il a raisonné très-judicieusement tous les mouvements & tous les ordres ; mais les manœuvres les plus importantes n'ont pas été exécutées : neuf de ses signaux dans les positions les plus critiques ont été absolument négligés. Il n'en falloit pas tant pour perdre la bataille. M. de *Bougainville* est gravement inculpé; le marquis de *Vaudreuil* légèrement & le plus souvent applaudi.

Quant à la reddition du vaisseau amiral, malgré l'étalage où il entre de son mauvais état, il laisse encore beaucoup de choses à désirer pour sa justification, & celle ci, à beaucoup près, n'est pas aussi claire que la première.

15 *Juin*. Lundi 7 de ce mois, lorsque le comte de *Haga* est arrivé, le roi ne comptoit point sur lui, & sa majesté étoit allée à la chasse à Rambouillet, où elle devoit donner à souper à vingt-cinq seigneurs. La reine lui dépêcha un courier; il n'avoit point ses voitures, il se fit ramener par un palfrenier, & prévint Monsieur, qui étoit du voyage, de n'avertir de son départ qu'au moment du souper, dont il feroit les honneurs à sa place, au moyen de quoi sa garde-robe resta à Rambouillet. Le roi rentré dans son appartement, n'avoit point de clefs, n'avoit point de valets-de-chambre; il fallut un serrurier, & l'on appella les premiers venus pour habiller sa majesté. Ceux-ci, peu au fait, s'en tirerent comme ils purent & d'une façon fort ridicule; en sorte que, quand le le roi vint chez la reine pour trouver le comte de *Haga*, chacun eut peine à s'empêcher de rire; la reine lui demanda s'il donnoit bal ce jour-là, & s'il avoit déjà commencé la mascarade, ou s'il vouloit montrer au comte de *Haga* une idée de l'élégance françoise? Il avoit un soulier à talon rouge, un autre à talon noir, une boucle d'or, un autre d'argent & ainsi du reste. Il fallut cependant qu'il demeurât de la sorte dans la crainte d'être pire.

Le soir, à son coucher, sa majesté plaisanta beaucoup de l'accoutrement bizarre où on l'avoit mis: elle dit en riant: « Je connois celui qui m'a » ridiculisé de la sorte, & je l'arrangerai bien à

« mon tour. » Ces petits traits décèlent la bonté de l'ame du roi, combien il est facile dans son service, & aimable dans son intérieur.

15 *Juin*. Relation de la séance publique, tenue extraordinairement aujourd'hui mardi, pour la réception de M. le marquis de Montesquiou.

L'affluence depuis plusieurs années toujours très-grande à ces sortes d'assemblées, ne pouvant croître, puisque le local n'étoit pas plus étendu, a été du moins remarquable par l'espece & le zele des spectateurs. Dès midi & demi, plus de deux cents femmes de la plus haute qualité avoient pris poste, & entraînant à leur suite une foule d'hommes du même rang, la salle n'a été remplie, à proprement parler, que de gens de cour, & le peu d'hommes de lettres qui s'y sont trouvés, n'y sont entrés que furtivement en quelque sorte & en contrebande.

Au reste, si la personne du récipiendaire attiroit la foule, son discours le méritoit peu. En vrai courtisan, M. de Montesquiou voulant plaire à tout le monde, a rétabli l'ancienne formule d'éloges usités pour les fondateurs & protecteurs de l'académie; il a passé ensuite à son prédécesseur, qu'il faut se rappeller avoir été M. l'ancien évêque de Limoges, le précepteur des enfants de France; il a prétendu que son plus bel ouvrage étoit l'éducation de ces augustes éleves, ce qui lui a fourni l'occasion d'esquisser le portrait de chacun avec les couleurs les plus flatteuses: il a peint *Louis* XVI. Le monarque humain, juste & simple, ami de la franchise, des mœurs & de l'économie. Monsieur, auquel il a l'honneur d'être attaché, lui a fourni des détails plus particuliers; il est entré dans ceux de sa vie intérieure; il
nous

nous a vanté son amour de l'étude, & nous a appris que ce prince, en s'efforçant d'acquérir les connoissances nécessaires à son rang, y joignoit le goût des lettres & les cultivoit avec succès. Enfin les qualités héroïques de M. le comte d'*Artois* n'ont point échappé au pinceau du nouvel académicien: il a principalement appuyé sur son voyage de Gibraltar; épisode mémorable & glorieux de la vie de ce prince. La reine a reçu aussi le tribut de louange dû à ses traits, à ses graces & à ses vertus.

M. le marquis de Montesquiou n'avoit garde d'oublier le comte de *Haga*, pour qui la séance avoit été reculée & fixée à ce jour extraordinaire. Sans lever exactement le voile qui l'enveloppoit, il a fait l'éloge des monarques philosophes qui voyagent pour s'instruire, & qui en se répandant davantage, ne font qu'étendre leur renommée & se rendent non moins chers aux étrangers qu'à leurs sujets.

C'est M. *Suard* qui, en qualité de directeur, a répondu à M. de Montesquiou. Il a révélé d'abord les titres littéraires de celui-ci à l'académie françoise, que peu de gens connoissoient: il nous a appris que ce courtisan ingénieux faisoit des pieces de vers très-agréables, des contes, des chansons, des épigrammes, des romans, des comédies, mais tous ouvrages de société, que la modestie de l'auteur n'a point laissé sortir du cercle de ses amis. En parlant des comédies de M. de Montesquiou, le directeur a pris occasion de-là pour s'élever adroitement contre celle du sieur de *Beaumarchais*, si courue en ce moment. Sa critique, quoiqu'indirecte, a été si juste que personne ne s'y est mépris. Elle a reçu des applaudissements incroyables & unanimes. C'étoit un enthousiasme, une ivresse plus grande encore que celle des admirateurs du *Mariage de Figaro*.

Un autre endroit du discors de M. *Suard* qui, sans faire autant de plaisir, a paru piquant & bien adapté aux circonstances, c'est la digression qu'il a faite sur l'usage de l'académie d'entremêler ses membres littéraires de gens de la cour, comme les plus capables de fixer parmi elle le beau langage & ce qu'on appelle le *bon ton*. Quoique cette idée paroisse prêter assez au ridicule, il lui a donné une tournure qu'il a fait passer & qui lui a même mérité des applaudissements.

Le directeur pouvoit moins encore que le récipiendaire se dispenser de parler du comte de *Haga*. Il a seulement cherché à ne pas se répéter avec lui, & heureusement le sujet très-fécond, lui a permis de varier & le fond & la forme de l'éloge.

Après ces deux discours, M. de *la Harpe* a lu un chant d'un poëme en l'honneur des femmes, qui doit être divisé en quatre. Quoique la fiction en soit très-poétique & très-ingénieuse; quoiqu'il y ait des descriptions charmantes, riches & pleines de goût; quoique la versification en soit brillante & harmonieuse, cet ouvrage a reçu peu d'applaudissements, & cependant l'auteur ne pouvoit mieux choisir son auditoire, puisqu'il étoit composé en grande partie de femmes ayant toutes des prétentions, soit aux graces, soit à l'esprit. M. l'abbé *Arnaud* prétend que c'est la faute du rithme de ce poëme qui est en vers *hexametres*, c'est-à-dire en grands vers, qui ne réussissent jamais dans notre langue, à moins qu'ils ne soient joints à une action. On croit, malgré cette assertion, qu'il faut plutôt en chercher la cause dans la personne du poëte, en général peu aimé du public. Ses partisans esperent qu'il sera vengé de ce dédain dans le silence du cabinet.

Au reste, on lui reproche plusieurs gaucheries dans les détails du morceau qu'il a lu ; comme d'avoir trop déprimé les Turcs ; d'avoir fait des vœux pour la destruction de leur empire dans un moment où la France cherche à les soutenir & à s'unir plus étroitement avec eux ; & devant qui ? En présence de M. le marquis de *Choiseul-Gouffier*, envoyé ambassadeur auprès de la cour *Ottomane* !

On devoit s'attendre sans doute que M. de *la Harpe*, correspondant du grand-duc de Russie, dans un ouvrage à la louange des femmes feroit un éloge pompeux de l'impératrice mere de ce prince : mais on eût voulu qu'en présence du comte de *Haga* il n'eût pas affecté d'exalter cette souveraine aux dépens des autres puissances du Nord, qui ne peuvent lui être assimilées.

Une chose très-remarquable dans ce poëme, c'est que l'auteur, en faisant l'énumération de quelques femmes célebres de France, mortes ou vivantes, a nommé avec la plus grande distinction Mad. la comtesse de *Genlis*, avec laquelle il est brouillé, & qui tout récemment, dans son dernier ouvrage intitulé les *Veillées du Château*, a fait un portrait affreux de M. de *la Harpe*. Quelqu'un lui en ayant témoigné sa surprise, il a répondu qu'il rendoit le bien pour le mal.

M. le duc de *Nivernois* a terminé la séance par la lecture des six fables ; savoir, *le jugement du Lion* ; *le Lion, le Bœuf & le Renard* ; *les Prieres* ; *les deux Sceptres* ; *le musulman, sa femme & la*

Pie, & *la Pyramide*. Ces petits ouvrages lus sans prétention, avec le même naturel & la même facilité dont ils semblent avoir été composés, contenant une moralité exquise, ont été reçus avec un enthousiasme universel.

Après la séance M. le comte de *Haga* s'est rendu dans la salle particuliere d'assemblée des académiciens, où M. le maréchal duc de *Duras* lui a présenté les divers confreres qui s'y sont rencontrés. L'illustre étranger a paru les connoître tous, au moins par leurs ouvrages. Il n'est pas jusques à M. *Beauzée*, très-ignoré dans sa propre patrie, auquel il n'ait fait compliment de sa grammaire & autres écrits sur la langue. Il a félicité M. *Suard* sur la hardiesse avec laquelle il avoit osé attaquer la comédie du sieur de *Beaumarchais*, & frondé le mauvais goût des spectateurs. Il a demandé à plusieurs reprises où étoit le doyen de la compagnie, le maréchal duc de *Richelieu*? Il a témoigné son regret de ne pas voir M. de *Malesherbes*; enfin il a questionné M. de *la Harpe*, s'il n'avoit pas composé une tragédie de *Gustave*? Il lui a dit qu'il en avoit fait toutes sortes de recherches sans avoir pu la trouver. Ce qui a obligé M. de *la Harpe* de lui avouer que cette piece n'ayant pas réussi, il l'avoit gardée dans son porte-feuille; mais ayant ajouté qu'il comptoit la travailler, la faire jouer une seconde fois & imprimer ensuite, le comte de *Haga* lui en a témoigné sa satisfaction, d'autant que ce sujet l'intéressoit infiniment. Le dernier mot qu'on ait recueilli de M. le comte de *Haga*, c'est son exclamation en voyant cette salle dont les murs sont couverts de tous les portraits des académiciens morts & vivants; *Cette tapisserie vaut mieux que la plus belle teinture des Gobelins*. Dans ces différents propos M. le comte de Haga s'est exprimé avec beaucoup d'élégance, de naturel, de facilité & d'esprit. Il paroît connoître parfaitement notre langue & son génie, & sous ce point de vue ne seroit pas indigne de figurer dans l'assemblée qu'il a honoré de sa présence.

16 *Juin. Les observations du marquis de Vaudreuil* sont foibles. Elles tendent en général à disculper toute l'armée. Ce n'est qu'après les plus grands efforts & la résistance la plus opiniâtre que les François ont été forcés de céder la victoire. Sa retraite ne peut être que glorieuse à la nation. Au lieu de fuir à toutes voiles, il a rassemblé dix-sept vaisseaux de l'armée navale à la vue des ennemis, & il a croisé plusieurs jours pour attendre les cinq qui lui manquoient.

16 *Juin*. M. de *Grasse*, dans sa *Réponse aux Observations du marquis de Vaudreuil*, commence par lui reprocher d'avoir abusé de la confiance avec laquelle il lui avoit fait part de son mémoire pour répandre avec affectation ses *Observations*, tandis que M. de *Grasse* avoit reçu défenses de publier son mémoire imprimé depuis le mois d'octobre 1782, & dont il n'a eu la liberté d'envoyer des exemplaires au président du conseil de guerre que le 14 Novembre 1783.

L'objet de cette réponse au surplus est de démontrer que les observations du marquis de *Vaudreuil* sont en contradiction ; les unes avec le triplicat de ses dépêches au ministre du 26 avril 1782 ; les autres avec sa lettre du 18 juin suivant, que le comte de *Grasse* a reçue à son arrivée en France ; celle-ci avec la lettre de M. *Mithon* au même, en date du 19 juin 1782, & celle-là avec

C 3

l'ordonnance de la marine du 25 mars 1765, titre du combat & avec les faits de la cause.

Cette réplique semble fort bonne & réfuter avec autant de justesse que de force la foible apologie de toute l'armée navale, entreprise par le marquis de *Vaudreuil* & l'inculper lui-même.

16 Juin. On assure que M. de *calonne* a trouvé le moyen de fournir aux besoins de M. le duc de *Chartres* par une tournure fort ingénieuse. Le Palais-Royal est un apanage qui doit revenir à la couronne à défaut d'hoirs mâles. Dans le temps où se fera cette réunion, il faudra bien tenir aux héritiers de la branche d'Orléans compte des améliorations faites au Palais-Royal, & les en rembourser. En conséquence on fournit d'avance au duc de *Chartres* quatre millions, à déduire sur ce qu'il pourra leur être dû à cette époque.

Sans cette ressource les bâtiments iroient fort mal, ils languissent beaucoup depuis cet hiver.

17 Juin. Le mémoire de M. de *Bougainville* est peu de chose & sa principale défense est de dire qu'il n'a pas vu les signaux, ou que les ayant vus imparfaitement il n'a pas cru prudent de les exécuter avant d'en être plus sûr.

Du reste, on attribue la perte de la bataille :
1°. à ce que les ennemis étoient plus forts en nombre de près d'un quart, & que dans ce quart il y avoit trois vaisseaux à trois ponts.

2°. A ce que tous les vaisseaux Anglois étoient doublés en cuivre, tandis que la moitié au plus des François l'étoient ainsi, & que les autres n'avoient que des carenes très-anciennes ; avantage bien supérieur à l'avantage numérique, qui rendoit leurs mouvements simultanés & rapides, ensemble d'efforts, qui fait la force d'une armée.

3°. Le bord que les ennemis couroient, tendoit à leur faire trouver le vent, tandis que le nôtre nous conduisoit dans des parages soumis à un calme habituel & à un changement de vent favorable à nos rivaux.

4°. Enfin les ennemis qui nous combattoient avec cette excessive supériorité de moyens & de circonstances, étoient les Anglois, ce peuple qu'il suffit de nommer pour prononcer l'éloge de ses talents à la mer.

D'ailleurs cette victoire n'a eu aucune suite favorable pour eux; ils étoient si maltraités qu'ils n'ont pu gagner Antigues & qu'ils ont été obligés, comme nous, de faire vent arriere.

Une anecdote à conserver de ce mémoire est celle de M. de *Marigny*, commandant le *César*: après l'avoir défendu jusqu'à la derniere extrémité, étendu sur son lit, mortellement blessé, on vient lui dire que le vaisseau qui est en feu va sauter: *tant mieux*, répondit-il, *les Anglois ne l'auront pas. Fermez ma porte, mes amis, & tâchez de vous sauver.*

17 *Juin*. Le mémoire de M. d'*Arros* est fort clair & fort développé; il se justifie très bien, il prouve par les faits qu'il n'a point quitté son poste de matelot de l'avant, que lorsqu'il s'est trouvé désemparé au point de ne pouvoir plus manœuvrer; s'étant réparé il a vu le *signal de vitesse*, par lequel il n'y a plus d'ordre de division, chacun se place comme il peut; M. d'*Arros* l'a fait, & il n'y avoit alors qu'un vaisseau entre la *Ville de Paris* & lui, & puis deux: il sert depuis trente-sept ans & n'a encore éprouvé aucun reproche; il a reçu mille sept cent soixante-dix-sept coups de canon. Il avoit encore quinze cents gargousses de

tout calibre, ayant eu la précaution d'en faire faire huit cents durant le combat.

Suivant ce que dit M. d'*Arros*, M. de *Graſſe* paroiſſoit encore en bon état, lorſqu'il s'eſt rendu; il a amené dans le moment qui lui étoit le plus favorable, où l'ennemi commençoit à tenir le vent & à déſeſpérer de prendre l'amiral.

17 *Juin*. On parle d'une nouvelle place d'adminiſtrateur-général de la loterie royale de France, créée en faveur du ſieur *Morel*, à la charge de penſions pour les ſieurs *Garat* & *Aſwedo*. On connoît le premier : le ſecond eſt un juif qui chante avec beaucoup de goût, fort inſolent & renommé pour un ſoufflet qu'il reçut au café du Caveau en préſence de beaucoup de ſpectateurs; ce qui le corrigea & le ramena à faire des excuſes à l'offenſé.

17 *Juin*. La lettre de M. *Albert de Rioms* eſt courte & tend uniquement à le diſculper de n'avoir pas exécuté un certain ſignal. Il prouve à M. le marquis de *Vaudreuil*, chef de l'eſcadre blanche & bleue, que c'étoit d'autant moins à lui à faire ce reproche à un capitaine de vaiſſeau de ſa diviſion, qu'il n'avoit pas répété le ſignal de façon à déterminer d'y obéir. Les arguments de M. de *Rioms* ſemblent preſſants & victorieux.

18 *Juin*. Les *Notes* de M. le marquis de *Vaudreuil* en marge de la lettre de M. *Albert de Rioms* ſont foibles & même des eſpeces d'excuſes à cet officier. Il lui reproche ſeulement d'expoſer ſes griefs d'une maniere peu décente & repréhenſible.

18 *Juin*. La requête ou diſcours de M. *Albert de Rioms* à MM. du conſeil de guerre aſſemblés, tend à ſe plaindre, tandis que la plûpart des autres accuſés n'ont été décrétés que d'aſſigné pour être

oui, de l'être d'ajournement personnel, lui sixieme ; il y répond directement à l'accusation du comte de *Grasse* de n'avoir pas obéi à son premier signal.

Il entre à cette occasion dans la discussion de l'objet de ce signal, & prétend qu'il ne pouvoit remplir les intentions de M. de *Grasse* ; qu'eût-il été exécuté, on n'en auroit pas plus obtenu la victoire, & l'on ne s'en seroit pas mieux tiré. Il fait un parallele de l'état des choses à la journée du 9, dont le général se prévaut si fort, & démontre qu'il ne ressembloit pas à celui de la journée du 12 ; conséquemment qu'en faisant la même manœuvre, on ne pouvoit se flatter d'un succès pareil.

Les causes de notre désastre, en ne comptant que du commencement de l'action, sont : 1°. la supériorité connue de l'ennemi ; 2°. le désordre où nous nous sommes vus dans les premiers instants ; désordre bientôt augmenté par le changement de vent, enfin rendu extrême par les circonstances qui ont permis à l'ennemi de couper notre ligne en deux endroits : 3°. le calme qui a mis le plus grand obstacle au rétablissement de l'ordre, en ce que tandis qu'il retenoit la seconde escadre dans une inaction absolue & forcée, la brise donnoit à nos ennemis les moyens de se réunir pour porter leurs efforts sur un seul point.

18 *Juin*. L'affaire de l'abbé *Mably* se civilise, du moins quant au censeur, M. de *Sancy*. Il a reçu une lettre en date du 22 mai, de M. *Laurent de Villedeuil*, directeur aujourd'hui de la librairie, qui lui apprend que M. le garde-des-sceaux l'a rétabli. On assure que c'est à la recommandation de l'archevêque même qui a écrit à M. de *Mire-*

mesnil qu'il croyoit le censeur suffisamment puni de son inattention, qu'il se désistoit de toute poursuite à son égard, & le prioit instamment de lui rendre ses fonctions.

18 *Juin.* Extrait d'une lettre de Lyon, du 6 juin... Avant-hier on a régalé le comte de *Haga* du spectacle d'une *Montgolfiere*, (c'est ainsi qu'on a baptisé les machines aérostatiques fabriquées suivant la méthode de MM. de *Montgolfier*). Elle avoit 70 pieds de diametre vertical, sur 189 pieds de circonférence. Les coopérateurs qui faisoient le service de ce ballon, s'étoient noué autour du bras un mouchoir blanc; allégorie dont l'application n'échappa point à l'auguste étranger. Il apperçut aussi à leur boutonniere une petite médaille, portant d'un côté les armes de Suede, & de l'autre celle de France: *Oui*, dit-il, *fort bien ! ces armes-là sont unies depuis long-temps* Je n'entrerai pas dans le détail de cette expérience, qui n'est plus ou plutôt qui n'est encore qu'un jeu d'enfant, mais cependant pensa être funeste aux voyageurs par les soubresauts de la machine, lorsqu'elle s'abattit. M. le comte de *Laurencin* dirigeoit l'expérience ; mais le spectacle nouveau qu'elle offrit fut celui d'une femme, dont le nom sera désormais illustre par son intrépidité; c'est Mad. *Tible*, Lyonnoise : elle reçut des complimens universels & sur-tout du comte de *Haga*, & fut couronnée à la comédie au bruit des acclamations publiques.

M. le comte de *Haga* soupa à l'archevêché, où M. de *Montazet* avoit fait construire un salon sur une terrasse illuminée dans le meilleur ordre, & terminée par une décoration sur laquelle on voyoit une inscription & des emblêmes rappellant les événements les plus remarquables du regne de GUSTAVE III : galanterie dont le comte de *Haga* témoigna sa vive satisfaction au prélat.

19 *Juin.* M. le marquis de *Tibouville* est mort ces jours derniers. Il étoit connu dans la république des lettres pour avoir donné au théâtre une tragédie de *Thélamire* en 1759, & pour différents ouvrages de société ; mais sa grande réputation lui venoit pour avoir mis la pédérastie à la mode en quelque sorte, pour en avoir fait trophée avec d'autres seigneurs de la cour, tels que le duc de *Villars*, le marquis de *Salins*, &c. Aussi *Voltaire* l'a-t-il honorablement placé dans sa pucelle.

19 *Juin.* Le bal paré donné hier en l'honneur de M. le comte de *Haga*, a offert, suivant l'usage, le coup d'œil le plus riche & le plus imposant, le plus agréable en même temps par la réunion des femmes les plus élégantes & les plus jolies de la cour. Il a été sans étiquette & l'on n'a point dansé de menuet, parce qu'il auroit dû s'ouvrir dans le grand cérémonial par la reine & l'auguste étranger, & que celui-ci ne danse point.

20 *Juin.* Il paroît constaté que M. d'*Entrecasteaux*, conseiller au parlement d'Aix, âgé de vingt-six ans, après avoir tenté à plusieurs reprises d'empoisonner sa femme, l'a égorgée dans son lit de la façon la plus atroce. On raconte que l'ayant surprise endormie, de concert avec son valet-de-chambre, scélérat dévoué à ses ordres, ils lui avoient tous deux tamponné la bouche avec du coton, puis scié le col avec un rasoir ; que pendant cette horrible opération, le mari tenoit un vase pour recueillir le sang ; qu'ayant pris

toutes les précautions pour arranger une histoire. Il avoit crié au voleur; mais que par tout ce qui avoit suivi, on avoit lieu de se convaincre qu'ils étoient les auteurs du crime, & que ce qui ne permettoit plus d'en douter, c'est que M. d'*Entrecasteaux* s'étoit retiré en Sardaigne.

Le pere du mari étoit ici. Il est président à mortier de ce parlement, mais peu aimé dans sa compagnie, comme attaché dans le temps au parti Maupeou, & comme poursuivant actuellement un de ces procès qu'il est même honteux de gagner.

Le parlement a écrit à M. le chancelier pour le prier de supplier le roi de faire recommander le coupable dans toutes les cours.

Mad. d'*Entrecasteaux* la bru, étoit *Castellane* en son nom, fort jolie & âgée de 24 ans seulement. Elle avoit eu peu de biens en mariage; le jeune homme étoit fort avare, & désiroit épouser une riche veuve : c'est ainsi qu'on motive son crime épouvantable.

20 *Juin.* Extrait d'une lettre de Rennes, du 14 juin... Vous me demandez ce que c'est que la *société patriotique bretonne*. C'est une de ces associations si à la mode aujourd'hui, qui se forment sans trop savoir pourquoi, & qui croient avoir beaucoup d'illustration en imaginant un titre qui annonce de grands devoirs, qu'elles sont le plus souvent dans l'impuissance de remplir.

Celle-ci doit son origine & son institution à M. le comte de *Serent*, gouverneur de la presqu'isle de Ruis, commissaire-général des états de Bretagne au bureau de l'administration, membre de plusieurs académies. C'est dans la grande salle de son château de Kerallier que se tiennent les assemblées. On y voit une tribune portant cette inscription : *ici on sert son Dieu sans hypocrisie, son roi sans intérêt, & sa patrie sans ambition.* On a donné au lieu des assemblées le nom fastueux de *Temple de la patrie*. Les patriotes bretons, pour augmenter l'éclat de leurs solemnités, se sont associé plusieurs femmes célebres, telles que madame la comtesse de *Nantais*, Mad. la comtesse de *Genlis*, Mad. la baronne de *Bourdic* & Mad. la comtesse de *Beauharnois*, qui vient tout récemment d'être proclamée *citoyenne* ; c'est le terme *mystique*.

20 *Juin*. Il court dans le monde la copie d'une lettre de M. le maréchal de *Castries*, ministre de la marine, à M. le comte de *Grasse*, au sujet du conseil de guerre de l'Orient, qui ne laisse plus lieu de douter du mécontentement du roi à l'égard de ce général, qu'on traite bien doucement.

21 *Juin* M. le baron de *Breteuil* a donné samedi dans sa délicieuse maison de Saint-Cloud une fête à M. le comte de *Haga*, où tous les ministres, la famille royale & la reine ont assisté. Ce qui la rend spécialement remarquable, c'est l'honneur qu'a ce ministre de recevoir l'illustre étranger, tandis qu'on n'annonce pas qu'il eût reçu de fête d'aucun prince du sang, ou de la famille royale.

21 *Juin*. M. *Boutin*, le conseiller d'état, a été envoyé en Guyenne par le roi, pour vérifier les faits avancés par le parlement contre l'intendant de Bordeaux, M. *Dupré de Saint-Maur* & ses suppôts.

M. *Boutin* est accompagné de M. de *Boisgibault*, maître des requêtes & d'un ingénieur des ponts & chaussées.

Pendant les travaux de cette espece de commission du conseil, M. *Dupré de Saint-Maur*, reste comme suspendu de ses fonctions, & c'est monsieur *Boutin* qui les exerce.

On croit que cette affaire se civilisera, ainsi que celle des alluvions, & que la cour n'osera soutenir des vexations dont le parlement a fait un tableau si révoltant.

21 *Juin.* Copie de la lettre du maréchal de *Castries* à M. le comte de *Grasse.*

« Le roi a lu, Monsieur, la lettre par laquelle vous récusez d'avance les membres du conseil de guerre, & vous suppliez sa majesté de vous juger elle-même. Sa majesté n'a point approuvé les motifs de la réclamation anticipée que vous formiez contre le jugement définitif qui devoit être rendu par le conseil de guerre assemblé à l'Orient, & elle n'a pas pu les approuver davantage depuis que le jugement est connu.

» Sa majesté a fait examiner & a examiné elle-même avec la plus grande attention tous les chefs d'accusation qui se trouvent confondus dans les lettres & mémoires que vous avez répandus en Europe, & que vous avez portés contre l'armée navale dont vous aviez le commandement. Elle a vu que toutes les inculpations de désobéissance aux signaux & d'abandon du pavillon amiral dans la journée du 12 avril, étoient détruites par le conseil de guerre, & qu'on ne pouvoit attribuer aux fautes particulieres qui ont été commises, la perte de la bataille. Il résulte de ce jugement, que vous vous êtes permis de compromettre par des inculpations mal fondées, la réputation de plusieurs officiers, pour vous justifier dans l'opinion publique d'un événement malheureux dont vous eussiez peut-être trouvé l'excuse dans l'infériorité de vos forces, dans l'incertitude du sort des armes, & dans des circonstances qu'il vous étoit impossible de maîtriser.

» Sa majesté veut bien supposer que vous avez fait ce qui étoit en votre pouvoir pour prévenir les malheurs de la journée; mais elle ne peut avoir la même indulgence sur les torts que vous imputez injustement à ceux des officiers de la marine qui se trouvent déchargés d'accusation.

» Sa majesté mécontente de votre conduite à cet égard, vous défend de vous présenter devant elle. C'est avec peine que je vous transmets ses intentions, & que j'y ajoute le conseil d'aller dans la circonstance actuelle dans votre province. »

22 *Juin*. Nous avons parlé, il y a deux ans environ, de l'auteur de l'ouvrage fameux : *qu'est-ce que le pape ?* attribué à un M. *Eybel*, dont nous avons en même temps annoncé la mort funeste par le poison, mort qu'on attribuoit alors aux fureurs du clergé. Nous sommes bien surpris aujourd'hui de voir revivre ce M. *Eybel*, conseiller, chef de l'une des commissions nommées par l'empereur pour la visite des églises & des couvents, & s'exposant de nouveau aux vengeances des prêtres : car on assure que c'est le même auteur de la brochure ci-dessus indiquée. Y-a-t-il erreur de nom ? Seroit-ce le fils ou le frere du défunt ? ou celui-ci n'est-il pas mort, est-il revenu de son empoisonnement ? Il faudroit être sur les lieux pour vérifier une pareille contradiction.

La premiere nouvelle de l'empoisonnement étoit d'autant plus croyable, qu'elle étoit accompagnée de toutes les dates & autres circonstances propres à rendre un récit imposant.

22 *Juin.* Depuis que nous avions annoncé, à la fin de 1782, la brochure intitulée *le singe de 40 ans*, nous n'en avions plus entendu parler & nous commencions à douter de son existence. Les colporteurs la confirment de nouveau aujourd'hui & proposent aux amateurs cette nouveauté. Ils prétendent que, dirigée en effet contre l'empereur, ce prince en auroit acheté toute l'édition ; que cependant, suivant l'usage, il s'en est trouvé quelque exemplaire échappé, sur lequel on a fait une seconde édition qui court le monde en ce moment.

22 *Juin.* Extrait d'une lettre de Bordeaux, du 15 juin 1784...... M. Boutin, qui nous étoit annoncé depuis quelque temps, est arrivé il y a trois jours. Il a fait ses visites au parlement avec M. de Boisgibault, son collegue. On assure que nos magistrats ont délibéré de ne point les voir. Voilà le cas qu'ils font des commissaires du roi.

Les *Remontrances au sujet des corvées* paroissent imprimées & sont très-adroites par l'insertion qu'on y a faite de toute l'enquête contre l'intendant, où l'on cite une foule d'horreurs. On commence à croire qu'il ne reviendra pas : on dit qu'il est mal vu en cour ; le bruit de cette ville même est qu'il est exilé à sa terre.

22 *Juin.* Extrait d'une lettre de Cherbourg, du 10 juin..... Enfin le premier cône pour la formation de ce bassin en rade bien sûre & bien fortifiée dont je vous ai parlé l'année derniere, a été lancé le 5 de ce mois dans l'endroit convenu & a parfaitement réussi ; on doit en placer un autre le 21. On ne regarde plus cela que comme un jeu : avec de l'argent & du temps on en viendra à bout...... Quelques Anglois présents à l'opé-

ration & qui en rioient d'abord, ont eu la mine fort alongée quand ils ont vu le succès. On jette des pierres à force actuellement pour remplir ce cône à claire voie.

M. le Duc d'*Harcourt*, notre gouverneur, est dans l'enchantement. Il a écrit à M. *Perronet* pour lui témoigner toute sa satisfaction de ce grand ouvrage entrepris sous ses auspices. Le ministre de la marine encourage la besogne : il n'est pas moins glorieux de voir les Anglois à la veille d'être resserrés & bloqués dans la Manche sous son administration ; il écrit que l'argent ne manquera point.

23 *Juin*. L'infatigable M. *Mercier* n'a pas tardé à donner *Mon Bonnet de nuit*, cet ouvrage qu'il avoit annoncé à la fin de son *Tableau de Paris*. On le voit dans ce pays-ci. On dit qu'il consiste en deux gros volumes in-8o. & que c'est le plus grand galimathias que l'on puisse lire. Il se vend cependant à cause de sa singularité ; mais on est étonné qu'un homme qui a du talent & du mérite, ait pu faire imprimer des sottises pareilles.

23 *Juin*. On a parlé de l'arrêt du parlement, du 23 mars dernier, qui condamne *Pillot*, ce maître clerc du notaire *Perron*, pour abus de confiance de plusieurs clients, & suspecté d'être faussaire, à être fouetté, marqué, envoyé aux galeres à perpétuité, & préalablement mis au carcan.

Les parents de ce malheureux avoient obtenu un sursis depuis ce temps ; mais enfin n'ayant pu désintéresser les parties civiles, il a fallu qu'il subît son supplice, & il a commencé hier par être mis au carcan.

Dès que le bruit s'en est répandu, tous les notaires y ont envoyé leurs clercs comme à une école d'instruction, dans l'espoir que l'exemple contiendra ceux qui seroient tentés d'imiter leur ancien camarade.

Me. FOACIER, notaire, impliqué au procès, par l'arrêt, est déchargé de l'accusation, après avoir été interrogé *sur la sellette*, à ce que l'on présume, parce que l'arrêt ne s'explique pas à cet égard pour le ménager, & qu'on n'auroit fait difficulté de mettre *à la barre de la cour*, s'il ne l'avoit été que de cette façon, qui n'est point infamante.

23 *Juin*. Extrait d'une lettre de Grenoble, du 12 juin..... Notre parlement est de nouveau dans la crise; il bataille avec le conseil qui a déjà cassé quatre ou cinq de ses arrêts dans la même affaire. Il s'agit d'une pauvre communauté opprimée par une chartreuse: le parlement a pris la défense de la premiere. De-là cette longue querelle qui a provoqué enfin les remontrances vigoureuses arrêtées, toutes les chambres assemblées, le 29 avril dernier. Outre les cassations multipliées dont se plaint la cour, elle réclame un de ses membres, M. de *Meyrieu*, conseiller rapporteur de l'affaire, mandé par lettre de cachet à la suite de la cour, & l'abolition d'une amende de 500 liv. prononcée par le conseil contre le procureur de la communauté.

24 *Juin*. Les colporteurs sont fort alarmés de la vigilance avec laquelle on a intercepté jusques en Flandre & sur d'autres routes des ballots de livres qu'ils attendoient. Ils attribuent ce redoublement de zele & d'activité aux plaintes que le roi de Prusse a fait porter à l'occasion des *Mémoires de Voltaire*: sans doute le désir de soustraire le

Mémoire nouveau du comte de *Mirabeau*, précédé de sa conversation avec M. le garde-des-sceaux, n'a pas peu contribué à ces recherches.

Du reste, on dit que plusieurs colporteurs sont à Bicêtre pour le premier ouvrage.

24 *Juin*. Un cadeau à faire au comte de *Haga*, c'étoit sans doute de lui donner le spectacle d'un aérostat. Il a eu lieu hier à Versailles dans la cour des ministres. C'étoit une *Mongolfiere*, c'est-dire, s'élevant par l'agent de M. de *Montgolfier*, par le feu. Elle a 86 pieds de haut sur 230 pieds six pouces de circonférence, & porte le nom de *Marie-Antoinette*. Elle est du reste enrichie de tous les ornements possible : on y voit sur-tout le chiffre du roi avec celui du roi de Suede & un bras garni d'une écharpe blanche, dont la main vient de recevoir une couronne avec des lauriers. Elle peut porter vingt-cinq quintaux. Comme il régnoit un grand vent, il a fallu attendre un moment plus favorable, & elle n'est partie qu'à cinq heures moins un quart, avec toute la solemnité possible.

24 *Juin*. Extrait d'une lettre de Grenoble, du 15 juin...... Ce n'est que depuis ma derniere lettre que j'ai eu connoissance d'une autre tracasserie de notre parlement avec le conseil, à l'occasion du despotisme d'un inspecteur des manufactures du Dauphiné, contre des fabricants qu'il vexoit, & mis sous la protection des loix. De-là un nouveau combat d'arrêts & de remontrances arrêtées aux chambres assemblées, le 30 avril dernier. Elles sont imprimées, ainsi que les premieres, & vous parviendront sans doute bientôt.

25 *Juin*. MM. *Pilâtre de Rozier & Prouts*, qui montoient la montgolfiere *Marie-Antoinette*, sont

descendus hier entre Champlatreux & Chantilly à cinq heures & demie, à douze lieues de distance du point de leur départ, après avoir consommé toutes leurs provisions: ainsi ils ont fait leur route en trois quart-d'heure.

Le prince de Condé leur a envoyé sur le champ des voitures & a nommé la prairie où ils ont pris terre: *Piâltre de Rozier*.

25 *Juin*. Le sieur *Gretry* ayant, comme de raison, grand regret d'avoir perdu la musique employée à la piece de *Théodore & Paulin*, dont on a rendu compte il y a quelques mois, a déterminé l'auteur des paroles, le sieur *Desforges*, à conserver de son sujet ce qui avoit trouvé grace devant le public & mérité même des applaudissements, c'est-à-dire, un épisode resserré en deux actes sous le titre de l'*Epreuve villageoise*. Cette niaiserie, où il y a quelques traits d'esprit & de gaieté, a eu hier le plus grand succès relativement à la musique pittoresque, naïve & riche, sans aucun luxe déplacé & étranger au genre.

25 *Juin*. Les *Remontrances du parlement de Dauphiné concernant l'affaire entre la communauté de Bouvante & les Chartreux du Val-Sainte-Marie*, ont percé ici.

On y voit avec peine qu'un ordre religieux qui a renoncé non-seulement aux délices de la vie, mais par une mort anticipée presque à la vie de ce monde, vouloir ravir à ses vassaux des biens qu'ils possédoient depuis plusieurs siecles sur la foi des traités; s'autoriser dans ses projets ambitieux par des arrêts surpris au conseil du roi; arrêts contraires aux loix du royaume & introduisant des formes nouvelles; le parlement forcé d'en suspendre l'exécution pour empêcher la ruine d'un village considérable.

Telle est l'esquisse de ces remontrances écrites à la fois avec noblesse & simplicité.

26 *Juin*. M. *Mignonot* a donné une suite à ses *Considérations politiques*. Elle paroît depuis peu. Il y traite de deux objets très-importants, relatifs aux circonstances du moment.

Le premier est le traité que les Turcs viennent de conclure & avec la Russie & avec l'empereur. L'auteur observe avec raison que c'est la suite de leur foiblesse ; que pour peu qu'elle dure, les deux puissances alliées sauront bien s'en prévaloir pour former de nouvelles prétentions ; que le seul remede est d'engager le grand-seigneur à faire apprendre à ses troupes la tactique moderne : il en indique les moyens.

Le second objet est la preséance que prétend aujourd'hui l'impératrice des Russies, en affectant le pas sur la France à la cour de Vienne. Monsieur Mignonot fait voir l'absurdité de cette prétention avec autant de force que de raison.

Ces deux points, quoique discutés avec beaucoup de méthode, ne portent pas moins d'intérêt, par la maniere dont l'écrivain se présente, par les anecdotes historiques dont il mêle ses raisonnements, & par un style noble & plein de dignité, comme son sujet.

Il est à souhaiter que les autres considérations politiques dont il s'occupe, ne tardent pas à paroître ; elles ne peuvent que lui faire honneur, & contribueront peut-être à éclairer le ministere & même les étrangers sur quantité de choses ou négligées ou mal vues.

26 *Juin*. Le chambellan du roi de Suede a été tué hier en duel par M. le comte de *la Mark*. C'est une suite d'une rixe élevée entre eux au bal de

l'opéra ; mais le principe en eſt ancien. On prétend que ce chambellan avoit ſervi en France dans le régiment de *la Mark* ; que lorſqu'il fut queſtion durant la derniere guerre de paſſer les mers ; cet officier refuſa ; ce qui le fit taxer de lâcheté par ſon colonel : il a profité du premier moment de lui en demander raiſon.

On dit M. de *la Mark* dangereuſement bleſſé.

Cette cataſtrophe s'eſt paſſée dans toutes les regles & en préſence de témoins. On croit que le comté de *Haga* en a été inſtruit dès le matin au palais, où il étoit pour entendre plaider M. *Seguier*. Il eſt ſorti un moment, & l'on préſume qu'on venoit lui annoncer la funeſte nouvelle.

26 *Juin*. M. *Pilâtre de Rozier* ne s'eſt point vanté dans ſa relation des ſuites funeſtes de ſon voyage. Suivant celle du prince de Condé même, la machine, en s'abattant, a brûlé un arbre & s'eſt brûlée enſuite. Son alteſſe ajoute que ſi elle eût tombée dans la forêt, elle auroit pu l'incendier toute entiere. Cette *Montgolfiere* étoit ſi deſſéchée, qu'en y touchant on y faiſoit des trous.

27 *Juin*. Le chambellan du roi de Suede tué, étoit d'origne françoiſe & lyonnoiſe, il ſe nommoit *Duperron*. Il paroît que le comte de *la Mark* avoit tenu des propos qui lui ont été rapportés, dont il n'a pu s'empêcher de lui demander ſatiſfaction. Il a prévenu ſon maître & lui a demandé ſa permiſſion. Le comte de *Haga* lui a répondu, que s'il étoit en France comme roi de Suede, il traiteroit l'affaire vis-à-vis du roi même, & ſavoit ce qu'il auroit à faire ; mais que n'étant ici que comme comte de *Haga*, il n'avoit rien à dire, & qu'il ignoroit cela. Il en réſulte qu'il n'a pas moins été ſenſible au procédé de

M. de *la Mark*, qui, par égard pour le souverain, auroit dû s'abstenir des propos qui ont provoqué le combat.

27 *Juin*. En conséquence de la délibération prise avec les auteurs dramatiques, le sieur de *Beaumarchais* a déjà écrit à tous les directeurs de troupes de province pour traiter la chose à l'amiable avec eux avant d'avoir recours à l'autorité, ou même pour les effrayer d'avance & en tirer meilleur parti.

28 *Juin*. Les autres remontrances du parlement de Grenoble, *au sujet des arrêts du conseil rendus contre les freres Romieu, fabricants de petites étoffes à Romans*, sont aussi arrivées ici.

Leur objet est de se plaindre des atteintes données à l'ordre des jurisdictions, à la sureté du commerce, aux regles de la subordination, & à la liberté dont le magistrat doit jouir dans l'administration de la justice.

Il est encore question ici de M. de *Meyrieu*, conseiller mandé à la suite de la cour, comme ayant rendu des ordonnances dans l'affaire, & d'un huissier interdit de ses fonctions pour avoir exécuté les arrêts du parlement.

28 *Juin*. M. de *Fontanelle* ayant essayé ses talents politiques à rédiger depuis huit ans cette partie du mercure de France, a été digne de passer à la gazette de France. C'est un M. *Mallet Dupan* qui le remplace. Celui-ci est connu pour avoir rédigé pendant deux ans à Geneve, sa patrie, les *Mémoires historiques, politiques & littéraires sur l'état présent de l'Europe*. C'est aussi lui qui s'étoit emparé de la continuation des annales de Me. *Linguet*, durant la détention de ce journaliste.

28 *Juin*. Pour savoir décidément à quoi s'en

tenir fur l'Heliopt, M. le maréchal de *Caftries* vient de nommer trois commiffaires de l'académie des fciences, qui doivent lui rendre un compte bien circonftancié de l'expérience qu'ils feront de l'inftrument & des réfultats qu'ils auront obtenus.

29 *Juin*. Entre les fpectacles donnés à M. le comte de *Haga*, l'*Armide* du chevalier *Gluck*, exécuté à la cour le 14 de ce mois fur le grand théâtre, a finguliérement frappé l'illuftre étranger par la magnificence des décorations: celle du bocage, où *Renaud* fe repofe ; celle de l'embrafement du palais de la magicienne, ont fur-tout été remarquées.

On a obfervé auffi que Mlle. *le Vaffeur* qui, quoique retirée, a repris le rôle d'*Armide* en cette occafion, n'a point brillé & a très-mal chanté.

29 *Juin*. Extrait d'une lettre de Dijon, du 15 juin...... M. de *Morveau* qui s'occupe plus aujourd'hui de ballons que des affaires de jurifprudence, a fait, le 12 de ce mois, conjointement avec M. de *Virely*, préfident de notre chambre des comptes, une expérience, par laquelle il prétend avoir dirigé fa machine horizontalement contre le vent. Les incrédules en doutent encore & font une petite objection. Pourquoi ces voyageurs ne font-ils pas revenus defcendre dans cette capitale, au lieu d'aller s'arrêter dans un méchant village ? Les bonnes gens s'imaginent les avoir vu planer fur Dijon & les environs. Mais M. *Blanchard* planoit auffi........

29 *Juin*. Le *Dormeur éveillé*, comédie en quatre actes & en vers, mêlée d'ariettes, déjà jouée l'année derniere durant le voyage de Fontainebleau, & tout récemment au petit Trianon

chez

chez la reine, avoit déjà reçu deux fois les suffrages de la cour : il a été donné hier à Paris sur le théâtre des Italiens.

Le sujet est tiré des *Mille & une Nuits* ; il prête, par sa nature, à une grande pompe de spectacle & aux plus brillantes illusions de la scene.

Au premier acte le dormeur éveillé n'est qu'un bourgeois : au second il est calife ; il rentre dans son premier état au troisieme, & au quatrieme remis de nouveau sur le trône il lui préfere une esclave qu'il adore. Telles sont les diverses situations par où passe ce personnage principal.

Le musicien a travaillé sur un sujet si riche qu'il n'a eu qu'à déployer la variété de son talent. En général, cet ouvrage a plu beaucoup ; cependant il n'est pas neuf, il est trop alongé & il laisse quantité de choses à désirer encore, même du côté de la musique.

Les paroles sont de M. de *Marmontel*, & la musique est de M. *Piccini*.

30 *Juin*. Le vendredi 25, M. le comte de *Haga* assistoit pour la seconde fois au *Mariage de Figaro*. Le sieur *Dugazon* qui fait le rôle d'un juge fort bête, nommé *Bride-oison*, a voulu régaler l'illustre étranger d'un couplet de sa façon, que les journaux, on ne sait pourquoi, n'ont pas jugé à propos de conserver. Comme il fait anecdote, quelque médiocre qu'il soit, le voici :

    L'astre bienfaisant du monde
    D'un nuage enveloppé,
    Déjà disparoît dans l'onde
    Pour le vulgaire trompé.
    Par ma science profonde

Sous un air simple, en ce lieu,
Ainsi vois-je un demi-dieu.

30 *Juin*. On a parlé d'un mémoire de Me. *Linguet*, qu'on ne connoissoit que par le désaveu de son procureur, nommé *Quequet*. Par une fatalité singuliere, tous ceux qui prennent les intérêts de ce turbulent personnage, sont destinés à devenir bientôt ses ennemis. C'est ce qu'on voit dans une lettre de Me. *Linguet*, datée de Londres le 15 juin, où il fait des reproches très-vifs à ce procureur de sa conduite, & déclare qu'il va le révoquer. Il avoue du reste & le mémoire & le procès au Châtelet.

30 *Juin*. Les colporteurs annoncent une nouvelle brochure très rare, puisqu'ils prétendent qu'il n'en est passé ici que cinquante exemplaires; elle a pour titre: *le Diable dans un bénitier*. Peut-être n'a-t-elle que cela de facétieux. On la dit imprimée à Londres, où la police a fait ce qu'elle a pu pour l'empêcher de se répandre en retirant l'édition.

1 *Juillet* 1784. M. le cardinal de *la Rochefaucault*, archevêque de Rouen, étoit désigné pour président de l'assemblée décimale du clergé, qui doit se tenir en 1785; mais comme cette éminence n'est pas propre à entrer dans les vues de réforme politique dont s'occupent les prélats administrateurs, on lui a substitué M. l'archevêque de *Narbonne*, qui s'est déjà distingué au chapitre de Saint-Denis.

1 *Juillet*. A la suite du comte de *Haga*, est ici un chevalier de *Mouratsa* qui, quoique sujet du roi de Suede, est né à Constantinople, y a passé la plus grande partie de sa vie & a trouvé le vête-

ment turc si commode qu'il ne peut se résoudre à le quitter, & a toujours l'air d'un musulman. Il est très-instruit, il a beaucoup d'esprit & il est homme de lettres : il sait parfaitement le françois ; il prétend que ce qu'on a écrit jusques-là sur l'empire Ottoman, à commencer par les lettres de milady *Montaigu*, n'est qu'un roman. En conséquence il a composé une histoire de cet empire & sur-tout de ses loix, qu'il va terminer & faire imprimer en France.

1 *Juillet*. Il court depuis les représentations du *Mariage de Figaro*, l'épigramme suivante, très-singuliere.

Le vœu du Dramomane, ou la semaine couleur de rose.

Que le Parisien agit en étourdi !
A fêtoyer le drame, il s'étoit enhardi,
Et par un *Figaro* follement applaudi,
Le voilà sous mes yeux encor ragaillardi :
Je tiens de ma semaine un plan bien arrondi ;
Un joli *Requiem* pour dimanche à midi,
Item, chez *Curtius*, les grands voleurs lundi ;
Item, chez arlequin, *Jenneval* pour mardi ;
Item, chez Poquelin, *Beverley* mercredi ;
Le combat du taureau, près de Pantin, jeudi ;
Le spectacle infernal, où l'on sait, vendredi :
Ah ! si pour la clôture, on pendoit samedi.

2 *Juillet*. La Dlle. de *Montensier*, directrice de la troupe des comédiens de Versailles & de quelques autres, ayant donné l'exemple aux directeurs ses confreres de répondre négativement au sieur de *Beaumarchais*, & de lui observer même que sa

demande étoit impossible dans l'exécution, il a pris le parti de remettre un mémoire au ministre de Paris, formé d'après la délibération unanime des auteurs dramatiques, pour obtenir un arrêt du conseil revêtu de lettres-patentes.

Il paroît constant en effet que les membres du bureau de législation dramatique se sont tous rendus à l'invitation du sieur de *Beaumarchais*, & que les absents même ont envoyé leur adhésion, sauf M. *Rochon de Chabannes*, qui a répondu au billet du sieur de *Beaumarchais* par le billet suivant, en date du 7 juin, qui court le monde & bon à conserver.

« Les auteurs dramatiques doivent sans doute,
» Monsieur, être bien reconnoissants du zele gé-
» néreux avec lequel, même au milieu de vos
» triomphes, vous ne cessez de veiller à leurs
» intérêts ; vous entrez dans des détails mer-
» cantilles, propres à accroître leur fortune. Je
» vous en ai, en mon particulier, une obligation
» infinie ; mais je crois inutile de me rendre à
» l'assemblée que vous jugez à propos d'indiquer
» chez vous. Je sais quel doit être le sujet de la
» délibération ; il m'est indifférent aujourd'hui.
» Heureusement, par les circonstances je me
» trouve au-dessus du besoin ; je ne travaille
» point pour de l'argent. Loin des intrigues &
» des cabales, je ne cherche qu'à soutenir la foible
» réputation que, graces aux bontés du public,
» mes ouvrages m'ont faite : j'ambitionne sur-
» tout cette considération personnelle qu'il ne
» peut refuser à la bonne conduite, aux senti-
» ments honnêtes, & que ne sauroient jamais
» compenser les succès, la renommée & la gloire
» la plus brillante. »

3 Juillet. Les très-humbles, très-respectueuses & itératives remontrances du parlement au roi sur l'état actuel des Quinze-vingts, présentées le 23 mai 1784, sont imprimées.

Un chapitre créé par la loi dès l'origine & confirmé dans ses pouvoirs par les statuts, ainsi que par l'édit de 1746, étoit le premier juge de toutes les affaires touchant le gouvernement des Quinze-vingts, sauf l'appel en la cour ; il se tenoit régulièrement tous les mois. Une administration de magistrats gouvernoit l'hôpital ; en son absence elle étoit représentée par le maître ; celui-ci présidoit à la police intérieure. La vigilance du maître actuel faisoit de l'enclos des Quinze-vingts, avant sa translation, le séjour de la décence & de la paix. L'esprit d'ordre gouvernoit les finances ; les comptes étoient en regle ; les freres dans l'aisance ; d'honorables économies grossissoient le trésor. Mais depuis la translation, le chapitre ne se tient plus, l'administration n'est plus qu'une ombre ; tout le pouvoir est dans les mains du grand-aumônier : deux hommes nommés par lui gouvernent sous son nom & par ses ordres. Tel est le précis du tableau que le parlement offre au roi : tableau soutenu de dépositions & de pieces juridiques, qui rendent beaucoup plus graves les inculpations.

3 Juillet. Quelques magistrats du Châtelet ont communiqué le *Factum* de Me. Linguet ; il est in-4°. ; il est enveloppé d'une espece d'avertissement ayant pour titre d'une part : *Annales politiques, civiles & littéraires, par Me. Linguet*, N°. 82. gratuit ; de l'autre est un avertissement sur le *Prospectus* de l'édition corrigée des œuvres de M. de *Voltaire*, qu'il a entreprise : enfin au milieu se lit : *Défenses pour Me. Linguet sur la demande en réparation d'honneur, & en dommages-intérêts, formée contre lui au Châtelet de Paris par le sieur Pierre le Quesne, marchand d'étoffes de soie.* Il est en effet signé *Linguet* & plus bas *Quesnet* procureur. Toutes ces singularités sont à remarquer de la part d'un auteur aussi original, & il en sera rendu compte plus en détail.

4 Juillet. Il est question d'un grand ballon que M. le duc de *Chartres* fait construire depuis long-temps à Saint-Cloud : on l'appelle une *Charlotte* ou *Caroline*, du nom de M. *charles*, dont on a adopté la méthode pour celui-ci. Mais ce n'est pas lui qui s'en mêle ; ce sont les freres *Robert*. M. *Charles* a refusé d'y monter sous prétexte qu'il ne se flattoit pas de pouvoir diriger la nouvelle machine mieux que l'autre, & que pour recommencer la même chose c'étoit un jeu d'enfant. Quoi qu'il en soit, M. le duc de *Chartres* attend avec impatience la fin de cette grande machine, qu'on dit coûter 40,000 livres : il compte monter dedans ; ce qui a occasionné un calembourg de Mad. de *Vergennes* : » *Apparemment*, a-t-elle dit, *M. le duc de Chartres veut ainsi se mettre au-dessus de ses affaires*. »

4 Juillet. On va voir chez M. *Furet* horloger, trois pendules de sa composition très curieuses.

La premiere représente une *Négresse* en buste, dont la tête est supérieurement faite. Elle est historiée très-élégamment & avec beaucoup de richesses & d'ornements. Elle a, suivant le costume, deux pendeloques d'or aux oreilles. En tirant l'une l'heure se peint dans l'œil droit & les minutes dans l'œil gauche. En tirant l'autre pendeloque, il se forme une sonnerie en airs différents, qui se succedent.

La seconde est une cage faite pour être suspendue, & le cadran est en dessous. La cage est travaillée de la maniere la plus délicate & la plus exquise; elle est en outre d'une richesse précieuse. En dedans sont un bouvreuil & un serin sur un bâton. On tire un ressort, & ces deux oiseaux s'agitent sur le bâton, & chantent ensemble un concert, ou séparement chacun un air.

Enfin la troisieme est plus curieuse encore, plus savante & plus dans le genre. C'est un globe dont l'équateur en marquant l'heure de Paris, marque en même temps l'heure qu'il est dans chaque pays du monde. M. le duc de *Chartres* qui est connoisseur & amateur, a passé beaucoup de temps à vérifier l'exactitude des calculs, & les a trouvés justes. Il paroît qu'il auroit envie d'en faire l'acquisition.

4 Juillet. Par jugement du tribunal des maréchaux de France, M. le vicomte de *Noë* est condamné de nouveau à faire des excuses à M. le maréchal duc de *Richelieu*, gouverneur de Guyenne, en présence de tous les autres maréchaux de France, & en outre à un an de prison.

Le tribunal ne donne qu'un mois pour délai au vicomte de *Noë*; on le dit en Espagne.

Le jugement est du 22 juin. C'est un second. On a parlé du premier, auquel M. de *Noë* n'avoit pas satisfait. Il paroît que sa requête, afin de renvoi pardevant les juges naturels, a provoqué ce nouveau jugement.

M. le vicomte de *Noë* est lieutenant-général des armées du roi, & attaché à la maison d'*Orléans*, qui n'a pu le sauver.

4 Juillet. On voit un *Prospectus* d'un nouvel établissement de commerce dans le pays des Druses.

4 Juillet. Les *Druides*, tragédie de M. *le Blanc*, interrompue depuis pâques 1772, ont reparu le jeudi premier de ce mois. C'étoit M. de Beaumont qui en avoit fait suspendre les représentations, & le prélat actuel plus tolérant ne s'est pas opposé, sans doute, à la reprise. Elle a eu du monde & beaucoup de succès, graces aux cabaleurs du parti qu'on y avoit ameutés en foule. Du reste, cet ouvrage est jugé & l'on sait à quoi s'en tenir.

5 Juillet. Me. *Linguet*, dans l'espece d'avertissement dont il a enveloppé son mémoire, prévient ses souscripteurs de l'envoi qu'il doit leur en faire sous ce format in-4°. équivalent à quatre numéros. Il se fait fort de réparer l'irrégularité, & du reste annonce le tout gratuit. Il paroît que c'est une petite niche qu'il prépare aux contrefacteurs pour les embarrasser. Il demande pardon au surplus de la lenteur avec laquelle arrivent ses numéros, puisque l'on n'en est encore qu'au 84eme; c'est-à dire, qu'en deux ans il n'en a guere donné au public que douze ou treize : il l'attribue à ce mémoire, qui lui a fait perdre trois mois.

Dans l'autre avertissement, piqué des contradictions qu'il éprouve relativement à son édition projetée de *Voltaire* purgé, des sarcasmes du *Courier de l'Europe* qui lui reproche de faire du philosophe de Ferney un capucin, & des imputations atroces d'une *feuille imprimée à Luxembourg*, qui le taxe d'hypocrisie; Me. *Linguet* déclare qu'il renonce à son entreprise, & que les souscripteurs peuvent retirer leur argent.

5 Juillet. Le *Prospectus* annoncé concernant une branche de commerce nouvelle, est un mémoire très-développé sur l'établissement d'une compagnie, pour faire la traite directe des productions du pays des Druses, peuple du *Mont-Liban* & *Anti-Liban*, où l'on donne le détail historique de ses productions, des forces de l'état, de ses richesses, du caractere du prince, & de celui de ses sujets.

Il est divisé en différents paragraphes: 1°. Description du pays des Druses; 2°. caractere du prince & de ses peuples, richesses & forces de la nation; 3°. établissement d'une compagnie de commerce qui fera la traite directe de Baruth en France, dans le port le plus voisin & dans toute l'Europe; 4°. avantages pour la compagnie de la traite des marchandises du pays des Druses; 5°. avantages & point de vue sur l'extension de ces différentes spéculations projetées dans les pays qui avoisinent les Druses & avec lesquels ils sont alliés; 6°. enfin, idée des marchandises d'exportation des manufactures de France.

Ce mémoire est rédigé par deux spéculateurs, dont l'un étoit encore sur les lieux en 1782. Suivant son rapport, les Druses habitent une contrée enfermée entre le *Mont-Liban* & l'*Anti-Liban*, vallée fertile qu'on appelle *Syrie Creuse*. Ces peuples se prétendent issus en partie de deux régiments françois qui, du temps des croisades, furent incorporés avec eux après la bataille de *Méanougue* en *Syrie*. Leur souverain qui s'intitule *Emir*, désire autant que ses sujets que nous formions un établissement de commerce avec eux. Le port où il pourroit avoir lieu seroit *Baruth*; il n'y auroit des ports de France à celui-là que pour trois ou quatre semaines de trajet. Les principaux objets d'exportation seroient les soieries, la cire, les huiles, les vins, les grains de toute qualité, les laines, les cotons, le salpêtre, les chevaux, les bœufs, les bois de toute espece, &c.

Les articles d'importation dans ce pays, pour les échanges, seroient les draps Londrins, l'indigo, le papier, le sucre, le café, toutes sortes d'épiceries, les liqueurs, les confitures, les odeurs & toutes sortes de quincaillerie, &c. &c. &c.

Ce mémoire, s'il est exact, doit être d'autant mieux accueilli du gouvernement, qu'il nous fournit un point d'appui pour nous avoisiner des *Turcs*, dont il s'occupe beaucoup aujourd'hui, & qu'il s'agit de soustraire à l'invasion prochaine des deux cours impériales réunies.

6 Juillet. Mercredi dernier, 30 juin, l'académie royale des sciences assemblée, a entendu le rapport qui lui a été fait par M. *Fleurant* de la construction de la montgolfiere de Lyon, nommée *la Gustave*, & du voyage qu'il a fait dedans. Ce qui a rendu cette séance curieuse & nouvelle, ç'a été le spectacle de Mad. *Tible*, cette Lyonnoise audacieuse qui, la premiere de son sexe, a osé monter dans un char aérien.

Madame *Tible*, depuis qu'elle est à Paris, sollicite MM. les abbé *Miolan & Janinet* de l'associer au voyage qu'ils doivent entreprendre incessamment dans leur montgolfiere, la plus immense qu'on ait encore vue, & qui doit partir du Luxembourg le dimanche 11 de ce mois; mais ils n'ont point osé faire cette injure aux femmes de Paris, dont quelques-unes briguent aussi cet honneur. Vraisemblablement pour ne point faire de jalouses, ils n'en embarqueront aucune avec eux.

6 Juillet. Toutes les soumissions de M. l'abbé *Mably* n'ont pu empêcher la faculté de théologie de poursuivre sa censure : elle commence enfin à paroître sous le titre de *Censure de la faculté de théologie sur le livre des principes de morale.*

6 Juillet. On ne cesse de parler de la fête donnée à M. le comte de *Haga*, par M. le duc de *Cossé*. Ce prince a déclaré qu'après celle que la reine lui avoit donnée à Trianon, il n'en avoit point vu de plus belle. Les jardins étoient illuminés de cent mille bougies, & l'on avoit poussé la recherche jusqu'à plancheyer les allées & à y répandre des tapis.

7 Juillet On commence à aller voir chez monsieur *Foucou*, sculpteur de l'académie, le buste de M. de *Suffren*, que les maire & consuls de la ville de *Salon* en Provence, patrie de ce grand homme, ont commandé à cet artiste : c'est la suite d'une délibération unanime de ses compatriotes.

Ce buste doit être élevé en ce lieu sur une colonne de marbre.

7 Juillet. Les défenses de Me. *Linguet*, toujours très-verbeux, ont cent onze pages. C'est en effet son N°. 72 qu'il a délayé dans ce volumineux mémoire ; il est d'abord précédé de quelques réflexions, où il déclare qu'il n'est point agresseur, qu'il ne fait que répondre à la demande en réparation d'honneur du sieur le *Quesne*, espérant ainsi éluder la demande en réparation pécuniaire que son commettant auroit à former contre cet infidèle correspondant ; mais, quoique absent, il ajoute qu'il ne veut, ni ne peut, ni ne doit confier sa cause à aucun des membres du barreau de Paris. Ce qui lui fournit occasion de revenir encore une fois sur l'ordre des avocats par une déclamation non moins violente que les précédentes; il enveloppe même le parlement de Paris dans cette diatribe, & renouvelle tout ce qu'il a dit à cet égard.

D. 6

Me. *Linguet* divise son mémoire en trois parties. Il rend d'abord compte de sa situation présente ; il justifie ensuite la révélation qu'il a cru devoir au public des perfidies de son ancien agent ; il finit par démontrer combien de réclamations l'autorisent ses infidélités.

La premiere partie ne consiste, à proprement parler, qu'en réflexions préliminaires ; après quoi il entre en matiere.

Il paroît d'abord que le sieur *le Quesne* a fondé sa demande sur cinq ouvrages de Me. *Linguet* qu'il a qualifiés de libelles ; savoir, son *Avis aux souscripteurs des annales politiques*, &c. les trois numéros 73, 74 & 75, contenant ses *mémoires sur la Bastille* ; enfin une *lettre adressée à une gazette étrangere*, qu'on croit être celle de Cleves, & signée de Me. *Linguet*. Celui-ci demande la-dessus ce que veut le sieur *le Quesne*, & sur quoi il appuie sa réclamation ? Comme tout ce qu'il dit à cet égard n'est qu'une répétition de ce qu'il a déjà dit, qu'il n'apporte ni faits nouveaux, ni anecdotes, ni preuve nouvelle, il seroit fastidieux d'entrer dans un plus long détail.

La démonstration des répétitions pécuniaires que Me. *Linguet* se prétend dans le cas d'exercer contre son correspondant, quoique très-considérables, n'est pas mieux fondée en raisonnements & en preuves.

En général, ce mémoire n'a que la forme juridique, & sous cet appareil l'auteur a saisi avec empressement l'occasion de renouveller l'histoire de ses derniers malheurs, & d'en consigner authentiquement tous les détails jusques dans les mains & le sanctuaire de la justice. Il faut attendre pour voir comment elle l'accueillera, & quel usage elle en fera.

8 Juillet. Quoique l'engouement du public pour le *Mariage de Figaro* se soutienne constamment, le sieur de *Beaumarchais* cherche à le ranimer de temps en temps par différents moyens. C'est ainsi qu'il a fait courir, il y a plus d'un mois, une lettre prétendue écrite par lui, suivant les uns, à M. le duc de *Villequier*; suivant les autres, à monsieur le président *Dupaty*, lettre fort impertinente, quoique bien faite dans son genre. Elle passoit pour une réponse à la demande qu'on lui avoit faite d'une loge grillée pour des femmes qui n'osoient aller voir sa piece trop publiquement. Peu de temps après on dit que sa piece, qui étoit déjà à la dix-septieme représentation, alloit être arrêtée; ensuite on ajouta que l'auteur avoit été mis à la Bastille. Toutes ces rumeurs s'étant accréditées pendant quelques jours, le sieur de *Beaumarchais* les a démenties en avouant la lettre dans le journal de Paris, mais en désavouant les différentes adresses qu'on y avoit mises. Comme il n'a point déclaré la véritable, qu'on a découvert qu'il avoit lu cette lettre dans un dîner long-temps avant qu'elle fût publique, & sans nommer davantage celui à qui elle étoit envoyée, il y a tout lieu de croire que c'est une ruse de sa part, & qu'elle n'est que fictive.

8 Juillet Les dévots sont fort scandalisés que M. l'abbé *Miolan* ait choisi pour le jour de son expérience aérostatique, un dimanche, & pour le temps, celui de la matinée, c'est-à-dire, l'heure de la messe. On assure que c'est sur les représentations de M. le lieutenant-général de police, que le choix du jour a été fait pour ne pas détourner les ouvriers. Il a calculé que durant le reste de la semaine ce seroit pour eux une perte de plus de cent mille écus. Il a eu le courage de contrarier ainsi le goût de la reine qui désiroit voir ce spectacle, & vouloit en conséquence que ce ne fût point le dimanche. Sa majesté a sacrifié son plaisir à une aussi excellente raison.

9 Juillet. Depuis environ dix-huit mois réside dans ce pays-ci une étrangere qui se nomme madame *Hasselgreen*. Elle est Suédoise, & a été la maîtresse du duc de *Sudermanie*, frere du roi de Suede. Elle prétend avoir quitté Stockholm par un dépit de jalousie de voir son amant lui faire infidélité pour une actrice. Quoi qu'il en soit, il paroît que le comte de *Haga* a quelques considérations pour elle. Il est allé la voir plusieurs fois, & même *in fiocchi*. Il l'a chargée de faire plusieurs emplettes de robes, de modes & de choses de goût pour la reine de Suede. Comme c'est la seule femme galante qu'il ait été voir dans cette capitale, les autres sont furieuses. Elles prétendent que le comte de *Haga* n'aime point le sexe, & répandent sur son compte toutes sortes de mauvais propos, plus indécents & plus odieux.

Les femmes de la cour que le comte de *Haga* voit le plus, sont Mad. la comtesse de *Lamarc*, Mad. la duchesse de *la Valliere*, Mad. la princesse de *Croy*, Mad. de *Boufflers*, &c.

9 Juillet. Extrait d'une lettre de Bordeaux, du 3 juillet 1784....... Depuis long-temps il est question que notre parlement doit prendre connoissance de l'affaire du vicomte de *Noë* : enfin il y a eu à ce sujet un comité chez le premier président, où les jurats ont été mandés. On leur a demandé les actes, ordres & lettres du ministre, relatifs à cette affaire. Ils ont répondu qu'ils ne pouvoient s'en dessaisir. Eux retirés, on a ouvert l'avis de rendre arrêt à ce sujet & d'ordonner qu'ils fussent tenus de remettre ces pieces. Le bureau s'est trouvé partagé. On en a référé aux chambres assemblées : autre partage ; en sorte que la dénonciation est restée là.

9 Juillet. Il est beaucoup question de l'enterrement du sieur *Bougault*, charpentier employé en chef par M. *Soufflot* aux travaux de l'église de Sainte-Genevieve. Il a demandé par son testament à être enterré dans cette Basilique à côté de son maître, & en conséquence a légué deux mille écus pour sa place. Par le même testament il a ordonné un cortege & des funérailles proportionnées à cet honneur. Ce testament étoit si bizarre & si frayeux en cette partie, que les héritiers en ont contesté les dispositions, & qu'il a fallu que le lieutenant civil ordonnât de passer outre : en conséquence l'enterrement a eu lieu ces jours-ci ; le corps a d'abord été présenté à Saint-Sulpice, sa paroisse, & transporté ensuite dans un corbillard à Sainte-Genevieve. C'étoit un vrai spectacle par la singularité de cet artisan enterré avec tout l'appareil d'un grand seigneur.

10 Juillet. On voit dans ce pays-ci imprimées des *itératives & très-humbles & très respectueuses Remontrances au roi*, du parlement de Bordeaux, en date du 7 juin 1784. Elles font la suite de celles dont on a déjà parlé concernant les vexations de l'intendant & de ses suppôts au sujet des corvées.

On y a joint l'arrêté du 25 mai précédent, où cette cour, les chambres assemblées, a délibéré sur la séance du comte de *Fumel*, & la transcription illégale faite sur ses registres des lettres-patentes du roi du 17 mai, & par neuf considérations où elle en discute les diverses inculpations, est convenu de faire lesdites remontrances. On y voit d'autres objets qui tourmentent aussi sa sollicitude, & qui rendent cet arrêté très-précieux.

Quant aux remontrances, contre l'ordinaire, elles sont très-verbeuses & très-fortes de choses. Elles roulent sur les nouvelles enquêtes : celles-ci, établies sur des pieces juridiques, sur des vérifications d'experts assermentés, confirment d'une maniere palpable ce qui d'abord avoit été simplement énoncé dans des dépositions, & c'est un assemblage d'excès monstrueux & les plus punissables.

Le surplus contient la justification du parlement, qui bien loin d'avoir mis trop d'ardeur dans ses recherches, n'a peut-être que trop de mollesse à se reprocher. Il y est question à ce sujet des attributions toujours faites au détriment de la loi & des sujets, des évocations, enfin des formes de coaction nouvelles, imaginées sous ce regne, & dont celui de *Louis XV*, où le despotisme a fait tant de progrès, n'offre aucun exemple.

10 *Juillet*. Point d'expérience aérostatique, depuis celle de M. *Charles*, qui ait plus occupé le public que celle de MM. l'abbé *Miolan* & *Janinet*. Ils y travaillent depuis le mois de mars dernier. L'observatoire étoit leur attelier. La hauteur de cette *Montgolfiere* est de plus de cent pieds, y compris la galerie; son diametre de quatre-vingt-quatre, & sa circonférence de deux cents soixante-quatre. Il est entré dans sa construction plus de trois mille sept cents aunes de toile.

Outre les deux auteurs, il doit monter dans la machine deux autres voyageurs, le marquis d'*Arlande* & M. *Bredin*, méchanicien.

C'est au Luxembourg, dans la prairie vague &

dépouillée d'arbres que l'ascension doit se faire. On n'y entrera que par le Luxembourg, qui lui-même sera fermé. Toutes les précautions sont prises pour qu'on ne puisse être admis que par billet de 3 livres. Le plus grand ordre est établi pour les voitures ; & un emplacement destiné pour celles de la famille royale annonce d'augustes personnages.

Outre le grand aérostat, il est question de deux plus petits, dont l'un marchera cent cinquante pieds au-dessus de lui, & l'autre cent cinquante au-dessous : il y a une infinité d'autres circonstances de l'appareil qu'on ne peut rapporter : en général, il est très-compliqué, & les bons physiciens n'y ont pas foi.

11 *Juillet.* Vendredi dernier M. d'Epremesnil a rendu compte aux chambres assemblées du jugement du tribunal des maréchaux de France, en date du 22 juin, contre le vicomte de *Noë*, malgré l'arrêt du parlement de Paris qui l'avoit pris sous sa sauve-garde, cassé par un arrêt du conseil qui évoque le fond, & renvoie pour le surplus, c'est-à-dire, pour le procédé & le manque de respect au gouverneur, au tribunal juge né de ces sortes d'affaires.

La cour a arrêté de renvoyer la délibération à un mois, ce qui n'annonce pas beaucoup de chaleur.

11 *Juillet.* Le comte de *Haga* est à la veille de partir très-incessamment. On dit qu'on n'en sera point fâché à la cour, où il ennuie les femmes & les hommes ; ce qui fait son éloge, en ce que les unes ne le trouvent point assez frivole, & ne savent que lui dire, n'osant l'entretenir de quolifichets & de galanterie, & les autres trop igno-

rants pour répondre aux questions qu'il leur fait, sont désolés de voir un étranger plus instruit qu'eux, mais qui voudroit en savoir encore davantage & les embarrasse par ses demandes.

Pour dénigrer le comte de *Haga*, on a affecté de répandre quelques-uns de ses propos qui n'annoncent qu'une grande franchise, ou un défaut de cette délicatesse excessive qui évite de blesser l'amour-propre de qui que ce soit, même de la maniere la plus indirecte.

La reine lui donnant un concert chez elle, lui demanda s'il aimoit beaucoup ce genre de musique ? Il répondit qu'il n'aimoit pas la musique de chambre. La reine ayant chanté avec madame *la Roche-Lambert*, jeune femme qui au plus joli gosier joint un goût exquis, sa majesté le questionnant si son concert l'avoit amusé, il dit que madame *la Roche-Lambert* le lui avoit fait trouver fort agréable. Enfin quelqu'un voulant savoir ce qu'il pensoit de la voix de sa majesté, il déclara que S. M. chantoit très-bien pour une reine.

On ajoute encore qu'au bal, la reine ne dansant point, le comte de *Haga* lui demanda si elle aimoit la danse, étant jeune ? Mais cette question n'est rien moins que gauche, elle devient même une plaisanterie fine pour ceux qui savent qu'elle n'eut lieu que lorsque la reine eut annoncé qu'elle ne danseroit point parce qu'elle étoit trop vieille. Voilà comme les persiffleurs, lorsqu'ils veulent imprimer du ridicule, dénaturent tout. Il seroit bien étonnant que ce prince, qui dans les diverses conversations particulieres & sur-tout à l'académie, où cent personnes étoient à portée de l'entendre, a toujours montré beaucoup d'honnêteté, de politesse, d'aménité, de justesse & de préfence d'efprit, n'en eût manqué précifément qu'à la cour.

Le fieur de *Beaumarchais* a beau fe prévaloir de ce que le comte de *Haga* a été deux fois à fa piece; on fait pourquoi il y a retourné: fuivant ce qu'il a dit à M. *Suard* à l'académie, en lui parlant de fa fortie contre *le Mariage de Figaro*, il comptoit la voir encore, parce qu'il ne l'avoit pas bien entendue la premiere fois. C'eft déceler affez tout ce qu'il en penfe: il trouve cette piece *fort réjouiffante, mais un peu fale*.

11 *Juillet*. Le feu ayant pris à l'aéroftat d'aujourd'hui avant l'expérience, il n'a pas été poffible de la faire; tant de préparatifs fe font trouvés vains, & la populace furieufe d'être attrapée, a mis le refte en pieces.

12 *Juillet*. Le bureau de la ville réveillé enfin par les cris du public, après avoir mûrement minuté un long réglement, où il a cherché à prévenir toutes les friponneries des marchands de bois, l'a préfenté au parlement, qui l'a homologué mardi 6 de ce mois. En conféquence il a fait fabriquer de nouvelles membrures qu'on va voir à l'hôtel-de-ville, comme des pieces curieufes. Il a nommé des officiers pour les infpecter & fuivre la manutention, en forte qu'il paroît que le nouveau prévôt des marchands entrera en place, fous de meilleurs aufpices que n'en fort M. de *Caumartin*.

12 *Juillet*. Le fieur *Bleton* revient fur la fcene; il a été envoyé par M. le contrôleur-général dans les environs de Paris, où l'on affuroit qu'il fe trouvoit des veines de charbon de terre, pour y faire fes expériences fous les yeux de M. *Touvenel*, docteur en médecine, & de plufieurs infpecteurs des mines.

Il a d'abord été employé à Saint-Germain-en-Laye, où, suivant lui, les fouilles qu'on y fait depuis long-temps sont inutiles.

Il en a trouvé, au contraire, à Luzarche & dans d'autres endroits, où l'on doit fouiller suivant ses inclinations.

12 *Juillet.* On alloit voir ces jours derniers chez le sieur *Meniere*, orfevre-joaillier, les présents que le roi envoie au grand-seigneur par son nouvel ambassadeur M. le comte de *Choiseul-Gouffier*; ils consistent :

1°. En un service de vermeil, composé de vingt-quatre petits plats de forme ronde avec leur couvercle.

2°. En un sabre, deux pistolets & un fusil, garnis en or, & d'un travail précieux.

3°. En une grosse montre de parade enrichie de brillants (on la porte sur un coussin à côté du sultan dans les cérémonies publiques.)

4°. En deux aiguieres de vermeil & une en argent.

5°. En des cassolettes, un aspersoir qu'on remplit d'eau de senteur.

La plupart de ces pieces sont enrichies de diamants. Les pipes sont montées sur des flacons de porcelaine du Japon. On voit ensuite plusieurs pendules, & une quantité prodigieuse de montres, soit en or, soit en argent, dont les heures sont marquées sur le cadran par des lettres ou chiffres turcs.

Tout cela est d'un exquis; mais M. le chevalier de *Mouratsa* prétend que ce n'est pas dans le goût de cette nation, que nous ignorons encore, malgré les instructions que peuvent nous donner là-dessus nos ambassadeurs, ce qui peut plaire aux Turcs ou leur déplaire.

13 *Juillet*. La *Charlotte* ou *Caroline* de Saint-Cloud devoit partir hier, & quoique l'on n'eût rien annoncé à cet égard, il s'y étoit rendu beaucoup de monde dans la nuit, parce que le bruit couroit que l'expérience auroit lieu de très-bonne heure, à cause de M. le duc de *Chartres*, qui persistoit à vouloir y monter. Mais tout le monde a été attrapé ; on a dit qu'un accident empêchoit d'enlever ce jour-là l'aérostat ; que ce seroit pour le lendemain, & la foule se dispose à y retourner.

13 *Juillet*. Extrait d'une lettre de la Haye, du 9 juillet.... Il y a depuis long-temps une guerre vive entre le rédacteur de la gazette de Cleves & nos gazetiers. Le premier, qui est un homme de mérite, de beaucoup d'esprit & de prudence, qui d'ailleurs a un censeur, ne cesse pourtant de déclamer contre notre république, & prend la défense du Stadhouder en toute occasion. Il s'exprime avec une énergie que les nôtres appellent violence & fanatisme. On ne peut douter qu'il ne soit soutenu de sa cour, & que ses expressions ne soient dictées. Le gazetier de Leyde & l'auteur d'une gazette Hollandoise appellée la *Poste du Bas-Rhin*, le combattent à toute outrance, & ne lui épargnent pas les injures. Le roi de Prusse a gagné de primauté & s'est plaint par son envoyé de ces deux écrivains. La régence de Leyde a pris la chose en considération, elle a absous son concitoyen le sieur *Luzac* : quant à l'autre, la régence d'Utrecht a décidé, qu'*on offenseroit la liberté civile dans une république, si l'on empêchoit le citoyen de développer librement ses idées sur des affaires relatives à l'intérêt général*.

13 *Juillet*. Madame la comtesse de *Genlis* a composé & mis en lumière un nouvel ouvrage,

intitulé *Les veillées du Château*, ou *Cours de morale à l'usage des enfants*, en trois volumes, où beaucoup de philosophes & de gens de lettres sont fort maltraités. Ce qui lui a valu l'épigramme suivante :

Comme tout renchérit, disoit un amateur,
Les Œuvres de *Genlis* à six francs le volume ;
Dans le temps que son poli valoit mieux que sa plume,
Pour douze francs j'avois l'auteur.

14 *Juillet*. On a créé une septieme place d'administrateur de la loterie royale de France, dont est revêtu le sieur *Morel*, & vraisemblablement afin de le récompenser de ses travaux littéraires pour l'opéra & des soins qu'il prend de son régime. M. le comte de *Vaudreuil* qui veut du bien à M. *Garat*, a profité de cette occasion de lui faire faire un sort pécuniaire. Il en a parlé à la reine. En conséquence la place est grevée de 6,000 liv. de pension en faveur de celui ci. Le sieur *Oswedo* juif, négociant de Bordeaux, qui chante avec beaucoup de goût, de méthode & accompagne M. *Garat*, a obtenu la même grace ; & un autre amateur, nommé *Louet*, qui a eu l'honneur de toucher du clavecin devant la reine, en a autant. Ces bienfaits sont indirectement pris sur le public, puisqu'ils le sont sur les bénéfices de la loterie, qui devroient tourner au profit du fisc ; il en a résulté en conséquence un vaudeville sur l'air : *Avec les jeux dans le village* : on y maltraite fort les nouveaux protégés du contrôleur-général, & le ministre lui-même qui a eu la main forcée. On y peint par occasion la société de Mad. *le Brun*, où préside M. de *Vaudreuil*, & qui devient un

bureau littéraire, ou plutôt une académie des arts, où l'on juge, apprécie & récompense les talents : cette chanson assez plate est quelquefois très-méchante. Elle est en six couplets.

14 *Juillet.* Il y a un schisme dans l'*Ordre de l'harmonie* entre les cent premiers membres : les uns, disciples dociles & aveugles du maître, se contentent de ce qu'il veut bien leur enseigner, & n'en exigent pas davantage : les autres commencent à se lasser de ne point voir les promesses du docteur s'effectuer, & le pressent de leur apprendre enfin ce grand secret, l'objet de leurs recherches qu'il a promis de leur transmettre, qu'il annonce toujours & dont il ne dit rien.

14 *Juillet.* Une chose qui fait infiniment d'honneur à la manutention actuelle du théâtre lyrique, c'est l'effort heureux qu'il a fait en faveur du comte de *Haga*; effort dont il n'y avoit pas d'exemple. Depuis le 11 juin, indépendamment du service de la cour, on y a remis, sans compter le petit acte de *Tibulle* & le ballet de *la Rosiere*, dix ouvrages capitaux; savoir, *Didon, Iphigénie en Aulide, les Danaïdes, Chimene, Armide,* (à Versailles) *Athys, Castor, Iphigénie en Tauride, la Caravane & le Seigneur bienfaisant.*

14 *Juillet.* Chanson aux navigateurs aériens partis le 23 juin 1784; sur l'air : *Vous m'entendez bien.*

C'étoit en Suede & non ailleurs,
Qu'il falloit, mes braves messieurs,
   Aller à tire d'ailes :
     Hé bien,
   Y porter des nouvelles :
   Vous m'entendez bien.

Déjà vous feriez de retour
Et vous auriez fait votre cour
 A ce roi dont la gloire,
  Hé bien,
 Ornera notre histoire :
 Vous m'entendez bien.

Stockholm est près de Chantilly
Pour un voyageur aguerri
 qui dirige à sa guise,
  Hé bien,
 Et le sud & la bise :
 Vous m'entendez bien

Mais pour bien mener un ballon,
Comme Eole est un vieux barbon,
 Tâchez par préférence,
  Hé bien,
 D'avoir sa survivance :
 Vous m'entendez bien.

Sans cela vos pompeux élants
 Ne seront que des cerfs volants,
 Et vous n'irez qu'apprendre,
  Hé bien,
 Comment il faut descendre :
 Vous m'entendez bien.

15 *Juillet*. La chanson ci-dessus peut encore mieux s'appliquer à l'aérostat de Saint-Cloud, lancé enfin aujourd'hui après plusieurs remises. Il s'est élevé très rapidement, & est descendu encore plus vîte

vite. Nous en parlerons plus amplement, après avoir recueilli les détails certains de cet événement brillant dans le principe, & qui a pensé devenir funeste.

15 *Juillet.* Le comte de *Haga* devoit aller entendre juger une cause à la tournelle ; mais le garde-des-sceaux l'en a dissuadé, sous prétexte que ce n'étoit pas l'usage, que ces affaires-là devoient se traiter à huis clos. Tout étoit arrangé pour que le criminel eût sa grace, d'autant que c'étoit un cas très-graciable, puisqu'il s'agit d'un homme qui en a tué un autre avec une quille, ce qui suppose un crime du moment, & même involontaire. MM. du parlement sont très-fâchés de l'observation de M. le garde-des-sceaux, d'autant que cet exemple ne peut tirer à conséquence, puisqu'il ne vient pas tous les jours des spectateurs de cet ordre. Le comte de *Haga* devoit lui-même apporter sa grace au coupable, qui ne l'aura pas moins, à ce qu'on espere, par son entremise.

15 *Juillet.* Le pape a envoyé depuis peu à Paris le corps d'une sainte appellée sainte Victoire. Le bruit avoit couru d'abord que c'étoit un cadeau que le saint pere faisoit à Mad. *Louise*. Il paroît constant aujourd'hui qu'il reste aux Filles-Dieu de la rue Saint-Denis, où il est en dépôt, & où les curieux vont le visiter. Cela fait spectacle ; il y a des gardes ; on entre par un endroit, & l'on sort par l'autre, pour éviter l'engorgement, car le peuple s'y porte en foule. Il n'est pas cependant encore question de miracles que la sainte ait fait.

Le corps, richement paré, est couché sur un lit de repos, & sous une espece de bocal ; tout cela est en dedans du chœur des religieuses. La grille est entre deux ; en outre on a formé une enceinte d'une baluſtrade de fer qui retient la multitude: il n'y a que les gens diſtingués qui puiſſent approcher de plus près & juſqu'à la grille du chœur. On avoit d'abord expoſé le viſage dans tout ſon deſſéchement; on a trouvé que c'étoit trop hideux, & l'on a fait à ſainte Victoire un viſage de cire. Ce ſpectacle doit durer juſqu'à ſamedi.

16 *Juillet.* La machine aéroſtatique de Saint-Cloud a préſenté hier un ſpectacle nouveau par ſa forme : c'étoit un ſphéroïde aſſis ſur ſon axe le plus long. MM. *Robert* & le duc de *Chartres* y ſont montés; on a eu beaucoup de peine à le dégager de ſon appareil, & il s'eſt enfin élevé à la vûe d'un peuple immenſe; car il étoit venu toute la nuit à Saint-Cloud un nombre infini de voitures : beaucoup de gens y étoient reſtés depuis le mardi, & quantité d'autres s'y étoient rendus à pied, ce qui formoit le plus beau coup d'œil. Une circonſtance ſinguliere, c'eſt que les derniers rangs ayant prié les premiers de leur permettre de voir en ſe baiſſant, ils ſe ſont accroupis, & mis comme en adoration devant la machine & ſon alteſſe ſéréniſſime, qui eſt partie aux acclamations générales. L'aſcenſion a été rapide; & en moins de rien la machine s'eſt perdue dans un nuage; peu après on l'a vû redeſcendre encore plus vîte. Elle eſt preſque tombée dans un étang. Il a fallu que le duc de Chartres envoyât un grelin pour retirer l'aéroſtat. On a ſu que ce prince ayant éprouvé beaucoup de froid, de neige & de frimas, avoit demandé à revenir ſur terre; mais que n'ayant pû faire jouer la ſoupape, pour gagner l'air inflammable, on avoit pris le parti d'éventer le ballon; un ſecond rempli d'air atmoſphérique,

dont MM. *Robert* comptoient faire usage, & inséré dans le grand, empêchoit au contraire le jeu du premier. Les rames, le gouvernail dont ils étoient munis, rien n'a pu servir; on regarde cet essai comme manqué absolument.

16 *Juillet*. M. *Saussaye*, receveur des impositions, syndic de son corps, ayant refusé une gratification à un de ses commis, celui-ci, pour se venger, a fait un mémoire à consulter, où il prétend découvrir toutes les malversations de son chef. Un certain *Martin de Marivaux*, avocat déjà très mal famé, l'a muni d'une consultation en date du 26 juin 1784, & l'a envoyé à toutes les portes cocheres. La chambre des comptes a cru devoir prendre connoissance des faits. Le procureur-général a rendu plainte; en conséquence le scellé a été mis sur le comptable, & il est décrété d'ajournement personnel. On ne doute pas que M. *Saussaye*, qui est fort estimé, ne se justifie, & l'on sait qu'il travaille à sa défense.

16 *Juillet*. On a dit il y a long-temps qu'il y avoit un *mémoire pour l'armée, en réponse aux mémoires du comte de Grasse*, mais il étoit si rare qu'on n'en connoissoit que le titre. Il se répand, manuscrit toujours. Il est sanglant contre le général, il roule sur sept chefs.

1°. Il n'étoit pas absolument nécessaire au comte de *Grasse* de livrer bataille pour sauver *le Zélé*.

2°. Si *le Zélé* eût pu être pris, la maniere dont M. le comte de *Grasse* livroit bataille, faisoit infailliblement prendre *le Zélé*.

3°. La bataille a été donnée par le comte de *Grasse* de telle maniere, que l'armée françoise eût-elle eu sur l'angloise la supériorité en tout genre qu'avoit celle-ci, la bataille n'en étoit pas moins perdue sans ressource.

4°. Les signaux faits par le comte de *Grasse* durant le combat, ou ont été exécutés, ou n'ont pu être physiquement exécutés.

5°. Plusieurs de ces signaux, ceux particuliérement sur lesquels le comte de *Grasse* insiste le plus, sont de telle nature que leur exécution rendoit la défaite de l'armée, & beaucoup plus prompte, & beaucoup plus complete.

6°. Une fois la bataille perdue, une fois l'armée jetée sous le vent, coupée en plusieurs points, mise dans un désordre entier & forcée par le combat, le changement de vent & le calme, le comte de *Grasse* n'a pas fait un seul signal à l'armée, ni aucun mouvement personnel propre à remédier au désordre, & à le rendre le moins funeste possible.

7°. Enfin, & ce septieme article est une conséquence nécessaire des six premiers, aucun commandant d'escadre ni de vaisseau de cette armée, accusée toute sans exception, ne peut être taxé d'avoir causé la perte de la bataille du 12 avril 1782.

Voilà ce que démontre ce mémoire d'une façon assez claire, si les faits articulés sont plus vrais que ceux sur lesquels se fonde le comte de *Grasse*. On lui conteste jusqu'à ses plans, dont on veut qu'il n'y ait pas une position exacte.

Ce mémoire n'est, à proprement parler, que le résumé de tous les autres qui y sont fondus; on en attribue la rédaction principalement à M. de *Bougainville*; il a cinquante-quatre pages, & est parfaitement bien fait dans son genre.

17 *Juillet.* On a déjà fait un vaudeville assez

malin sur le voyage aérien du duc de *Chartres*;
il est sur l'air: *Vous m'entendez bien*.

Chartres va, dit-on, s'envoler,
Jusques à Londre il veut aller:
 Mécontent de Neptune,
  Hé bien,
 Il cherche en l'air fortune:
 Vous m'entendez bien.

Chartres s'envole, & les François
Certains sur son brillant succès,
 N'ont nulle inquiétude:
  Hé bien,
 Il en a l'habitude:
 Vous m'entendez bien.

17 *Juillet*. On raconte que la cabale philosophique qui protege & prône beaucoup la tragédie des *Druides*, a déterminé M. *le Blanc* à envoyer sa piece au comte de *Haga*, qui l'a prié de venir le voir. Ce prince lui a témoigné la plus grande satisfaction de son ouvrage; il lui a dit entre autres choses: « Vous avez peint la scélératesse & » la fourberie des prêtres de main de maître; » mais vous en avez fait un honnête homme, » ce qui est contre les vraisemblances. » Et les philosophes de recueillir cet apophthegme, qui n'a été dit sans doute que par plaisanterie, & de le débiter très-sérieusement; & les dévots de maudire le prince hérétique & philosophe.

17 *Juillet*. Les comédiens italiens ont joué hier *le duc de Benevent*, comédie héroïque en trois

actes & en vers, de M. de *Rauquil-Lieutaud*. Elle est tirée d'un conte de Voltaire, intitulé, *l'Education d'un Prince*, & il suffit de dire que le conte vaut infiniment mieux que ce drame misérable, décousu & très-mal joué.

On a joué à la suite *Les deux jumeaux de Bergame*, qu'on n'avoit osé donner depuis la mort de *Carlin*. Le sieur *Corali* l'a très-bien remplacé dans le premier rôle, & le sieur *Thomassin* s'est tiré du second avec beaucoup de succès. Il n'a pas paru indigne du fameux *Thomassin*, son aïeul, si renommé dans ce genre.

18 *Juillet*. Le nouvel ouvrage de M. *Mercier*, intitulé MON BONNET DE NUIT, en deux gros volumes in-8°. ne differe de son *Tableau de Paris* que par le titre, & en cela est plus juste. C'est un réceptacle de digressions de toutes especes, & sur toutes les matieres, rédigées par chapitres, au nombre de cent trente-six, à-peu-près.

M. *Mercier* laisse toujours, suivant son usage, quelque pierre d'attente ; à la fin de l'ouvrage ci-dessus il annonce l'*Homme sauvage*, roman en un volume, & le *Portrait de Philippe II*, roi d'Espagne, en un volume aussi.

18 *Juillet*. M. le comte d'*Albon*, connu par quelques ouvrages philosophiques, a voulu avoir dans ses jardins de Francouville, le cadavre de M. *Court de Gebelin*, protestant, & conséquemment expulsé du sein des catholiques. Il a obtenu cette faveur : le 2 de ce mois l'exhumation a été faite du cimetiere des protestants, & le corps a été transporté au lieu désigné, où le comte d'*Albon* se propose d'élever un monument à ce savant, original & point assez connu.

18 *Juillet*. Voici la lettre du sieur de Beaumarchais, bonne à conserver.

Réponse à quelqu'un qui me rend une grande loge pour en avoir une petite, en disant que c'est pour des femmes qui craignent d'être vues à ma piece.

« Je n'ai aucune considération, M. le Duc, pour des femmes qui se permettent de voir un spectacle qu'elles jugent malhonnête, pourvu qu'elles le voient en secret. Je ne me prête point à de pareilles fantaisies : j'ai donné ma piece au public pour l'amuser & pour l'instruire, & non pour offrir à des bégueules mitigées le plaisir d'en aller penser du bien en petite loge, à condition d'en dire du mal en société. Les plaisirs du vice, & les honneurs de la vertu.... telle est la pruderie du siecle. Ma piece n'est point un ouvrage équivoque, il faut l'avouer ou la fuir. Je vous salue, je garde ma loge. »

(Signé) *Beaumarchais*.

19 *Juillet*. Extrait d'une lettre de Prades en Roussillon, du 27 Juin..... M. *Raymond de Saint-Sauveur*, notre intendant, est un grand économiste ; il a d'un autre côté beaucoup de prétentions à l'esprit ; il a dans sa jeunesse composé de petits écrits, entre autres l'*Agenda des auteurs* ; il a depuis fait des discours pour la société libre d'émulation. Jaloux de se distinguer, ainsi que plusieurs de ses confreres, il a imaginé de faire exécuter ici une fête champêtre, dont il a trouvé l'idée dans un ouvrage nouveau, intitulé, *l'Education du Peuple*. Je n'entrerai point dans le détail de ces cérémonies puériles, mais dont l'allégorie sensible est de faire connoître qu'après les bienfaits de la Providence, le travail & la bonne conduite

font les véritables fources du bien-être ; ce qu'a déclaré M. l'intendant, qui a remis dans une bourfe la valeur en argent de deux charges de bled, ou fix cents livres pefant, comme prix d'agriculture au laboureur indiqué par le corps-de-ville pour le meilleur cultivateur, le plus honnête & le plus laborieux du canton.

Ce prix a été accompagné de charités, & le couronné, les moiffonneurs, les glaneufes, les pauvres & les chefs de la danfe, appellés ici *Cap de jouglu*, ont trouvé une table couverte de mets analogues à la fête & à eux. M. l'intendant a fervi les pauvres, & les officiers municipaux l'ont imité. Il a porté la fanté du roi, qui a été fuivi d'acclamations, de *vive le roi*, puis de danfes, &c.

19 *Juillet*. Il y a auffi dans la faculté un fchifme à l'occafion du *mefmérifme* entre les jeunes docteurs initiés à cette doctrine, & les vieux, ennemis des nouveautés. Parmi ceux-ci fe diftingue le docteur *Millin de la Courvault*, un des plus chauds ennemis de *Mefmer*. Il faut favoir qu'il a une très-jolie femme, & qu'on le prétend grandement cocu. Voici à cette occafion un impromptu fanglant qu'on attribue à M. *le Preux*, fur le compte duquel on met toutes les méchancetés qui s'enfantent au fein de la faculté :

Du novateur *Mefmer* les partifans ardents
De l'art s'imaginant avoir franchi les bornes,
   En faculté montroient les dents:
Ils ont été bien fots, ces docteurs impudents,
Quand *Millin* enhardi leur a montré les cornes.

20 *Juillet*. M. le duc de *Chartres* a fait présent à l'académie des sciences, du ballon de Saint-Cloud. Cette compagnie ne compte pas en faire aucun usage, mais le garder parmi les machines curieuses; il faudroit 2,000 écus seulement pour le remplir de gaz.

20 *Juillet*. Les premieres remontrances du parlement de Bordeaux en date du 13 mai 1784, commencent à se répandre en cette ville imprimées. Après avoir applaudi aux vues bienfaisantes du monarque dans l'abolition de la corvée, il rappelle ses remontrances du 26 août 1779, où il porta au pied du trône les réclamations des cultivateurs contre les abus naissants de la nouvelle forme de cet impôt, qui est la plus dispendieuse, la plus oppressive, la plus opposée à la perfection des ouvrages, & celle qui ouvre la porte à un plus grand nombre de désordres. De-là une peinture effroyable de ceux dont il a recueilli les détails dans les enquêtes. Il en donne un *extrait* à la suite des remontrances & tout cela fait frémir; il se disculpe du reste de ces recherches nécessitées par le cri général, & qu'il n'auroit pas été dans le cas de faire, si le commissaire départi eût rempli son devoir. Son vœu est pour qu'on rétablisse les choses dans le premier état. Il finit par annoncer qu'il est disposé à concourir lui-même à une charge pour laquelle il ne doit point y avoir de privilégié.

Ces remontrances sont très-bien écrites, pleines de morceaux éloquents & pathétiques, & donnent en outre un tableau de la situation de la province très-instructif & rempli d'intérêt.

On est fort surpris de trouver dans cet ouvrage

du parlement, un éloge magnifique de M. *Turgot*, contre lequel les cours ont si fort déclamé de son vivant.

L'ingénieur en chef, *Valfranbert*, est le plus maltraité, & c'est sur lui que les magistrats pour ne point effaroucher le ministere, font porter leur indignation.

20 *Juillet*. Le sieur *Anseaume*, qui de souffleur de la comédie italienne en étoit devenu le secretaire, vient de mourir : il est auteur d'environ vingt-quatre ouvrages ou pieces à lui seul ou en société, joués tant à l'opéra comique qu'à la comédie italienne, & quelques-uns sont restés au théâtre. En outre c'étoit le *rebouleur* de la troupe qui charpentoit, morceloit, disséquoit les pieces des autres au besoin. C'est une perte pour elle.

21 *Juillet*. Vendredi 16 de ce mois, M. le comte de *Haga* étoit à l'opéra pour la derniere fois ; la reine y assistoit aussi. Elle voulut régaler cet illustre étranger du spectacle des talents du jeune *Vestris* qu'il n'avoit point encore vu, parce que ce danseur arrivoit d'Angleterre. Elle lui fit dire de danser : il répond qu'il ne peut, qu'il a mal au pied. Comme sa majesté étoit instruite que ce n'étoit qu'un prétexte, elle lui envoie un second message, par lequel elle *l'en prie* : sa priere n'a pas plus d'effet que son ordre. Indignée elle raconte l'anecdote au roi, qui veut qu'on mette à Bicêtre cet impudent. La reine intercede pour qu'il ne soit mis qu'à l'hôtel de la Force. Le public n'a su que depuis ce qui s'étoit passé. Mardi dernier il en est résulté une grande fermentation dans le parterre. Comme on a su que le sieur *Vestris* devoit sortir, la premiere fois, vendredi 23 pour danser, on a proposé de ne point le laisser

paroître qu'il n'ait demandé pardon à genoux devant la loge de la reine de sa désobéissance, & ensuite au public. Cet événement rendra plus mémorable encore la premiere représentation de la reprise d'*Armide*, qui n'a pas été jouée depuis le 21 décembre 1780.

21 *Juillet*. L'auteur des *Mémoires du vicomte de Barjac* nous donne un nouveau roman de sa façon, ayant pour titre : *Olinde*, 1784, & il pouvoit se dispenser d'annoncer qu'il étoit de la même main. Il eût été facile de le juger : même assemblage d'événements bizarres & précipités, même mélange du fabuleux & de l'historique, même connoissance du grand monde, même morale, même philosophie. Celui-ci est seulement plus noir, on y trouve des catastrophes affreuses & dégoûtantes. Il y a toujours un peu de critique, des vues, des jugements rapides & pas toujours d'un tact bien sûr. L'auteur nous fait l'honneur de nous citer à l'occasion d'un libelliste qu'il suppose venir consulter à *Londres* le *compilateur facile des Mémoires secrets, pour apprendre comment on fait circuler la vengeance, la calomnie & le ridicule*. Nous avons tant de fois répondu à ces odieuses imputations que nous n'y reviendrons plus. Pour prouver seulement au romancier du jour que nous ne connoissons pas la vengeance, c'est que nous allons faire l'éloge de son ouvrage, en ajoutant qu'il est plein d'intérêt, bien écrit & se fait lire avec empressement.

21 *Juillet*. Pour remercier M. le duc de *Chartres* de sa complaisance de se prêter aux désirs du public en le laissant jouir du spectacle de sa machine, en se donnant lui-même en spectacle à ses yeux,

on ne lui répond que par des satires & des injures. Voici de nouveaux vers à ce sujet.

Chartres ne se vouloit élever qu'un instant:
Loin du prudent *Genlis* il espéroit le faire;
Mais par malheur pour lui, la grêle & le tonnerre
Retracent à ses yeux le combat d'Ouessant.
Le prince effrayé dit: Qu'on me remette à terre;
J'aime mieux n'être rien sur aucun élément.

22 *Juillet.* L'académie de peinture & de sculpture vient de perdre M. de *Beaufort*, un de ses conseillers, ancien professeur de l'académie de peinture, sculpture & architecture civile & navale à Marseille. Il travailloit pour l'histoire, mais il étoit médiocre.

22 *Juillet.* On ne cesse de parler de l'abbé *Miolan*, & la police semble l'avoir abandonné à la dérision publique, en permettant qu'on le chansonnât dans les rues pour le punir de son espece d'escroquerie; parce qu'il savoit très-bien que son aérostat étoit de nature à ne pouvoir s'enlever, & qu'il s'étoit enfui de bonne heure sous prétexte d'aller chercher quelques ustensiles propres à son expérience, & n'avoit point reparu; ce qui a fait retomber sur ses camarades toute la vengeance du peuple, auquel il a fallu les soustraire par ruse. Quoi qu'il en soit, voici l'anagramme qu'on a trouvé dans *l'Abbé Miolan*: *Ballon abîmé*.

22 *Juillet.* Les troubles continuent dans l'ordre des bénédictins. Ce sont chaque jour de nouveaux appels comme d'abus, que les opposants présentent au parlement qui les reçoit; mais ils son bientôt évoqués au conseil. Matiere à des remontrances

que ne cesse de faire cette cour, & toujours sans succès. De leur côté les opposants commencent à se lasser, & quatre viennent de se faire sécularifer. Ce sont les deux *Dapre*, si renommés par le pamphlet contre l'archevêque de Narbonne; Dom *Bourdon*, un des grands colliers de l'ordre & remplissant à merveille la mesure de ce nom bruyant; enfin dom *Veble*.

Le gouvernement offre toutes les facilités possibles à ceux qui veulent prendre ce parti, & espere par-là venir à ses fins.

23. *Juillet*. Depuis qu'on a diminué les membrures du bois, il est question d'en augmenter le prix, ce qui fait double mal. Le zele du parlement s'est échauffé; les chambres ont été assemblées plusieurs fois, & il en a résulté des représentations qui sont à présent sous les yeux du roi, mais dont on n'attend nul succès.

23 *Juillet*. Il y a environ quarante ans qu'il courut une chanson très-scandaleuse, intitulée: *La Confession*. On vient d'en composer tout récemment une qui ne l'est pas moins, sur l'air: *Ce mouchoir, belle Rémonde*. Elle est en dialogue entre un pénitent & son confesseur. On en va juger:

  C'est à vos genoux, mon pere,
  Que je dépose aujourd'hui
  Les fautes d'un cœur sincere
  Qui demande de l'appui.
  Mais quoi! suis-je donc coupable
  D'avoir négligé le ciel
  Pour un objet adorable
  Ouvrage de l'Eternel ?

— Ecoutez-moi bien, mon frere,
Je ne suis point capucin.
— J'en suis très-enchanté, mon pere,
Car j'ai l'odorat très-fin ;
Je tiens encore à la vie,
Seroit-ce un grand péché ? — Non.
— J'ai vu bonne compagnie.
— Le compte en sera plus long.

Commencez, je vous écoute.
Je ne vous soupçonne pas
D'avoir volé. — Non, sans doute.
— Violé. — Dans aucun cas.
— Tué. — Non, jamais, mon pere.
— Juré. — Beaucoup, au brelan.
— On peut se mettre en colere,
Quand on perd tout son argent.

Parlons un peu du beau sexe,
C'est le point intéressant :
Votre ame paroît perplexe.
— Le cas est embarrassant.
— Combien de filles & de femmes ?
— Le nombre m'est inconnu :
J'ai beaucoup aimé les dames,
J'en eus autant que j'ai pu.

— Je sens bien que la premiere......
— Ah ! c'étoit une beauté ;
C'étoit la fleur printaniere ;
Elle vous eût enchanté ;

Pied mignon & jambe fine,
Oeil vif, regard affaffin,
La taille la plus divine !....
— Allez donc jufques à la fin.

— Ce fut un beau jour de fête
Que je commis ce péché.
Mon pere, ah ! quelle conquête !
Rien ne m'en eût empêché.
Je la trouve à fa toilette,
Le fein nu, l'air languiffant :
Qu'elle étoit belle, Lifette !
— C'eft le plus intéreffant.

— Je l'approche, je l'embraffe ;
La rougeur couvre fon front ;
Dans mes bras je l'entrelace.
— Pour la pudeur, quel affront !
— Après quelque réfiftance
Qui fit croître mon bonheur,
Je lui prouvai ma conftance
Et lui dérobai fon cœur.

Vous peindrai-je les délices
Que je goûtai dans fes bras ?
— En eûtes-vous les prémices ?
Mon pere, voilà le cas :
Je me damnai dans une heure
Jufques à fept fois au moins :
Si je vous mens, que je meure.
— Vous aviez de grands befoins.

—Dans ces heureux temps, mon pere,
J'étois un fort grand pécheur.
—Vous en rabattrez, mon frere.
—Je le vois avec douleur.
—Le ciel n'est jamais injuste.
—Combien je m'en apperçois !
C'est bien mal dit que le juste
Par jour peche au moins sept fois !

—Pensez-vous qu'à la tendresse
Vous ayez bien renoncé !
En feriez-vous la promesse
Au ciel que vous offensez !
—Elle seroit indiscrete ;
Car entre nous, je sens bien
Que si je voyois Lisette,
Je ne répondrois de rien !

24 *Juillet*. Depuis la fondation des prix de l'université par *J. B. coignard*, dont la distribution se fait tous les ans dans le mois d'août avec beaucoup d'appareil, sous les auspices & en présence du parlement, on rassemble dans les divers colleges les écoliers de chaque classe les plus en état de concourir; on les réunit ensemble & on leur donne un sujet de composition. Cette fois, M. *Charbonnet*, le recteur, avoit choisi pour sujet du prix de rhétorique l'*Eloge de Rollin*. On prétend qu'il l'avoit pris à dessein d'en faire rejaillir quelque chose sur lui par la similitude des circonstances où tous deux se sont trouvés d'augmenter les revenus de l'université: on l'ac-

eufe même d'avoir fait paffer à un écolier l'amplification toute faite. Quoi qu'il en foit, lorfqu'on a annocé ce fujet, les compofants fe font récriés, ont dit qu'*il ne fignifioit rien, ne fournissoit rien: A la bonne heure! un Voltaire, un Rouffeau, un Raynal*, &c. L'affemblée eft devenue très-tumultueufe; elle a dégénéré en révolte, & il a fallu lever la féance. Le recteur s'eft obftiné à ne point vouloir changer le fujet: l'affaire a été portée au tribunal de l'univerfité. On croit qu'on févira contre les plus mutins; mais ce qu'il y a de plus conftant, c'eft que cette année on ne décernera point les prix de rhétorique.

24 *Juillet.* M. *Pilâtre de Rozier*, penfionnaire du roi, intendant des cabinets de phyfique, chymie, d'hiftoire naturelle de *Monfieur*, frere du roi, fecretaire du cabinet de *Madame*, membre de plufieurs académies nationales & étrangeres, chef du premier mufée autorifé par le gouvernement, fous la protection de *Monfieur* & de *Madame*, &c. a obtenu la permiffion de faire imprimer, aux frais du gouvernement, le récit de fa *premiere expérience de la Montgolfiere*, conftruite par ordre du roi, lancée en préfence de leurs majeftés & de M. le comte de *Haga*, le 23 juin 1784. Tel eft le titre pompeux de fa narration fort verbeufe en vingt pages *in-4°.* & en forme de réponfe à M. *le Roy*, de l'académie des fciences, de l'imprimerie royale.

24 *Juillet. Récit de la conduite des Maréchaux de France à l'égard du vicomte de Noë, maire de Bordeaux, fait en parlement, les chambres affemblées, le mardi 6 juillet 1784.* Tel eft le titre de la dénonciation imprimée de monfieur d'*Epré*

mesnil, dont nous allons extraire tout ce qui peut servir à éclaircir ou réformer ce que nous avons dit précédemment d'après les relations particulieres de cette singuliere contestation.

C'est le 10 février qu'un portier suisse empêcha les jurats *non gentilshommes* de franchir la barriere du théâtre en présence & malgré les ordres du maire, M. le vicomte de *Noë*, qui lui fit ôter son habit de livrée du roi & le fit conduire en prison. Le corps-de-ville, au lieu de juger le suisse, dont l'appel auroit été au parlement, rendit compte du fait le 10 du même mois au secretaire d'état ayant le département de la province. Dès le 17, le comte de *Vergennes* répondit que le suisse n'étoit point en faute, puisqu'il avoit suivi sa consigne; que l'intention du roi étoit qu'il fût élargi sur le champ : qu'au surplus, S. M. feroit examiner le droit que la ville réclamoit, & lui rendroit justice.

Le maréchal de *Richelieu*, non content de cette décision ministérielle, a fait renvoyer la contestation entre le vicomte de *Noë* & lui au jugement du tribunal des maréchaux de France qu'il a présidé.

Le 8 mars, citation du vicomte de *Noë*, signifiée le 28 dudit.

Le 7 mai, déclaration & protestation du vicomte de *Noë*, qui décline le tribunal & demande son renvoi à la connétablie.

Le 13 mai, requête du vicomte de *Noë*, qui décline le même tribunal pour trois moyens : sur le défaut de cause dans la citation, sur la constitution de la connétablie, & sur les qualités du vicomte de *Noë*.

Procédure en conséquence. Enfin arrêt du 25

mai, par lequel le parlement a pris le vicomté de *Noë* sous sa sauve-garde, & sur le surplus a renvoyé les parties à l'audience.

Au mépris de cet arrêt, le tribunal a envoyé chercher le vicomte de *Noë* chez lui pour l'amener de force.

Le 31 mai, évocation de l'affaire, du propre mouvement du roi.

Arrêt du 5 juin, qui renvoie de nouveau l'affaire au tribunal, qui déclare la procédure du vicomte de *Noë* nulle & de nul effet; casse l'arrêt de la cour du 25 mai; prononce l'exécution de l'ordonnance des maréchaux de France du 8 mars précédent; enjoint au vicomte de *Noë* de s'y conformer, & porte à la fin l'ordre exprès, tant de la signification au sieur vicomte de *Noë* & *Brazon*, son procureur, que de la notification à M. le procureur général.

Jugement du 22 juin.

Arrêté que le récit sera remis entre les mains des gens du roi, pour, par eux, en être rendu compte à la cour, toutes les chambres assemblées, le mardi 3 août prochain.

25 *Juillet*. Le parlement, les chambres assemblées le 20 de ce mois, a supprimé, par arrêt, le récit dont on a parlé, de toute la procédure du tribunal des maréchaux de France contre monsieur le vicomte de *Noë*, inséré dans la dénonciation de cette affaire, attribuée à M. d'*Eprémesnil*. La cour lui donne en outre des qualifications qui ne serviront qu'à exciter la curiosité du public.

25 *Juillet*. Outre le récit très-détaillé des opérations de M. *Pilâtre de Rozier*, qu'on trouve dans sa lettre, & qui ne peut être intéressant que pour

les gens de l'art, on y recueille des anecdotes fort singulieres & fort curieuses.

1°. C'est en l'absence de M. de *Montgolfier* que le roi a confié au sieur *Pilâtre* la direction de la machine.

2°. Cinquante-quatre personnes furent désignées pour monter sur la *Montgolfiere*, entr'autres monsieur le comte de *Dampierre*, officier aux gardes, qui, déjà puni de son zele lors de la *Montgolfiere* de Lyon, ainsi qu'on l'a raconté, avoit, plus que tout autre, des droits à être reçu.

3°. Seize aspirants seulement furent désignés pour tirer au sort, mais deux ayant refusé de se soumettre à cette loi, & plusieurs protégés voulant interposer l'autorité, le sieur *Pilâtre*, pour éviter toute rivalité & toute discussion, supprima deux places des quatre à donner, & le sieur *Proust*, chymiste connu, fut seul accepté.

4°. S. M. avoit ordonné de commencer à midi, mais le sieur *Pilâtre* représenta à la reine le danger de l'ascension à cette heure, à cause du grand vent & par d'autres raisons physiques: elle le renvoya aux ministres, lesquels, à leur tour, s'en remirent à sa prudence.

5°. Embarras du sieur *Pilâtre* qui veut s'en tirer par ordre du roi, portant *qu'il avoit prévu les risques auxquels il exposoit la Montgolfiere avant le départ & après la descente; mais qu'ayant assuré qu'il n'y avoit aucun danger pour les voyageurs, S. M. avoit consenti à sacrifier la machine en totalité, plutôt que de voir le public s'en retourner mécontent.*

6°. Le contrôleur-général, après six heures de délibération, donne, de la part du roi, au sieur *Pilâtre* l'autorisation qu'il demande. La reine le rassure même & lui dit avec bonté que, quand bien même il n'obtiendroit aucun résultat satisfaisant, il sera seul chargé d'une nouvelle expérience, si elle a lieu.

7°. Le comte de *Vergennes* met le feu sous la *Montgolfiere*; on y arbore un pavillon blanc portant les armes de la reine, & sur le revers *Marie-Antoinette*.

8°. Au château de *Chantilly*, le prince de *Condé* fait présent au sieur *Pilâtre* de la carte de cette terre, après avoir lui-même marqué le lieu de la descente, auquel il daigne donner le nom de *Rozier*.

9°. La reine envoie dès le soir un courier pour savoir des nouvelles des voyageurs & de la machine. Le sieur Pilâtre adresse à S. M. un extrait signé du prince de *Condé*, de M. le duc d'*Enguien* & de Mlle. de *Condé*.

10°. Le lendemain le sieur *Pilâtre*, qui étoit allé coucher à *Versailles*, instruit que la reine avoit bien voulu s'informer plusieurs fois s'il étoit de retour, dès huit heures du matin se rend à l'appartement du roi qui l'accueille de la façon la plus flatteuse, puis la reine & toute la famille royale.

11°. M. le comte de *Vergennes* & le maréchal de *Castries* le reçoivent aussi avec admiration. Enfin, & voici le point essentiel, le contrôleur-général lui obtient, de la bienfaisance du roi, une pension de 2,000 livres. Du reste, ce ministre reçoit le jeudi 9 juillet, l'hommage du pavillon de la *Montgolfiere*.

Le sieur *Pilâtre* n'ajoute pas où cette espece de relique sera déposée & exposée à la vénération des amateurs.

Tel est le résumé de cette lettre verbeuse, emphatique & remplie de gasconisme.

25 *Juillet*. La cabale formée vendredi dernier contre le sieur *Vestris* n'a pu avoir lieu ; on a su qu'il ne devoit pas venir, & que de nouvelles insolences avoient obligé de le mettre au secret.

On dit que le jour même où il avoit refusé la reine, il gambadoit dans les foyers pour faire voir qu'il étoit très-libre des jambes.

26 *Juillet*. Le châtiment du sieur *Auguste*, c'est ainsi que l'appelle le pere *Vestris*, paroît fixé décidément à six mois de prison à l'hôtel de la *Force*, pendant lequel temps il ne pourra voir que sa famille. Un oncle qu'on appelle *le Cuisinier*, a demandé la permission de s'enfermer avec lui, & l'a obtenue.

Le sieur *Auguste* avoit deux mille écus de pension sur le trésor-royal, qu'on disoit rayés ; mais on veut que le paiement des arrérages soit seulement suspendu. Tout cela est trop doux.

Le pere *Vestris* ayant appris l'insolence de son fils, lui témoigna son indignation : *Comment*, lui dit-il, *la reine de France fait son devoir, elle te prie de danser, & tu ne fais pas le tien ! je t'ôterai mon nom*. Ce propos seroit incroyable, si l'on ne connoissoit le personnage. Il l'est d'ailleurs beaucoup moins que l'action du fils.

Depuis, ce pere tendre a fait des démarches auprès du baron de *Breteuil*. Il a dit qu'il mourroit si on le privoit d'*Auguste*.

26 *Juillet*. L'ordre des avocats s'est occupé ces jours-ci du sieur *Martin de Marivaux*, dont le mémoire contre M. *Saussaye* a été dénoncé à l'ordre comme un libelle. Une assemblée indiquée au mardi 10 a été renvoyée au samedi 14. On n'en sait pas encore le résultat.

17 Juillet. Extrait d'une lettre de Cherbourg, du 15 juillet..... « Vous me demandez des éclaircissements sur l'auteur du projet incroyable qui s'exécute ici & sur son ouvrage.

L'auteur est M. de *Cessart*, inspecteur-général des ponts & chaussées. Il est déjà connu par la construction du pont de *Saumur*, par le rétablissement du petit port de *Tréport*, & par les intéressants travaux du port de *Dieppe*.

Notre rade a de 30 à 40 pieds de hauteur d'eau dans les hautes marées. Elle ne pouvoit être fermée sans une dépense considérable. M. de *Cessart* proposa de former une jetée à claire-voie, avec des cônes tronqués, dont l'enveloppe, construite sur la plage, seroit remplie, après leur échouement, de pierres d'un pied cube d'échantillon.

C'est cette idée aussi ingénieuse qu'économique qu'on a adoptée & qu'on a commencé d'exécuter. Je n'entrerai point dans le détail de ces cônes. Le premier a été totalement achevé le 5 juin. Le lendemain 6 il a été mis à flot par plusieurs chaloupes canonnieres sous les ordres de M. de *la Bretonniere*, capitaine des vaisseaux du roi, qui commande ici ; c'est encore un détail fastidieux & incroyable que je vous épargne. Enfin après huit heures de travaux, la machine arriva dans l'endroit où elle devoit se fixer, c'est-à-dire à 1,800 toises de son point de partance, & à la distance de 4 à 500 toises de l'Isle-Pelée.

Au moment où la caisse toucha le fond, partit de la galerie un cri de *vive le roi*, qui fut répondu de tous les bâtiments qui couvroient la mer & de toute la plage, & le canon annonça à la ville que cette superbe expérience avoit reçu son exécution parfaite.

Entre les spectateurs se distinguoient M. le duc de *Beuvron*, M. le comte d'*Harcourt*, M. le marquis de *Praslin*, &c.

La seconde caisse conique a été coulée dans la nuit du 6 au 7 juillet avec le même succès. On compte en placer une troisieme dans le courant de l'année, & l'on se flatte toujours qu'en 1789 ce grand ouvrage sera achevé.

27 Juillet. On ne cesse de se dédommager, par des chansons, de l'escroquerie de l'abbé *Miolan* & consort. On en fait une sur l'air : *les capucins sont des gueux*, la meilleure de cette espece, quoique sans beaucoup de sel encore. La voici :

1.

Je me souviendrai du jour,
Du globe du Luxembourg.
Que de monde il y avoit,
  Monsieur *Janinet*,
  Monsieur *Janinet* !
Que du monde il y avoit
Pour voir s'il s'enleveroit.

2.

Lassé d'avoir attendu
Et de ne l'avoir point vu
Chacun s'en alloit disant,
  L'abbé *Miolan*,
  L'abbé *Miolan* !
Chacun s'en alloit disant :
Qu'on nous rende notre argent,

3.

C'est à qui veut un lambeau
De votre globe à fourneau :
J'en ai vu dans tout Paris,
Même à Saint-Denis,
Même à Saint-Denis,
J'en ai vu dans tout Paris,
Dont vous excitez les ris.

4.

Vous n'aurez jamais beau jeu
Par le syftème du feu.
Le syftème eft plus expert,
De *Charles* & *Robert* ;
De *Charles* & *Robert*
Le syftème eft plus expert,
Et qui veut trop gagner, perd.

[28 *Juillet*. Les Italiens ont joué hier *Léandre Candide*, ou *les Reconnoiffances*, comédie-parade en deux actes & en vaudevilles. Cette bagatelle eft tirée du roman de *Candide*, & a eu le fuccès du moment. Les airs font très-bien adaptés, & il y en a de toutes les efpeces. Le fieur de *Beaumarchais* a le plaifir de voir qu'on a pris même les deux de fon *mariage de Figaro*.

Les auteurs font les fieurs *Radet* & *Rofiere*, qui ont déjà travaillé dans le même genre en fociété. On connoît le dernier, bon acteur dans fon genre du théâtre italien. L'autre eft fecretaire-bibliothécaire de Mad. la duchefle de *Villeroy*.

28 *Juillet*. L'arrêt de suppression de la dénonciation de M. d'*Eprémesnil*, a produit l'effet désiré par le parlement. Les expressions du réquisitoire de M. *Seguier*, par lesquelles il déclare *qu'il n'a pas dans le moment sous les yeux le procès-verbal d'où la brochure est tirée, pour juger si la copie est conforme à l'original; mais que dans tous les cas elle doit être supprimée, comme imprimée contre les réglements, &c.* Ces expressions, qui sont un aveu réel du pamphlet, ont irrité la curiosité du public; mais il est fort rare. Nouveau véhicule, seul propre à le faire rechercher.

29 *Juillet*. Par le procès-verbal du troisieme voyage aérien de M. *Blanchard* du 18 juillet dernier, exécuté à *Rouen*, il paroît qu'il a confirmé la bonne opinion qu'avoient conçue de lui, dès son voyage de Paris, quelques gens plus impartiaux. On ne peut douter aujourd'hui que ses ailes ne lui aient servi de moyens de direction; ce qu'aucun navigateur aérien, autre que lui, n'a constaté jusqu'à présent.

29 *Juillet*. Le sieur *Pinetti*, dont on a parlé cet hiver, a fait imprimer une brochure ayant pour titre: *Amusements physiques* où, avec ses autres qualités, il a pris celle d'agrégé à l'académie de Bordeaux. Il a en même temps envoyé un exemplaire de cette brochure à cette compagnie.

Aujourd'hui, M. de *la Montaigne*, secrétaire perpétuel de ladite académie, par une lettre du 11 juillet, adressée aux journalistes de Paris, réclame contre l'usurpation du sieur *Pinetti*, auquel ce titre n'a point été conféré. Il convient qu'il y a été présenté à titre de physicien & de chymiste; qu'il y fut vu & écouté avec plaisir; qu'on lui délivra un certificat de la satisfaction de la compagnie, mais qu'on s'en tint-là. Voilà une singuliere réclamation, & il faut voir la réponse du sieur *Pinetti*.

29 *Juillet*. *La Gazette noire* est une brochure très-méchante, annoncée ici depuis bien long-temps, mais dont on contestoit l'existence, parce que personne n'attestoit l'avoir lue. L'auteur du nouveau roman d'*Olinde* en parle avec une confiance qui semble ne laisser aucun doute sur sa réalité. Il faut en ce cas que les précautions aient été bien prises pour en empêcher le passage en France.

29 *Juillet*. On sait que l'ordre militaire de *Cincinnatus* établi chez les Etats-unis de l'Amérique septentrionale, n'est que l'ouvrage de la vanité de quelques particuliers, & de celle des officiers François qui ont été employés au service de la république. Les vrais citoyens regardent l'institution comme contraire aux loix du pays, & destructrice de l'égalité qui doit en faire la base. En conséquence M. *Franklin*, trop sage pour l'approuver, ayant entendu M. le comte de *Mirabeau*, qui ne parle de rien qu'avec feu, s'élever avec beaucoup de force & de raison contre l'ordre de *Cincinnatus*, l'a prié de vouloir bien rédiger par écrit ses idées; & c'est à quoi M. de *Mirabeau* travaille en ce moment.

30 *Juillet*. On sait aujourd'hui que M. *Martin de Marivaux* a prévenu le jugement de l'ordre, & a déclaré qu'il se désistoit d'être inscrit sur le tableau.

Ses griefs sont d'avoir autorisé par sa consultation, l'impression d'un mémoire diffamant, dans lequel il se trouve des faits rapportés: *solo animo nocendi*, n'ayant aucun trait à la cause. D'ailleurs cet avocat étoit ennemis personnel de M. *Saussaye*, & sa propre délicatesse auroit dû le faire se désister de consulter contre lui en cette occasion.

30 *Juillet*. Il a percé ici à la longue un *Journal françois*, composé en pays étranger, & commencé dès 1781 ; il a pour titre : *Le Pot-pourri*. On annonce que la résidence de l'auteur, qu'on ne nomme point, est à *Francfort sur le Mein*, & que c'est un M. *Vanberk* qui reçoit les avis, lettres, nouvelles, &c. Quoi qu'il en soit, ce journal remplit à merveille son titre. Il est bon tout au plus pour les étrangers qui ne savent rien de ce qui se passe en France & ne voient rien de ce qu'on y publie. Du reste, des mensonges, des balourdises & des *cocq-à-l'âne* sans nombre, très-propres à faire rire les gens mieux instruits.

Le journal n'ayant pas fait fortune apparemment sous ce titre, le compilateur en a pris un second : *Journal des gens du Monde*. Celui-là, très-séduisant, ne pouvoit être que très-mal rempli par le rédacteur obscur, ne voyant le monde que de loin, & *écoutant tout au plus aux portes*. Suivant l'avertissement de celui-ci, un M. *Vilette*, à Cassel, est le second correspondant qu'il s'est ménagé. Comme les numéros de ce second journal que nous avons sous les yeux, ne vont que jusques au 6 compris, nous ne pouvons assurer jusques où il est poussé, car on dit qu'il a été continué. Les amateurs de Paris se sont lassés vraisemblablement, & les colporteurs ont cessé de se procurer cette marchandise prohibée.

31 *Juillet*. C'est à la réquisition des *Filles-Dieu* que le pape a fait fouiller dans les catacombes, pour leur envoyer des reliques. Elles sont venues d'une façon peu révérente par toutes sortes de

voitures publiques, & tant de mains profanes ne les ayant pas ménagées, elles sont arrivées en fort mauvais état à la douane de cette capitale le 2 juin, & ce n'est que le 9 juillet que la translation en a été faite au couvent des Filles Dieu.

Les dévots se flattoient, en allant voir la nouvelle sainte, de trouver sa vie ; mais on est occupé sans doute à la composer, & elle n'a point paru. En attendant, on en a toujours gravé le portrait, qui ne peut être aussi qu'un ouvrage d'imagination. On lit au bas : *Sainte Victoire, vierge & martyre, sous le regne de l'empereur Dioclétien, & du pape Saint Cyriaque.* L'artiste n'a pas manqué d'en faire une très-belle créature.

31 *Juillet.* Extrait d'une lettre de Dijon, du 15 juillet 1784..... On s'occupe très-fort de nos canaux à construire, & le comte de *Haga* en a eu le spectacle dans sa route de Lyon à Paris, le 5 juin, s'étant arrêté à Chagny, pour voir les travaux qu'exécute en cet endroit le régiment de *Monsieur*, pour la construction d'un de ces canaux, qui est celui de *Charolois*. L'ingénieur en chef qui l'avoit conduit par-tout, a exposé ensuite à l'illustre voyageur les trois projets dont la province s'occupe, & le comte n'a pu s'empêcher, après avoir vu les plans & entendu toute l'explication, de témoigner son admiration, pareille à celle de M. le comte de *Falkenstein*, lorsqu'il visita le fameux canal de Picardie de M. Laurent.

En outre, nous avons su que le 13 juin l'élu du clergé des états de Bourgogne, avoit eu l'honneur d'offrir au comte de *Haga*, au nom de l'administration de notre province, une des médailles qu'elle fait frapper à l'occasion de nos trois canaux pour la communication des deux mers.

1 *Août* 1784. Extrait d'une lettre de Dijon, du 25 juillet.... Vous savez que nous avons ici une école de dessin. M. *Desvoges*, qui en est le professeur, a présenté aux élus de notre province un projet qui doit contribuer merveilleusement à perfectionner le goût de nos éleves, & à l'inspirer dans cette capitale. Il consistoit à obliger les éleves de notre école, pensionnaires à Rome aux frais de la province, d'envoyer des statues & des tableaux copiés d'après les meilleurs maîtres pour en décorer les principales pieces du palais des états ; ce qui s'exécute. Nous avons déjà plusieurs tableaux de cette espece, & nous venons tout récemment de recevoir une belle statue de la *Junon du Capitole*, & deux tableaux, qui sont *la bataille d'Arbelles*, & *l'enlevement des Sabines*, d'après *Pietro Bervotini*, dit *Pierre de Cortonne*. Il résultera par la suite de cette munificence des états, une collection précieuse, que nous enviera même la capitale.

1 *Août*. Les comédiens françois viennent de se faire, après la trente-unieme représentation du *Mariage de Figaro*, une répartition des recettes, qui se sont trouvées former un capital de cent cinquante mille livres.

2 *Août*. Nous avons parlé dans le temps, avec les éloges qu'il méritoit, de l'excellent livre intitulé : *Constitution d'Angleterre*. On sait que l'auteur est M. de *Lolme*, citoyen de *Geneve* : il l'a traduit lui-même en Anglois. Ce livre est à sa troisieme édition dans cette langue, & tout récemment, c'est-à-dire, le 14 juillet, M. de *Lolme* a eu l'honneur de présenter à S. M. britannique un exemplaire de la derniere édition augmentée d'environ 60 pages. Les Anglois avouent que ce traité est le plus sage, le plus profond & le plus

exact de tous les écrits politiques sur leur gouvernement.

2 *Août*. M. Cassini le fils, membre de l'académie des sciences, a fait présenter, par la voie de l'ambassadeur de France à Londres, au roi d'*Angleterre*, un mémoire dans lequel il demande que quelque astronome de cette ville veuille bien se charger de tirer des triangles de *Greenwich* à *Douvres*, afin de pouvoir déterminer de Calais la distance exacte entre les observatoires de *Paris* & *Greenwich*.

Le roi d'Angleterre a soudain accordé, dit-on, une somme d'environ 24,000 livres de France, pour effectuer l'opération confiée au général *Roy*.

2 *Août*. Me. *Prevôt de Saint-Lucien* est un ancien avocat assez estimé de ses confreres, mais qui passe pour mauvaise tête, parce qu'il est très-chaud, très-ardent; qu'il s'identifie volontiers avec son client, & se passionne pour sa cause : ce que les parties regardent au contraire comme une qualité rare & excellente. Ce zele lui a déjà procuré plusieurs affaires, & le voilà tout récemment dans le cas d'une dénonciation à son ordre.

Dans un mémoire qu'il a écrit, car il ne plaide point en faveur d'un M. de *Villiers*, ancien mousquetaire, gendre du sieur *Bourdet*, dentiste du roi, contre la femme, qui demande sa séparation à raison de sévices & mauvais traitements; il n'a pas dissimulé que cette dame étoit tribade, & il s'est expliqué là-dessus sans mystère ; ce qui a donné lieu samedi aux magistrats de grand'chambre, en rendant arrêt qui admet la dame de *Villiers* à la preuve, de supprimer le paragraphe du mémoire où il est question de tribaderie, *comme contraire aux bonnes mœurs & à l'honnêteté publique.* Ces qualifications forceroient nécessairement les avocats à rayer Me. *Prevôt de Saint-Lucien.* Il se remue beaucoup en conséquence pour obtenir des juges que cet article du jugement ne subsiste pas.

On seroit d'autant plus sévere envers cet avocat, que lui-même étoit un des plus acharnés contre Me. *Martin de Marivaux.*

2 *Août.* Depuis long-temps on avoit parlé du délabrement de la santé de M. *Diderot* ; il vient enfin de succomber le 31 juillet. Il étoit né à Langres en 1714. Il n'étoit d'aucun corps littéraire en France, mais de plusieurs étrangers; comme l'académie des sciences de Berlin, celles de Stockholm & de Saint-Pétersbourg. Il avoit en outre le titre de bibliothécaire de S. M. I. *Catherine seconde*, impératrice de Russie. On ne dit encore aucune particularité de sa mort & de son inhumation.

3 *Août.* Les chansons ne tarissent point sur les deux derniers ballons: en voici encore une sur celui du *Luxembourg*; elle est censée faite par un grivois d'un cabaret de *Vaugirard*, nommé la *Croix-blanche*, & sur l'air: *J'avois toujours gardé mon cœur.*

Ma foi, j'ai bien ri vendredi,
 Buvant à la Croix-blanche :
Un Ballon promis pour midi,
 M'a fait pleurer dimanche.

On se moque du vendredi,
 En mangeant de l'éclanche :

Mais Dieu se venge, & tout Paris
A jeûné le dimanche.

Vous dont on a trompé l'espoir,
Restez dans vos demeures,
Pauvres badauds, n'allez plus voir
Midi à quatorze heures.

3 Août. La réponse du roi aux représentations du parlement concernant l'augmentation de l'impôt sur le bois, depuis long-temps attendue par cette cour, lui étant arrivée absolument négative, elle a enrégistrée hier la déclaration, les chambres assemblées. Il s'agit de 2 liv. 10 sous sur le bois de compte, & de 1 liv. 10 sous sur le bois de gravier. Tout cela fait trembler pour cet hiver, & craindre une disette plus grande.

1°. L'on sait qu'il n'arrive point de bois par la *Marne*; cette riviere est absolument interceptée par la chûte du pont de la *Ferté* dont les pierres ne sont point encore déblayées, & empêchent tous les trains d'en-haut de passer.

2°. Les eaux de la *Seine* sont basses depuis très-long-temps.

3°. Beaucoup de gens prévoyants ont doublé, triplé, quadrulé leur provision, soit par crainte d'en manquer, soit par spéculation & pour revendre.

3 Août. Quoique M. *Diderot* passât généralement pour athée: qu'il fût véhémentement soupçonné d'être l'auteur du *Systême de la nature*; qu'il fût un des fondateurs de l'*Encyclopédie*, & que tous ses ouvrages philosophiques respirassent une liberté de penser opposée à ce qu'exige la clergé: quoiqu'enfin n'appartenant à aucun corps littéraire en France, il fût un particulier isolé, en faveur duquel les prêtres ne craigniffent pas de réclamation & le secours de l'autorité, il faut que le mourant se soit si bien conduit, qu'on n'ait pas osé lui refuser la sépulture chrétienne. Même, plus favorisé que son collegue d'*Alembert*, le curé de Saint-Roch, sur la paroisse duquel il est mort, n'a fait aucune difficulté sur le grand convoi demandé par le gendre de *Diderot*.

On rappelle à ce sujet que M. *Remi*, l'exécuteur testamentaire de *d'Alembert*, après les premieres difficultés levées sur le refus absolu de sépulture, ne put jamais obtenir du curé de Saint-Germain-l'Auxerrois plus de vingt prêtres. A quoi M. *Remi* répondit : *hé bien, monsieur, il y aura quarante laquais*. Et ils y furent en effet ; & il leur fit donner un écu à chacun, tandis que les prêtres n'eurent que 20 sous.

3 *Août*. Bien loin qu'on ait donné des confreres à M. *l'Allemant* pour la conservation de la navigation intérieure de la France, la mission même de celui-ci a éprouvé de telles difficultés qu'elle n'a pas eu lieu cette année & qu'il n'a point visité la *Garonne*. On a pris pour prétexte les difficultés élevées par le parlement de Bordeaux & l'envoi des commissaires du conseil, dont on veut attendre le rapport; mais la véritable cause est la jalousie des ponts & chaussées, qui voient avec peine un particulier leur enlever ce beau travail. Ils se sont même fait attribuer spécialement la conservation de la *Loire*, dont les crues, cet hiver, ont occasionné de grands dégâts. Du reste, ils donnent tant de dégoûts à M. *l'Allemant*, qu'on ne seroit pas surpris de le voir renoncer à son

superbe projet, que lui seul est en état d'exécuter.

4 Août. Pendant que M. le duc de *Chartres* est absent & est allé faire un second voyage en Angleterre, ses ennemis acharnés le chansonnent encore, & voici un nouveau vaudeville enfanté par leur méchanceté, sur l'air *des Pendus* :

Chartres, de nos princes du sang
Est le plus brave assurément :
Après avoir bravé Neptune,
Bravé l'opinion commune,
Emule de *Charles* & *Robert*,
Le voilà qui brave encore l'air.

Admirez comme il va volant
Au sein de cet autre élément.
Quel cœur, & sur-tout quelle tête !
Rien ne l'émeut, rien ne l'arrête ;
Son rang, ses amis, sa moitié,
Ce héros foule tout au pié.

Il peut aller dorénavant
Tête levée, le nez au vent.
Il est, les preuves en sont claires,
Fort au-dessus de ses affaires :
Eh oui ! ce grand prince, aujourd'hui,
Doit être bien content de lui.

Mais quel soudain revers, hélas !
Ne vois-je pas mon prince en bas !
Comme il est fait ! comme il se pâme !
On diroit qu'il va rendre l'ame.

L'ame !....Oh ! qu'il n'eſt pas dans ce cas. Peut-on rendre ce qu'on n'a pas !

4 Août. Actuellement que le Palais-Royal commence à ſortir du chaos où il étoit depuis trois ans, on peut en parler pertinemment. Le jardin n'offre plus guere que l'image d'un de ces parterres de moines, entouré d'un cloître, auquel on aſſimile plus juſtement encore les bâtiments nouveaux dont il eſt ceint. Leurs murs frappés ſucceſſivement de trois côtés par le ſoleil, rendent la promenade inſupportable durant le jour & peu agréable le ſoir, parce que l'air qui manque de courant & de circulation ne ſe rafraîchit que lentement. Du reſte, ces murs offrent une très-belle ſculpture, mais dont le coup d'œil, trop monotone, devient faſtidieux. Ils ſont d'ailleurs trop élevés & terminés par un comble mauſſade & du plus mauvais goût. Il eût fallu, à l'inſtar du jardin de M. *d'Etienne*, dont on a parlé, les couronner à l'Italienne, & par de ſemblables jardins ſupérieurs qui auroient merveilleuſement égayé ce bâtiment, lui donner un air de ſingularité & de magnificence, & rappeller ceux de *Sémiramis*.

Les corridors ne répondent point à la beauté du plan; ils ſont étranglés, & les reverberes meſquins n'éclairent que foiblement. Les boutiques, qui en forment le pourtour, donnent à tout l'enſemble un air de foire, peu digne du palais d'un grand prince.

Les rues de derriere ſont de véritables cloaques, parce que les maiſons nouvelles n'ayant ni cour, ni dégagement, ni réceptacle pour leurs immondices, y enverront tout leur déblaiement ; que d'ailleurs elles seront habitées en grande partie par des filles, par de jeunes gens, par des libertins, peu propres, peu soigneux de leur naturel, & dont les valets le sont encore moins.

Tous ces travaux ont été commencés avec tant de précipitation, & le plan en a été si mal digéré, qu'il a fallu faire après coup des égouts, & que n'ayant pas prévu que la rue *Vivienne* étoit d'un niveau plus élevé que celui des nouvelles rues, M. le duc de *Chartres* a été obligé de prendre sur la rue parallele à la rue des *Petits-Champs*, une pente prolongée pour les carrosses; ce qui ne laisse en cette partie qu'une ruelle étranglée pour les gens de pied & en enterre désagréablement les maisons.

Ces additions faites après coup, empêchent les locations pour le temps convenable & augmentent les dépenses pour le prince, qui s'en est tellement trouvé gêné qu'il a été forcé de suspendre la quatrieme façade du jardin, qui doit faire partie de son palais; en sorte que de toutes manieres il doit se repentir de son entreprise aussi folle que ruineuse.

5 *Août*. Extrait d'une lettre de Bordeaux, du 31 juillet..... Vous savez, sans doute, que les remontrances de notre parlement contre M. *Dudon*, par la malice de quelque émissaire, se sont trouvées imprimées dans la *gazette de Leyde*. On avoit choisi cette gazette, parce que c'est la seule que lise le roi, & qu'on comptoit que S. M. auroit ainsi connoissance d'une réclamation fondée sur des motifs d'honnêteté & de justice, faits pour la frapper, si l'on les lui eût mis sous les yeux. Le secretaire d'état de la province & le garde des

sceaux, scandalisés de voir publiques des remontrances, suivant eux devant rester dans le secret, en ont fait indirectement des reproches au Sr. *Luzac*, gazetier de Leyde, qui, pour satisfaire tout le monde & prouver son impartialité, n'a pas manqué de les imprimer aussi. Il faut lire ces divers paragraphes très-singuliers, inintelligibles même pour ceux qui ne connoissent pas le dessous de cartes. Quoi qu'il en soit, notre parlement vient de former un arrêté contre M. *Dudon*, qui justifie le gazetier & le venge des imputations qu'on lui faisoit. Je compte vous l'adresser incessamment.

A l'égard des corvées, les commissaires du roi restent dans l'inaction. On rejette actuellement le tort sur le sieur *Valfranbert*, l'ingénieur en chef des ponts & chaussées, mort à propos pour recevoir toutes les iniquités des autres.

M. le gouverneur, pressé par M. *de Vergennes*, le secrétaire d'état de la province, qui commence à craindre l'éclat que doit faire l'histoire de monsieur le vicomte de *Noë*, vient de retirer de notre théâtre & son suisse & sa consigne; ce qui sans doute est fort inconséquent avec tout ce qui a été fait, & donne au fond gain de cause au corps municipal.

5 *Août.* Mardi dernier, dans l'assemblée des chambres au sujet du vicomte de *Noë*, il a été arrêté de faire des représentations, malgré les gens du roi qui n'avoient pas pris la chose fort à cœur & contrarioient même le récit de M. d'*Eprémesnil*.

6 *Août.* On présume que M. *Diderot*, sentant approcher sa fin, avoit pris le parti de se soustraire aux persécutions du curé de *saint-Sulpice*, qui avoit si fort tourmenté *Voltaire* en 1778, & s'étoit réfugié chez son gendre sur la paroisse de

Saint-Roch, dont le pasteur est plus tolérant. En effet, il s'est escamoté adroitement à la vigilance de celui-ci, auquel on a fait accroire que le défunt avoit été surpris, qu'il étoit très-repentant & disposé à désavouer ses erreurs, même par écrit. Le curé a cru, ou fait semblant de croire tout cela, & n'a formé aucune difficulté sur l'enterrement.

On dit au surplus que c'est l'impératrice des Russies qui, ayant appris que M. *Diderot* avoit besoin pour sa santé de quitter un quatrieme étage où il avoit passé sa vie, lui fit choisir un appartement plus convenable pour se loger, comme son bibliothécaire, & pour y loger la bibliotheque de ce savant qu'elle avoit achetée, & dont elle lui conservoit la jouissance avec des appointements.

6 Août. Les nouveaux cafés qui s'établissent au Palais-Royal, cherchent à se surpasser l'un l'autre par quelque invention singuliere. C'est aujourd'hui le *café méchanique* qu'on va visiter. A chaque table est un tuyau cylindrique, par lequel on demande ce qu'on désire. A l'instant il s'éleve par le même canal, sans le ministere d'aucun agent visible. Cet enfantillage, qui doit être fort cher, & sur-tout d'un entretien dispendieux, amuse un instant, mais au fond le service n'en est ni meilleur ni plus prompt.

6 Août. On sait qu'en effet mardi, dans l'assemblée des chambres, M. *Seguier*, avocat général, portant la parole pour les gens du roi, a démenti tous les faits allégués par M. *d'Eprémesnil* dans sa dénonciation & tous ses raisonnements; il a conclu par ne pas conclure, & par s'en rapporter à la prudence de la cour.

M. *d'Eprémesnil* a repris en sous-œuvre le difcours de M. *Seguier*, & l'a si bien renversé de fond en comble, que les gens du roi ont consenti que le réquisitoire ne fût pas inscrit sur le registre.

7 Août. La déclaration du roi, portant règlement pour le mesurage & le prix du bois destiné à l'approvisionnement de Paris, avec diminution de droits sur le charbon de terre, se publie aujourd'hui, & est à-peu-près conforme à ce qu'on a dit. L'augmentation du prix de chaque voiture de bois neuf est de 2 liv. 10 sous 9 deniers, & celle du prix du bois flotté & bois blanc, de 1 liv. 14 sous 4 deniers. Il n'y aura plus que ces trois espèces de bois, le bois de compte, dit à l'anneau, sera supprimé. Cette déclaration du 8.e juillet n'est point faite pour rassurer contre les craintes de la disette de bois. Au contraire, le préambule ne peut que l'augmenter par l'affectation sur-tout de favoriser & d'exciter l'usage du charbon de terre, par le ménagement qu'on y montre envers les marchands de bois, & l'aveu indirect qu'on toléroit leurs friponneries & vexations, parce qu'on savoit qu'ils auroient perdu autrement sur la vente. Aussi, depuis la nouvelle loi, connue déjà par l'enrégistrement du 3 de ce mois, l'accaparement a redoublé.

7 Août. La distribution des prix de l'université a eu lieu, suivant la coutume, jeudi dernier; & en effet il n'y a point eu d'amplification pour la rhétorique, ce qui a dû être une vraie mortification pour le recteur, puisqu'il comptoit bien faire faire son éloge avec celui de *Rollin*, & en indiquant pour un des principaux points de la composition l'éloge du rectorat. Cependant il n'a pas osé sévir contre les mutins, parce que d'après la procédure classique qu'il a instruite, & les interrogatoires qu'il a faits, entre les chefs de la cabale se sont rencontrés le fils de M. *Seguier* & celui de M. *d'Aligre*.

7 *Août*. La censure de la faculté de théologie de Paris contre un livre qui a pour titre: *Principes de morale, par M. l'abbé de Mably*, a été déterminée par une conclusion portée le premier juin dernier. Elle est en latin originairement, & traduite aujourd'hui en françois.

Le livre est condamné comme *contenant des propositions respectivement fausses, scandaleuses, erronées, contraires à la parole de Dieu, injurieuses à la religion chrétienne, dérogeant à la religion naturelle, pernicieuses pour les mœurs & nuisibles à la société.*

Les points sur lesquels, suivant la faculté, l'auteur s'est écarté davantage, sont ceux où il parle de nos devoirs envers Dieu, de la sanction & des motifs qu'il faut proposer à l'homme pour qu'il fasse le bien, de la maniere dont on doit s'y prendre pour former les mœurs publiques ou domestiques; enfin du célibat. De-là la censure se divise en cinq articles.

A l'égard du premier, on reproche à l'abbé de *Mably* de prétendre que les premieres leçons de notre morale n'auroient pas dû être sur nos devoirs envers Dieu, parce que cette méthode, qui a produit en grande partie nos préjugés & nos malheurs, n'est point proportionée à la nature de l'homme.

Quant au second, la faculté ne veut pas qu'il mette la raison au-dessus de la révélation; qu'il regarde celle-ci comme indifférente pour la réforme des mœurs, & qu'il fasse entendre qu'appuyer sur un pareil fondement les leçons de morale, c'est en empêcher tout le fruit; que c'est par le seul intérêt personnel qu'on peut guider l'homme.

La maxime avancée par l'abbé de *Mably*, que dans quelques circonstances on ne doit pas craindre de distribuer à propos des vices à un peuple, pour le retirer de sa stupeur, est trop contraire aux maximes de l'évangile pour avoir été tolérée par les sages maîtres qui la relevent dans le troisieme article.

On a déjà parlé de ce que le moraliste a dit concernant les mœurs domestiques, & des étranges assertions qu'il avance à cet égard, comme la fréquentation des courtisanes qu'il permet à son éleve. On sent combien il prêtoit le flanc à la censure théologique, & l'on ne la lui épargne pas dans le quatrieme paragraphe.

Le cinquieme & dernier, sur le célibat, que l'écrivain fronde en politique & en citoyen, & auquel il préfere infiniment l'état du mariage, devoit nécessairement déplaire encore à la faculté, qui, suivant ses principes religieux, met la continence au-dessus de tout.

Cette censure est, comme tous les ouvrages de ce genre, forte de citations & d'autorités, & très-foible de logique. Du reste, on y ménage beaucoup l'abbé de *Mably*, dont on exalte les talents & dont on excuse les intentions.

8 Août. Il est enfin décidé de finir l'église de Sainte-Geneviève, dont les travaux, depuis la mort de *Souflot*, avoient été totalement suspendus. Comme il faudroit encore quarante ans pour la terminer en n'y employant que les fonds ordinaires, il a été résolu de faire un emprunt de quatre millions, au moyen duquel la construction totale sera achevée en quinze ans, & dont les détails feront arrêtés par le comte d'*Angiviller*.

8 *Août*. La vente de la bibliotheque de monsieur le duc de *la Valliere* est calculée, & se monte à 464,677 liv. 8 s.

8 *Août*. MM. le chevalier de *Seine* & *Desforges*, sont deux gendarmes qui, pour faute grave sans doute au corps, avoient été condamnés à vingt ans de prison. A la veille d'être transférés de la prison de l'abbaye de *Saint-Germain-des-Prez* au lieu de leur destination, ils ont été effrayés de la longueur de la punition, & ont résolu de s'y soustraire, à quelque prix que ce fût : ils se sont procurés, on ne sait comment, des sabres, des pistolets, des balles, de la poudre, &c. Dimanche dernier, premier de ce mois, le soir, la garde retirée, ils sont descendus, & ont voulu contraindre le geolier à les laisser sortir. Celui-ci s'y étant refusé, & ayant appellé du secours, ils lui ont lâché un coup de pistolet, dont heureusement il a évité le coup. Forcés de remonter dans leur chambre, ils s'y sont barricadés ; ils menacent de tuer le premier qui se présentera & ils capitulent. Leur commandant, le commissaire des prisons & autres personnes ont en vain essayé de les prêcher ; ils menacent de faire sauter la prison, si l'on ne leur accorde leur liberté. Comme on ne peut savoir ce qu'ils ont de poudre, on prend toutes sortes de précautions. L'on a fait déloger les prisonniers logés au-dessus & au-dessous ; les pompiers sont toujours prêts à donner des secours, & l'on est fort embarrassé que répondre à leurs propositions.

9 *Août*. Me. *Romain de Seize* est un avocat du barreau de *Bordeaux*, qui, jeune encore, s'y étant attiré beaucoup d'ennemis & dans le parlement,

& dans son ordre, pour son zele à soutenir monsieur *Dupaty*, dégoûté de ces tracasseries, a pris le parti de suivre ce magistrat à Paris, & d'y essayer ses talents. Il a débuté mercredi 4 au Châtelet dans une cause de partage, très-ingrate conséquemment, n'ayant d'intéressant que le nom d'*Helvetius*, dont il a défendu la fille, Mad. la comtesse d'*Andlau*, & il l'a fait avec un éclat sans exemple. Il a eu l'art de faire entrer dans son plaidoyer des morceaux de philosophie & de pathétique qui lui ont concilié l'attention générale. Pendant cinq quarts-d'heure qu'il a parlé, l'huissier n'a pas été dans le cas de crier une seule fois: *Paix-là !* Les juges ne l'ont pas perdu de vue un seul instant, & il a été applaudi à la fin pendant plusieurs minutes comme au spectacle. Les magistrats du Châtelet conviennent n'avoir point entendu d'orateur réunissant à ce degré toutes les parties; car son accent gascon est devenu même une grace. M. *Hérault*, premier avocat du roi, homme de lettres en outre, & bien fait pour apprécier le mérite de Me. *de Seize*, quoiqu'il ne le connût pas, est venu le voir & le féliciter au nom du parquet.

Me. *de Seize*, à ses talents naturels & acquis, joint l'avantage de la naissance Il est homme de bonne condition, & pourroit figurer par-tout, s'il n'avoit préféré de briller par son mérite seul. En voilà plus qu'il n'en faut pour faire frémir l'envie; & ce sont déjà des cabales qui se forment contre lui dans l'ordre.

Me. *Hardouin*, qui devoit répondre, confondu par ce succès n'a point plaidé au jour indiqué & a prétexté qu'il étoit enrhumé; ce qui a fait prédire plaisamment à Me. *de Seize*, par M. *Hérault*, *qu'il en enrhumeroit bien d'autres.*

10 *Août.* L'on doit se ressouvenir du chevalier du *Rumain*, capitaine de vaisseau qui, de 1779 à 1780, prit les isles de *Saint-Martin* & de *Saint-Vincent*, monta à l'assaut de la *Grenade*, commanda les galeres & l'artillerie au siege de *Savannah*, & qui le 10 août 1780, fut tué dans le combat de la frégate la *Nymphe*, de trente-deux canons, qu'il commandoit, contre une frégate angloise de quarante-quatre canons.

Le roi voulant reconnoître les services distingués de cet officier par un monument durable, a fait remettre à M. le comte du Rumain son frere, trois mortiers en fonte, qui, en conséquence des ordres du maréchal de *Castries*, lui ont été délivrés par le commissaire aux classes de *Tréguier*.

10 *Août.* Tout ce qu'on sait du comte de *Haga* depuis le 19 juillet qu'il est parti, c'est qu'il est allé à Ermenonville visiter le tombeau de *Jean-Jacques Rousseau*.

10 *Août.* Par un arrêt du conseil du 13 juillet 1783, le roi, pour encourager la taille des pierres fines & des pierres de composition, a ordonné, pendant le cours de six années, un concours: il aura lieu le 17 du présent mois au bureau de la maison commune du corps des marchands orfevres de Paris. Tous les lapidaires, même étrangers, y seront admis sans distinction. Ils y trouveront les matieres premieres, tous les outils, moulins & ustensiles nécessaires.

Les ouvrages établis pendant le concours seront jugés dans une assemblée, à laquelle présidera M. le lieutenant-général de police. Les deux artistes qui se seront trouvés les plus experts, l'un dans la taille des pierres fines, l'autre dans celle des pierres de composition, seront admis à exercer leur profession librement pendant le cours de trois années ; à l'expiration desquelles, s'ils ont notoirement exercé leur art chacun dans leur genre, ils seront gratuitement, *sans frais ni faux frais*, reçus dans le corps des marchands orfevres.

On espere qu'un tel encouragement excitera l'émulation parmi les artistes de ce genre, distingués par la supériorité de leur talent, auxquels on procure ainsi l'occasion de le faire valoir.

11 *Août*. Hier les deux gendarmes se sont enfin rendus & ont mis les armes bas. M. de *Saint-Alban*, conseiller de grand'chambre, commissaire des prisons, avec un substitut du procureur-général, & un greffier, étoient occupés à dresser procès-verbal de cet événement incroyable.

11 *Août*. Extrait d'une lettre de Constantinople, du 15 juillet.... « Graces aux exhortations de la France, & sur-tout à la triste expérience que les Turcs font des suites funestes de l'ignorance, l'imprimerie vient de se rouvrir ici ; elle est en plein exercice, & l'on verra bientôt en sortir une espece de *Gazette de Cour*, depuis 1723 jusques en 1750, composée sous le titre d'*Annales de l'Empire*. »

11 *Août*. La riviere de Saône doit servir de tronc commun à toutes les navigations dont s'occupent les états de *Bourgogne*. En conséquence il est essentiel de réparer le lit & de nettoyer le cours & les bords de cette riviere, pour y procurer une navigation libre & facile. A cet effet, les états du Mâconnois empruntent une somme de 320,000 livres & y sont autorisés par lettres-patentes.

11 *Août*. Un M. de *Blois*, musicien de l'orchestre des Italiens, avoit composé un opéra comique sans

paroles, mais cependant avec un plan & des idées dont il a fait part à M. *Parifau*, qui les a fuivis & a écrit une piece entiere d'après cette mufique, ayant pour titre les *Rendez-vous* ou *les deux Rubans*, en un acte & en vers, mêlée d'ariettes. Elle a été jouée hier avec beaucoup de fuccès, fur-tout pour la mufique agréable, piquante, variée & quelquefois originale, dont l'auteur mérite des encouragemens.

12 *Août*. M. de Boufflers enfante toujours de temps en temps des chanfons charmantes, remplies de fel & de gaieté, mais dont quelques-unes percent difficilement, foit à caufe du vernis d'impiété, ou de la licence des images qu'on lui reproche. De ce nombre eft celle intitulée : *les Cierges du paradis* ; fur l'air du *confiteor*. Elle eft en onze couplets que peu de femmes ofent apprendre ou même entendre chanter. On en va juger.

Dans un des coins du paradis,
Sont en ligne onze mille vierges ;
Dans l'autre coin, tout vis-à-vis,
  Sont placés onze mille cierges :   (*bis*)
Toujours brûlants fans raccourcir,
On ne les voit jamais finir.   (*bis*)

Autant de faints les ont en main ;
Au bout brille une flamme pure ;
Et c'eft pour l'office divin,
  Que cette flamme toujours dure :   (*bis*)
Toujours brûlants, &c.

Comme c'eft pour l'éternité,
Que ces faints brûlent pour ces vierges ;

Pour sauver l'uniformité,
Chaque vierge change de cierges : (bis)
Toujours brûlants, &c.

Les saintes ont toujours quinze ans,
Et les saints en ont toujours trente ;
Leurs charmes sont toujours naissants,
Des cierges la flamme est constante : (bis)
Toujours brûlants, &c.

Les vierges n'ont pour vêtement
Que le voile de l'innocence ;
Les saints le percent aisément,
Vu le feu de leur cierge immense : (bis)
Toujours brûlants, &c.

Le matin, à midi, le soir,
Ensemble ils font tous l'exercice.
Ah ! c'est-là qu'il fait beau les voir
Répéter onze fois l'office : (bis)
Toujours brûlants, &c.

Dieu ! quel coup d'œil intéressant !
Onze mille saints d'une bande,
Onze mille saintes d'un rang,
Des cierges recevant l'offrande : (bis)
Toujours brûlants, &c.

Pas un seul instant de repos,
Entre chaque office l'on danse :
Le cierge en main, faisant des sauts,

Les vierges marquant la cadence : (*bis*)
Toujours brûlants, &c.

La sainte chandelle d'Arras
Est l'échantillon de ces cierges :
Ce saint bout, qui ne finit pas,
Fut donné par une des vierges : (*bis*)
Toujours brûlants, &c.

Avec grande dévotion,
Je vous invoque, heureuses vierges ;
Que par votre intercession
J'obtienne un jour un de vos cierges : (*bis*)
Toujours brûlants, &c.

Ces bouts sans fin du paradis
Font la félicité parfaite :
O mes bonnes & bons amis,
Un même bout je vous souhaite : (*bis*)
Toujours brûlants, &c.

13 *Août*. Depuis long-temps on a dit que les Etats-Généraux avoient arrêté de faire présent d'une épée à M. le bailli de *Suffren*, pour le remercier des bons & importants services qu'il a rendus dans l'Inde à la république, & servir de monument à sa gloire. Cette épée, finie avec le plus grand soin, enrichie de diamants & qu'on évalue à 150,000 livres, a été apportée ici par des députés de la république, qui l'ont aujourd'hui, à heure convenue, offerte au général françois. Ils ont été en grande cérémonie, rue de Tournon, à l'hôtel où il demeure. Quatre carrosses formoient le cortege ;

l'épée se voyoit seule dans un, puis les députés des Etats-généraux, puis l'ambassadeur, puis leur suite. Les fanfares & les trompettes ont succédé, & tout ce jour a été un jour de triomphe dans l'hôtel de M. de *Suffren*.

13 *Août*. Tout fait spectacle dans ce pays-ci. C'est aujourd'hui le donjon de *Vincennes*, ouvert au public, qu'on s'empresse d'aller visiter. Il est décidé que la destination n'en sera plus la même, & l'on va en faire des magasins. C'est à qui bénira M. le baron de *Breteuil*, & l'on ne cesse de répéter ses louanges à mesure qu'on parcourt dans tous ses détails cette horrible demeure.

13 *Août*. Dans *Zémire & Azor* on trouve cette ariette, scene IV. du second acte:

> Plus de voyage qui me tente,
> Je veux mourir vieux, si je puis:
> Je ne serai plus qu'une plante,
> Et je prends racine où je suis.
> Passe encor pour aller sur terre,
> C'est un plaisir quand il fait beau:
> Passe encor pour aller sur l'eau,
> Quoique je ne m'y plaise guere:
> Mais voyager sur les nuages,
> Et voir là-bas, là-bas, là-bas
> La terre s'enfuir sous ses pas!
> Cela dégoûte des voyages:
> La tête tourne d'y penser,
> Je ne veux plus recommencer.

Le public malin qui semble chercher toutes les occasions de mortifier le duc de *Chartres*, un jour qu'il affiftoit à cette piece depuis l'aventure de fon ballon de *Saint-Cloud*, n'a pas manqué d'y trouver une allufion parfaite, d'applaudir à tout rompre & de fe tourner vers la loge du prince qui, après avoir voulu faire bonne contenance, n'a pu y tenir & s'en eft allé. On crioit en même temps *bis*, mais l'acteur n'a pas ofé recommencer.

14. *Août.* L'on attend toujours avec impatience le mémoire de M. *Sauffaye*, receveur des impofitions de la ville de Paris, en réponfe à celui du fieur *Alexis du Pafquier* de Saint-Genix en Savoie. Outre la converfation très-mordante, par laquelle celui-ci, à la réquifition fictive du premier, lui rapportant tout ce qu'on en dit dans Paris, fait une fatire vive de fa morgue, de fon fafte, de fes mœurs; il y a des développements de tour de bâton fous ces mots: *récréation, mémoire, modération, décharge, délais, frais,* faifant verfer à flots l'or & l'argent des contribuables dans la caiffe du receveur, qui méritent une réfutation particuliere dont ne font pas embarraffés ceux qui connoiffent particuliérement l'intégrité & l'honnêteté de l'accufé. On affure même que la chambre des comptes, qui convient avoir mis fort légérement les fcellés chez lui, va les lever.

14 *Août. Florine* eft une mauvaife piece de M. *Imbert*, jouée aux Italiens en 1780 fans fuccès, & qu'il s'eft avifé de remettre avec quelques corrections le famedi 7 de ce mois. Les journaliftes de Paris, voués à cet auteur, ont eu la baffe complaifance pour lui d'annoncer que *Florine* avoit été fort bien reçue. Le parterre indigné, hier à la feconde repréfentation en a prefque hué tout le fecond acte, au point qu'on ne croit pas qu'elle reparoiffe.

Ce même jour on a joué la premiere repréfentation d'une comédie en un acte & en vers, ayant pour titre : *l'Amour à l'épreuve*. Cette nouveauté peu neuve, quant au fond, n'a point été mal reçue. On la dit de M. *Faure*, secretaire de M. le duc de *Fronsac*.

14 *Août*. On est fort content au palais du début du nouvel avocat-général, M. *Pelletier de Saint-Fargeau*, qui a déjà donné de l'humeur à M. *Seguier*. 1°. Il ne lit point ses plaidoyers & les débite de mémoire. 2°. Il n'hésite point, il ne s'en rapporte point à la prudence de la cour, mais il se décide, & a toujours un avis à lui. Enfin il ne demande point de retard ni de délais, comme fait souvent le premier avocat-général ; & derniérement il a porté la parole dans toutes les causes où il a été invité de le faire.

15 *Août*. M. *Morand*, docteur-régent de la faculté de médecine, membre de l'académie des sciences & déjà pensionnaire de la classe d'anatomie, vient de mourir. C'étoit un savant qui, jeune encore, avoit de profondes connoissances, mais qui n'auroit jamais eu la réputation du chirurgien *Morand*, son pere.

15 *Août*. C'est M. le prince de *Condé*, gouverneur de *Bourgogne*, qui le 23 & le 24 juillet a posé au nom du roi, en présence des élus généraux des états ; à Châlons sur Saône, à Saint-Jean-de-Losne & à Saint-Symphorien, la premiere pierre de la premiere écluse de chacun des trois cannaux de *Charolois*, de *Bourgogne* & de *Franche-Comté*.

16 *Août*. Extrait d'une lettre d'Agde, du 8 août..... « Notre port, très-intéressant par sa situation, à cause du canal de *Languedoc*, qui fait la jonction des deux mers, se combloit en partie depuis quelques années à son embouchure par l'af-

fluence des sables qu'y apportoit la mer. Les états envoyerent ici l'année derniere M. *Groignard*, si renommé par les preuves qu'il a données en ce genre à Toulon.

» Cet habile homme a imaginé de prolonger les jetées avec des caisses à-peu-près dans le genre de celles de *Cherbourg*. Le sieur *Poncet*, constructeur du roi, chargé de l'exécution, a commencé son travail le 9 juin dernier par une caisse qui a été lancée avec succès & avec beaucoup de pompe, après avoir été bénie par notre évêque. Cette opération n'a duré qu'une minute & demie.

Cette caisse a été placée le... juillet, par les soins de M. *Groignard*, en présence des états de la province. L'année prochaine, on en construira deux autres, & successivement le nombre suffisant, jusqu'à deux cents toises en avant dans la mer. »

16 *Août*. La compagnie des actionnaires de l'entreprise des *Eaux de Paris*, commence à prendre quelque consistance. Elle a tenu le 10 de ce mois une assemblée solemnelle, & elle a trouvé qu'elle pouvoit, sur ses produits, établir annuellement un dividende. En conséquence on commence à délivrer des actions.

16 *Août*. Madame *Mara*, cette célebre cantatrice dont on a parlé dans le temps, est revenue dans Paris, & avoit attiré un monde très-brillant hier au concert spirituel, où elle a été accueillie avec transport.

M. *Crosdill* a partagé l'admiration du public sur le violoncelle, instrument sur lequel il a fait supporter deux sonates, espece de merveille pour les oreilles françoises. On sait que c'est un genre très-froid, & abandonné depuis long-temps pour les concerts.

16 *Août*. Extrait d'une lettre de Berlin, du premier août...... « Le *Porte-feuille historique* est un journal allemand qui s'imprime ici, & contient quelquefois des détails historiques, assez curieux & assez exacts sur les cours du Nord, sur leurs établissements civils & militaires, sur leur état actuel, &c. »

17 *Août*. Le travail de M. le baron de *Cormerai* ne paroîtra pas encore cette année, comme on s'en flattoit. Il est immense. Cet infatigable calculateur s'en occupe depuis dix ans. Il a trente-cinq commis sous ses ordres. Il faut se rappeller qu'il s'agit de la suppression des traites, & de rendre le sel & le tabac marchands. M. de *Calonne*, qui auroit fort à cœur de voir exécuter ce grand projet sous son ministere, encourage l'auteur, & lui continue le traitement de 60,000 liv. accordé par ses prédécesseurs. M. de *Cormerai* veut embrasser aussi les corvées dans son plan & soulager d'autant le peuple en cette partie.

17 *Août*. C'est décidément aujourd'hui que doit danser le sieur *Vestris* fils. On a choisi *Atis*, parce qu'il n'y paroît qu'au dernier ballet, & que le tumulte qu'on prévoit, ne pourra du moins empêcher l'opéra. Ce danseur, de son côté, s'attend à une forte cabale contre lui, & en a soudoyé une en sa faveur. On veut que sa famille & lui aient acheté jusqu'à deux cents billets de parterre.

Au reste, pour calmer un peu les mécontents, ses parents, amis & partisans affectent de dire qu'il n'a été en prison, ni pour avoir manqué à la reine, ni pour avoir manqué au public; que M. le baron de *Breteuil* l'a puni seulement pour être contrevenu au réglement, dont un article porte que, tout acteur, chanteur, danseur, &c. hors d'état de jouer, ne se montrera point au spectacle. En outre, ils publient des certificats de chirurgiens & autres gens de l'art, qui, après avoir visité le sieur *Vestris*, au moment de sa détention, attestent que s'il eût dansé alors, il se fût mis hors d'état de paroître de plus d'un an.

17 *Août*. En rendant compte de la séance publique de l'académie royale des sciences du 21 avril dernier, on a déjà parlé du mémoire de M. d'*Aubenton*, où il démontre la possibilité *d'améliorer les laines de France, au point de suppléer aux laines étrangères, dans nos manufactures de draps fins.* M. le contrôleur-général, attentif à tout ce qui peut augmenter la richesse réelle de l'état, a jugé ce mémoire digne de la plus grande publicité, & en conséquence a voulu qu'il fût imprimé à l'imprimerie royale, & répandu avec profusion.

En effet, la fabrique du premier drap de laine superfin du cru de la France, est un événement important pour les manufactures & pour le commerce. Les moyens donnés par M. d'*Aubenton* pour faire croître des laines superfines, d'après de longues expériences, sont faciles & peu dispendieux, & l'épreuve de ses laines dans la fabrication du drap, comparé avec le drap de laine d'Espagne, fabriqué en France, a tourné absolument à l'avantage du premier. L'ouvrier y a reconnu plus de force & de nerf, avec la même finesse à l'œil, & la même douceur au toucher. Ce drap a plus de rapport avec ceux que les Anglois fabriquent; il sera durable comme celui-ci, résistera mieux à la pluie que le drap fabriqué avec des laines d'Espagne, & fera d'un meilleur débit dans le commerce du Nord. On peut encore le rendre aussi souple & aussi moëlleux que le drap d'Espagne.

La durée de cette amélioration, au surplus, est déjà prouvée par seize ans d'expériences sur les laines de *Roussillon*.

18 *Août*. Le sieur *Vestr'Allard* a en effet dansé hier, & l'on avoit fort heureusement choisi pour le faire paroître, le dernier ballet d'*Atis*, car il n'auroit pas été possible de jouer, tant le tumulte étoit violent & tant il a duré. Lorsque ce danseur a paru, les mécontents ont crié : *à genoux ! à genoux !* & n'ont point cessé de le siffler & de le huer pendant tout le temps qu'il est resté en scene. Ses partisans, au contraire, applaudissoient à tout rompre, avec des *bravo*, des *bravissimo* qui ne finissoient pas. Il y avoit tant d'acharnement de part & d'autre qu'il en est résulté des rixes particulieres, & que pour mettre le *holà*, la garde a été obligée d'arrêter plusieurs personnes. Du reste, le sieur *Vestr'Allard* ne s'est point déconcerté ; il a soutenu tout ce bruit à merveille, & a vérifié ce qu'on avoit dit que son talent s'étoit encore perfectionné durant son séjour à Londres : il a dansé mieux que jamais.

19 *Août*. Le grand-conseil, depuis son rétablissement, a toujours été tracassé par les parlements de province, car celui de Paris le tourmente le moins. Tout récemment les parlements de Dijon & de Bordeaux ont fait contre lui des actes d'hostilité qui ne peuvent se tolérer. Le premier a décrété de prise-de-corps un religieux qui n'étoit pas de sa compétence & sous la sauve-

garde de ce tribunal. Le second a jugé une cause évoquée de droit par la loi du prince au grand conseil, sur laquelle il avoit déjà prononcé. Il a cassé le jugement de ce tribunal, & a rendu un arrêt tout oppposé.

Les chefs du grand conseil ont eu recours au garde-des-sceaux: ils lui ont représenté qu'il falloit abolir le grand-conseil, ou venger ces attentats. Il a promis une déclaration.

19 *Août*. Le prince *Henri de Prusse*, sur lequel on ne comptoit plus, est enfin arrivé. Il loge rue de Richelieu, à l'hôtel de la *Chine*, & non chez le ministre du roi son frere. Il doit aller demain à l'opéra, où l'on joue *chimene*, par ordre.

16 *Août*. Extrait d'une lettre de Montpellier, du 10 août...... *Pierre Richer de Belleval* a été le restaurateur de la botanique dans les écoles de cette ville. Il a employé toute sa fortune à la recherche des plantes du Bas-Languedoc & à un ouvrage de botanique très-étendu qu'il s'étoit proposé de publier. Un grand nombre de gravures en cuivre, faites avec une exactitude inconnue avant lui, & qui existent encore, devoient entrer dans cet ouvrage. On a de lui en outre plusieurs écrits imprimés sur cette science.

La ville de Montpellier lui doit l'établissement de son jardin-royal des plantes, qu'il fut chargé de construire par ordre de *Henri IV* en 1598, c'est-à-dire, vingt-huit ans avant la fondation de celui de Paris. La disposition de ce jardin, qui peut passer pour un modele, est une preuve non équivoque des connoissances de son fondateur en ce genre.

La même science a depuis été cultivée ici par

des hommes célebres, MM. *Magnol*, *Riffole*, *de Sauvages*, membres de notre société royale, qui a publié leur éloge. *Richer de Belleval* étant mort avant l'établissement de cette compagnie, cet honneur a manqué à sa mémoire. C'est pour réparer ce défaut que M. *Bouffonnet* fils, un des membres de la société royale, lui a remis 300 livres qu'il destine à l'éloge de *Richer Belleval*, sujet d'un prix extraordinaire qu'elle propose au concours, & qui sera proclamé à son assemblée publique, pendant la tenue des états de Languedoc en 1785.

10 *Août*. L'auteur de *la Poupée parlante*, oubliée depuis un an, ramene la curiosité du public par un nouveau phénomene. C'est un *Ventriloque*. Tout le monde sait ce que c'est que cette espece d'hommes rares, doués du talent particulier de parler sans ouvrir la bouche, & sans qu'on puisse reconnoître à aucun signe de leur visage que ce sont eux qui font la conversation. Celui-ci est un des plus merveilleux, en ce que c'est un homme octogénaire, qui conserve cette faculté depuis l'âge de trente ans qu'elle s'est développée chez lui. Il vient de Portugal; il prend dans ses bras un automate, qu'il suppose être un enfant malade. Le *Ventriloque* en est le pere; l'enfant s'éveille, se plaint & ses accents déchirent l'ame. Le pere parvient à l'égayer; il se forme un dialogue entre eux deux qu'il exécute seul. La voix du Ventriloque est très-forte, & celle du petit interlocuteur semble être d'un enfant de trois ans.

La scene du Ventriloque terminée, on porte l'automate à une corde, sur laquelle il danse & exécute à-peu-près tous les tours d'usage parmi les bateleurs.

20 *Août*. Enfin les commissaires chargés par le

roi de l'examen du *Magnétisme animal*, ont terminé leur rapport, & il doit être incessamment imprimé par ordre du roi à l'imprimerie-royale. Il faut se rappeller que c'est chez le docteur *Deslon* qu'ils ont dû faire leur examen, & que le docteur *Mesmer* prétend que celui-ci ne professe pas sa doctrine véritable & dans toute sa sublimité. Quoi qu'il en soit, ils déclarent le *magnétisme animal*, une invention illusoire, vaine & funeste.

21 *Août*. Hier il s'étoit rendu encore beaucoup de monde à l'opéra, pour voir ce qui se passeroit à l'égard du sieur *Vestr'Allard* ; mais la garde étoit tellement renforcée que les battoirs ont pu l'applaudir en toute liberté & sans contradiction. On jouoit *Chimene* ; & comme on avoit ajouté *par ordre*, on s'étoit imaginé que la reine y viendroit. Mais c'étoit pour le prince HENRI, frere du roi de *Prusse*, qui a été accueilli ainsi que le méritoit ce héros. On lui a trouvé avec peine l'air fatigué, usé, cassé.

21 *Août*. On a déjà parlé de l'explosion du docteur *Bertholet* de la faculté de médecine de Paris, & de l'académie royale des sciences. Il a donné son avis sur le *Magnétisme animal* d'une façon non équivoque & très-précise, par une déclaration datée du 2 mai & consignée dans la *Gazette de santé*, où il dit formellement, qu'après avoir fait plus de la moitié du cours de M. *Mesmer* du mois d'avril 1784, après avoir été admis dans les salles des traitemens & des crises, où il s'est occupé à faire des observations & des expériences, il déclare *n'avoir pas reconnu l'existence de l'agent nommé par M. Mesmer: Magnétisme animal*; avoir jugé la doctrine qui lui a été enseignée durant le cours, *démentie par les vérités les mieux établies sur le sys-*

tême *du monde & sur l'économie animale*, & n'avoit rien apperçu dans les convulsions, les spasmes & les crises prétendus, produits par les procédés *Magnétiques*, qui ne dût être entiérement attribué à *l'imagination*, à *l'effet méchanique des frictions sur des parties très-nerveuses*..... Enfin il termine par regarder la doctrine du *Magnétisme animal*, & la pratique à laquelle elle sert de fondement, comme *parfaitement chimériques*.

22 *Août*. Ceux qui sont curieux de connoître par approximation la population du royaume, pourront tirer des inductions du nombre des morts & des baptêmes, la Corse comprise.

En 1780.		En 1781.	
Naissances.	989,306.	Naissances.	370,406.
Mariages.	241.138.	Mariages.	236,503.
Morts.	914,017.	Morts.	881,138.
Professions religieuses.	1,475.	Professions religieuses.	1,400.
Morts en religion.	2,067.	Morts en religion.	1,968.

On voit par-là aussi que le nombre des professions religieuses, non-seulement n'est pas en proportion des morts, mais décroît sensiblement d'une année à l'autre.

23 *Août*. Lorsqu'on a rendu compte de la premiere représentation des *Danaïdes*, & sur-tout du poëme, on a cité l'avertissement de l'auteur des paroles, où il dit s'être beaucoup aidé d'un poëme manuscrit italien sur le même sujet, de M. *Caffabigy*, conseiller honoraire de S. M. impériale, royale & apostolique. Celui-ci, piqué vraisemblablement

d'une mention auſſi légere, a écrit au rédacteur du mercure, une lettre datée de *Naples* le 25 juin 1784, où il ſe plaint & fait toute l'hiſtoire aſſez curieuſe, & de ſon *Hypermneſtre*, & de ſes relations avec le chevalier *Gluck*; où il parle d'ailleurs de l'art en homme très-inſtruit & qui l'a médité profondément.

A l'égard de la tragédie lyrique en queſtion, voici ce qu'il raconte : Ce fut en 1778, & après le grand ſuccès d'*Orphée* & d'*Alceſte*, dont les poëmes viennent auſſi originairement de M. *Caſſabigy*, que M. *Gluck* le ſollicita de lui adreſſer une *Hypermneſtre* dont il lui avoit parlé. Le chevalier *Gluck* la reçut au mois de novembre de la même année, & ce n'eſt qu'après un ſilence de quatre ans, & au mois de février dernier, que ſon auteur apprit que cette tragédie lyrique alloit être jouée ſur le théâtre de Paris, avec une muſique en partie du chevalier *Gluck*, & en partie de monſieur *Salieri*, qui y avoit travaillé ſous la direction de ce grand maître.

Dans l'intervalle le poëte avoit fait des changements à ſa piece. Il la fit mettre en muſique par M. *Millico*, non moins célebre chanteur que compoſiteur, & la fit exécuter avec ſuccès à la cour de Naples.

Comme on avoit diſpoſé de ſa tragédie à ſon inſçu, il craignit qu'on ne la fît imprimer de même & ſans ſes corrections; il ſe détermina à la publier au mois de février dernier.

M. de *Caſſabigy* entre enſuite dans la diſcuſſion des défauts reprochés par le rédacteur du *Mercure*, aux *Danaïdes*, qui ne ſont autre choſe que ſon *Hypermneſtre*, & il établit très-bien qu'il les a fait diſparoître dans la tragédie italienne, ou que les défauts sont du traducteur françois. C'est à M. le bailli du *Rollet* à répondre & à se tirer de-là.

23 *Août*. Le tribunal des maréchaux de France, bien loin de prononcer de plus amples peines contre le vicomte de *Noë* pour ne s'être pas représenté après le délai d'un mois accordé, n'a pas jugé la contumace, & a arrêté un sursis.

On prétend, 1°. qu'il a eu peur du parlement; 2°. que le roi étonné lui-même des coups multipliés & vigoureux que le tribunal frappoit contre le maire de *Bordeaux*, a dit qu'il ne dérangeroit pas désormais si légérement l'ordre légal; 3°. que *Monsieur* a dit au maréchal de *Lévi*, son capitaine des gardes, que le jugement du tribunal dans cette affaire étoit un *jugement de Vandales*.

Quoi qu'il en soit, c'est à la dénonciation de M. d'*Eprémesnil* que le vicomte de *Noë* a véritablement l'obligation d'avoir arrêté le tribunal, & surtout au soin qu'a eu ce magistrat de la répandre dans Paris par la voie de l'impression. Cet écrit a tellement soulevé l'opinion publique, & éclairé sur l'atrocité de la sentence & de la conduite du tribunal, qu'il a été effrayé lui-même, & que la cour n'a osé soutenir la suite de son entreprise.

23 *Août*. On parle depuis long-temps d'une *sémiramis*, dont M. *Salieri* a composé la musique. Il y a tout à parier encore que cette tragédie est prise de celle de M. de *Cassabigy*, envoyée dès 1778 au chevalier *Gluck*, & que ce musicien l'avoit engagé de composer pour lui. Il l'approuva beaucoup d'abord, & s'apperçut ensuite qu'elle ne s'adaptoit point aux acteurs qui brilloient alors sur la scene lyrique.

23 *Août*, M. *de Seize* a continué au Châtelet sa

premiere & sa seconde réplique avec le même succès. Vendredi dernier il a gagné sa cause en totalité, &, ce qui est sans exemple, le lieutenant-civil lui a adressé un compliment en pleine audience.

24 *Août*. M. de *Cassabigy*, après avoir défendu son *Hypermnestre*, attaque le chevalier *Gluck* dans la partie la plus sensible, car il prétend que si ce grand homme a été le créateur de la musique dramatique, il ne l'a pas créée de rien ; c'est-à dire, que c'est M. de *Cassabigy* qui l'a rendu ce qu'il est. Il n'est pas musicien, mais il a beaucoup étudié la déclamation. On lui accorde le talent de fort bien réciter les vers, particuliérement les tragiques, & sur-tout les siens. Il y a vingt-cinq ans qu'il a pensé que la seule musique convenable à la poésie dramatique, & sur-tout pour le dialogue & pour les airs que les Italiens appellent d'*azione*, étoit celle qui approcheroit davantage de la déclamation naturelle, animée, énergique ; que la déclamation n'étoit en elle-même qu'une musique imparfaite ; qu'on pourroit la noter, si l'on avoit des signes en assez grand nombre, &c.

Plein de ces idées, M. de *Cassabigy* arriva à Vienne en 1761. On lui proposa d'y faire jouer son *Orphée*, & on lui donna le chevalier *Gluck* pour musicien. Celui ci n'étoit pas alors compté parmi les grands maîtres. Le poëte lui fit part de ses idées ; il lui nota par des signes les traits les plus saillants, & suppléa par des notes au surplus. C'est sur un pareil manuscrit que l'Allemand composa sa musique... M. de *Cassabigy* en fit autant depuis pour *Alceste*.

24 *Août*. Le comte de *la Porte d'Anglefort*,

dont on a eu occasion de parler plusieurs fois, & l'un des argonautes du ballon de Lyon, vient de périr d'une maniere sinistre. Il avoit accompagné le prince de *Nassau* à *Constantinople*, où l'on sait qu'il est allé. Le prince, en faisant ce voyage, a voulu rechercher si le *Niester* étoit navigable depuis *Kaminick* jusques à la *mer Noire*. Le comte *d'Anglefort* l'accompagnoit; il étoit allé seul à la découverte, lorsqu'effrayé à la vue de Cosaques qu'on avoit envoyés pour le chercher, dans l'inquiétude où l'on étoit de lui: il les prit pour des *Haydamaques* ou bandits, voulut les éviter par la fuite & se noya.

Il étoit, ce semble, destiné à périr d'une maniere violente. A Cancale, il sauva une frégate du roi, & fut dans le plus grand danger. Il se distingua à l'attaque de *Jersey*. A l'*Orient*, un soldat le perça de part en part d'un coup de bayonnette; ce qui fit courir le bruit anticipé de sa mort. Il étoit à Gibraltar sur l'une des batteries flottantes, & l'on peut se rappeller quel danger il a couru à Lyon.

24 *Août*. Comme *Diderot* n'étoit d'aucun corps littéraire en France, son panégyrique ne sera vraisemblablement prononcé dans aucune académie: il n'y a d'ailleurs plus de Nécrologe. Pour suppléer à ce silence général, on va donner ici une courte notice des principaux traits de sa vie.

Il étoit né à *Langres*, en 1713, d'un coutelier aisé, & qui lui fit faire ses études aux jésuites de cette ville. Ceux-ci l'avoient déjà déterminé à entrer dans l'ordre & à partir pour le noviciat à l'insçu de ses parents. Son pere, averti la veille, le retira du college. Le jeune *Diderot* étoit aussi tonsuré, mais son pere ne voulant pas le laisser prendre même l'état ecclésiastique, le destinoit à exercer sa profession : l'enfant y répugna, & on l'envoya finir ses études à Paris. Ensuite, selon l'usage, on le plaça chez un procureur. Il avoit encore moins d'attrait pour la chicane, & continuoit à s'occuper de littérature. Son pere l'apprit, cessa de payer sa pension, parut l'abandonner, & ne reçut son fils en grace que dix ans après, à l'époque de son mariage. *Diderot* fut forcé de vivre de ses ouvrages. Tout le monde les connoît, mais sur-tout l'*Encyclopédie* : ce monument, tout imparfait qu'il soit, est celui de sa gloire. Trente mille exemplaires de ce livre, répandus dans les deux mondes, ne laisseront jamais périr la mémoire de son principal éditeur.

Le *Syftême de la Nature*, qui lui est assez généralement attribué, lui donna beaucoup d'inquiétude, lors de son explosion. Il se tint à Langres, & avoit des émissaires à Paris qui l'instruisoient de ce qui se passoit. Au moindre mouvement contre lui, il étoit disposé à glisser en pays étranger.

Cet auteur joignoit deux qualités qu'on trouve rarement ensemble, parce qu'elles sont opposées & s'excluent le plus souvent : le raisonnement & l'imagination. C'est ce qui le rendoit également propre à la philosophie, aux hautes sciences & aux lettres. Il étoit bien supérieur en cette derniere partie à son collegue d'*Alembert*, qui manquoit absolument d'imagination. Il paroît décidé que l'un & l'autre sont morts dans leur façon de penser sur la religion, en quoi ils ont toujours été parfaitement d'accord.

25 *Août*. Relation de la séance publique, tenue aujourd'hui, jour de *saint Louis*, par l'académie françoise pour la distribution des prix.

L'arrivée d'un prince étranger, venu depuis peu dans cette capitale, & qui n'a pas voulu manquer cette occasion de voir l'académie françoise assemblée, est un événement heureux, qui a donné encore beaucoup d'ardeur pour s'y trouver, & à rendre la séance très-brillante. Elle étoit déjà illustrée par la présence de Mad. la duchesse de *Chartres*, prenant le plus vif intérêt à l'un des candidats couronnés, M. de *Florian*.

Le directeur & le vice-directeur étant absents, c'est M. *Marmontel*, le secretaire, qui a rempli seul toutes ces fonctions. Il a d'abord annoncé que le prix de prose, remis il y a deux ans, étoit décerné cette année à M. *Garat*. *Le sujet étoit l'éloge de Fontenelle*.

Il est d'usage qu'un académicien fasse à l'assemblée la lecture de l'ouvrage couronné; mais tous messieurs présents étant vieux, cacochymes, mauvais lecteurs, M. de *la Harpe* seul auroit pu la faire. Le *Lauréat*, déjà mécontent de la maniere dont cet académicien avoit rendu & annoncé un de ses écrits, anecdote dont on a parlé dans le temps, a demandé la permission de lire lui-même. L'académie a eu peine à souffrir cette innovation. Enfin on lui a accordé la liberté qu'il sollicitoit à *titre d'encouragement*.

Cet éloge de *Fontenelle* est si long qu'il auroit lassé les poumons les plus vigoureux; mais le zele paternel a soutenu dans son entreprise M. *Garat* qui, au surplus, a très-mal lu. Sa modestie étoit cependant encouragée par de fréquents applaudissements.

Le sujet du discours étoit d'autant plus difficile à traiter, au gré de ceux qui l'ont bien examiné, qu'il le paroît peut-être moins au premier coup d'œil ; qu'il a déjà été ébauché en détail de mille manieres, & qu'il y a des façons de penser très-opposées entre les littérateurs sur le compte du héros, qu'on s'accorde pourtant à regarder comme un auteur original, dont les ouvrages forment époque dans l'histoire littéraire.

Quantité de partisans de M. Garat ont jugé son discours admirable. Ils y ont trouvé des vues fines, des pensées brillantes, des expressions tantôt neuves, tantôt fortes. Il a montré, suivant eux, *Fontenelle* sous tous les aspects, & manifesté, pour ainsi dire, tous les secrets de son esprit & de sa philosophie. D'autres ont été plus loin ; ils y ont découvert facilement ce qui caractérise tout ce qui est sorti de sa plume ; un philosophe qui pense avec jugement & qui écrit avec imagination ; du bel esprit qui, par un accord infiniment rare, ne nuit point à l'énergie ni à la profondeur des idées, & qui donne de l'éclat à son style, sans rien ôter de la vérité de l'expression. Si cet éloge a paru long à quelques-uns, ce n'est pas en appréciant l'effet qu'il a produit, mais en mesurant la durée de la lecture.

Les critiques prétendent, au contraire, que les applaudissements n'ont été rien moins qu'unanimes ; que beaucoup d'auditeurs les ont démentis, à raison de l'entortillage & du néologisme qu'ils ont remarqués en certains endroits. Ils blâment sur-tout le morceau où le panégyriste loue la naïveté & les graces des *Idylles de Théocrite* & les *Bucoliques de Virgile*, pour exalter ensuite les églogues métaphysiques de *Fontenelle* ; enfin, à les en croire, la maniere du peintre est pauvre, mesquine; il est stérile dans son abondance, petit dans sa gigantomachie, & très-mauvais singe du modèle qu'il a voulu rendre; il manque enfin de ce goût qui sait se mesurer & s'arrêter. De-là les fréquents bâillements, qui mêloient leurs murmures peu sonores aux battements de mains des enthousiastes. Comme le discours est imprimé, chacun peut le prendre & juger entre ces deux avis.

La lecture de l'ouvrage de M. *Garat* avoit absorbé tant de temps, que M. *Marmontel* n'a fait qu'annoncer un autre *Eloge de Fontenelle* de M. *le Roi*, ancien commissaire de la marine, avec une mention honorable, mais sans *accessit*. On avoit flatté l'auteur qu'on liroit publiquement le morceau de son ouvrage, qui est le parallele de *Fontenelle* & de *Voltaire*, ce qui n'a pas eu lieu.

Le secretaire a dit ensuite que M. le chevalier de *Florian* avoit mérité le prix de poésie, dont le sujet avoit été laissé libre. Celui choisi par ce candidat est une églogue tirée de la bible, intitulée *Ruth & Booz*, invention assez bizarre, mais dont l'objet est facilement saisi par l'épilogue adressé à M. le duc de *Penthievre*.

Il regne dans l'ouvrage de M. de *Florian*, du sentiment, de l'ingénuité, & en général le ton du genre. Ce dernier vers de l'envoi au prince a été très-applaudi.

Vous n'épousez point *Ruth*, mais vous l'avez pour fille.

Quelque vrai que soit cet éloge, il a paru fade, étant prononcé devant Mad. la duchesse de *Chartres*, présente.

Après cette églogue, il a été lu des morceaux d'une autre qui, d'un aveu unanime, méritoit le prix du génie, s'il y en avoit eu un à décerner. Du reste elle peche contre les premieres regles de la versification, ce qui est prouvé par des *hiatus* & d'autres fautes pareilles qui ont rebuté les juges. Le sujet est le *Laboureur parmi ses enfants*. Le poëte destinoit aux pauvres l'argent du prix. L'auditoire a vivement pressé le secretaire de déclarer son nom. Il a montré le billet cacheté où il étoit renfermé. On l'a prié de rompre le cachet. Il étoit prêt à se rendre, lorsque ses confreres, plus rigides & plus scrupuleux, lui ont représenté que ce seroit enfreindre les loix de l'académie. Alors M. *Marmontel* a seulement ajouté, qu'on croyoit l'auteur mort.

Il a été fait mention d'un troisieme prix à décerner dans cette assemblée: *le prix de vertu*. Le secretaire s'est contenté de dire qu'on l'avoit accordé à la dame *le Gros*, marchande merciere, qui le méritoit d'autant plus qu'elle ne l'avoit ni pretendu ni espéré. Malgré sa santé délicate & sa fortune médiocre, elle n'a cessé pendant trois ans de se donner toutes sortes de soins pour venir au secours d'un particulier, dont elle avoit appris par hasard les longues infortunes. Tel est le récit succinct qu'a fait M. *Marmontel*, & qu'il auroit dû étendre beaucoup plus.

Quoi qu'il en soit, la dame *le Gros* est venue recevoir la médaille, aux acclamations de toute l'assemblée. Ceux qui n'étoient pas présents, ne manqueront point de demander: est elle jolie? Et on leur répondra qu'elle est fort laide; qu'ils auroient dû s'en douter, la beauté & la vertu allant rarement ensemble.

Le reste de la séance s'est passé en annonces. 1.º L'éloge de *Louis XII, pere du peuple*, est proposé pour le prix d'éloquence de l'année prochaine.

2° C'est au premier janvier prochain qu'est fixée l'époque où les discours destinés à concourir au prix pour *l'éloge de d'Alembert* doivent être remis.

3° En 1786, on décernera le prix destiné au meilleur ouvrage de *Morale élémentaire* & remis encore une fois, afin de laisser le temps aux candidats de traiter avec toute la maturité nécessaire une matiere aussi importante. Ils pourront concourir jusqu'au premier mai de la même année.

26 *Août*. Comme l'ordre des avocats n'a point de greffe, ni de registre, ni d'historien; qu'il ne conserve rien par écrit, il faut consigner ici l'anecdote concernant le nouveau membre du barreau de Paris, Me. *de Seize*.

Quand le lieutenant-civil eut prononcé le jugement, il lui dit: *de Seize avez-vous quelqu'autre cause?* Celui ci lui répondit que non. Le magistrat reprit: *de Seize* (& il avoit alors son bonnet à la main, qu'il mit sur sa tête & s'assit) puis il continua en ces termes: « La capitale est
» le centre des lumieres & des talents, elle ac-
» cueille toujours avec plaisir dans son sein les
» sujets qui se sont distingués dans les provinces
» par des succès: c'est vous témoigner, monsieur,
» avec quelle satisfaction la cour vous a entendu,
» & combien elle désire vous voir fixé au bar-
» reau de Paris. »

Me. *de seize*, étonné de ce compliment sans exemple, & étourdi, répondit qu'il ne pouvoit reconnoître en ce moment une faveur aussi signalée de la cour, que par son respect & son silence.

Il est à observer que ce mot de *cour*, qui est l'attribut distinctif des tribunaux souverains, par un privilege spécial & unique, est aussi consacré pour le Châtelet.

Me. *de Seize* étant allé rendre ses devoirs au lieutenant-civil & le remercier, ce magistrat l'accueillit de la maniere la plus flatteuse, lui dit qu'il avoit hésité à lui faire son compliment, parce que ce n'étoit pas un homme comme lui qui avoit besoin d'encouragement; mais qu'il avoit cru cependant que cela lui feroit plaisir.

26 *Août.* M. *Chabert*, le directeur actuel de l'école vétérinaire, n'oublie rien de ce qui peut illustrer de plus en plus un établissement aussi utile & unique en ce genre. Il a obtenu du gouvernement que le dimanche 5 septembre, on y ouvriroit un cours gratuit d'anatomie, des proportions & des allures des animaux, en faveur des jeunes gens qui se destinent aux arts d'imitation.

C'est M. *Vincent*, professeur-royal à l'école vétérinaire, pensionnaire de S. M. qui ouvrira le cours.

26 *Août.* Les comédiens italiens doivent jouer aujourd'hui pour la premiere fois *Memnon*, comédie nouvelle, en trois actes, mêlée d'ariettes. La musique est de M. *Raguier*, les paroles sont de M. *Guichard*. Cependant un autre auteur est venu mettre opposition à la représentation de cette comédie, sous prétexte que c'étoit un larcin que M. *Guichard* lui avoit fait. Les acteurs embarrassés l'ont prié de ne pas insister & de ne pas arrêter cette piece au moment où elle alloit être donnée, sauf à lui à faire ensuite toutes les réclamations qu'il voudroit. Comme cet auteur, qu'on nomme M. *Plaisant*, a une autre piece reçue, & qu'il a intérêt de ménager les comédiens, il s'en est tenu à sa déclaration.

27 Août. Avant-hier on a exposé, suivant l'usage, les sept tableaux des éleves de l'académie de peinture qui ont paru les plus dignes de concourir pour aller à *Rome*. Le sujet étoit pris de l'écriture sainte ; c'est *la Cananéenne*. Quoique tous ces tableaux soient en général bien faits, un d'eux a paru l'emporter infiniment sur les autres, & être au-dessus de toute concurrence. Mais le directeur & les anciens s'y sont opposés. Ils sont convenus que ce jeune peintre en histoire valoit déjà mieux qu'eux tous ; ils ont objecté seulement qu'il étoit à craindre qu'on ne se prévalût de cet exemple pour accorder ensuite à la faveur, ce qui, cette fois, n'auroit été accordé qu'au mérite. Au surplus, il faut attendre jusqu'au 28 de ce mois, qui est le jour du jugement définitif.

L'auteur de ce tableau si vanté & si digne de l'être, est M. *Drouais*, le fils du fameux peintre de portraits & petit-fils aussi d'académicien. Mais ce jeune homme est fait pour surpasser ses aïeux. Il n'a que vingt ans, & jouit déjà de vingt mille livres de rente, & ce n'est que par une passion pour son talent & par l'amour de la gloire qu'il travaille. Il ne peut qu'aller très-loin avec ce noble aiguillon & les heureuses dispositions dont la nature l'a doué.

27 Août. Rien de si mauvais que la piece de *Memnon*. Dès le second acte elle a été très-mal accueillie, & au troisieme, les auteurs dégoûtés avoient déjà levé le siege de la table où ils étoient assis ; la toile alloit tomber, lorsque le public les a forcés de revenir.

La musique n'est point mal faite ; il y a des choses agréables, mais point assez pour que le compositeur n'ait pas été entraîné dans la chûte du poëte. On a jugé que ce coup d'essai de monsieur *Raguier* méritoit un meilleur poëme.

27 Août. Il y a déjà beaucoup de fermentation dans l'ordre des avocats contre Me. *de Seize*; cependant il s'y est pris de façon à désarmer l'envie, si c'étoit possible. Le dernier jour de son triomphe au châtelet, comme on l'entouroit, on le pressoit, ou l'applaudissoit ; on vouloit savoir son nom, son âge ; on vouloit le voir : il s'est échappé de cette foule d'admirateurs, & est allé trouver son avocat adverse, Me. *Hardouin*, qui, seul en un coin, gémissoit sur la perte de sa cause. Me. *de Seize* l'a embrassé & lui a dit qu'il seroit plus heureux une autre fois, & qu'on devoit lui rendre la justice, qu'il avoit défendu sa cause avec tout le zele & tout le talent possible. « Pour vous, mon » confrere, lui a répondu Me. *Hardouin*, vous » n'aviez pas besoin de gagner la vôtre pour » triompher. »

La maison de Mad. *Helvetius*, mere de madame la comtesse *d'Andlau*, qu'on sait être un bureau de bel-esprit, retentit de toutes parts des louanges de Me. *de Seize*, & cette société philosophique & littéraire désire déjà de l'initier parmi elle.

28 Août. Le prince *Henri de Prusse* est ici sous le nom de comte *d'Oëls*. En conséquence il ne porte aucun ordre, aucun attribut distinctif. Il accueille fort les gens de lettres & en a déjà eu plusieurs à sa table, entr'autres M. *Baculard d'Arnaud*, qui a résidé long-temps à Berlin. Ce prince, en passant par Neuchâtel, a visité l'abbé *Raynal*, qui y demeure actuellement & l'a eu à dîner aussi. Les muses françoises ont dû le cé-

Tome XXVI. H

librer par reconnoissance, & voici un madrigal du marquis de Fubuy :

> Cette faveur si douce à recevoir
> Dès long-temps par moi fut prédite :
> Puisque les dieux venoient nous voir,
> Mars nous devoit une visite.

28 *Août*. Le mémoire justificatif de monsieur *Saussaye*, suivi d'une consultation des 31 juillet & 4 août 1784, signée de dix des plus fameux jurisconsultes du palais, étoit prêt depuis ce temps. Il alloit paroître, lorsque les commissaires de la chambre des comptes se sont transportés chez lui pour vérifier sur ses registres tous les articles relatifs aux chefs d'accusation intentée contre lui par son délateur. L'opération est finie ; tout s'est expliqué par les procédés qu'il a développés dans son mémoire ; il a répondu à tous les interrogats qui lui ont été faits, il a représenté toutes les pieces demandées; il a donné tous les éclaircissements qu'on a désirés, & les scellés sont levés.

M. *Saussaye* qui avoit cru devoir différer jusqu'à ce moment pour rendre compte en même temps au public des suites de cette opération, publie aujourd'hui son mémoire, dont Me. de *Bonnieres* est effectivement l'auteur.

29 *Août*. L'académie de peinture assemblée hier, a couronné sans difficulté & avec les plus grands éloges M. DROUAIS, mais n'a donné aucune suite à la délibération de l'admettre sur le champ comme agréé. Les jeunes gens ses camarades, plus enthousiastes & moins susceptibles des mouvements de la jalousie, l'ont reporté en triomphe jusques

chez lui. Ils avoient préparé des flambeaux, & ce cortege flatteur étoit le plus beau spectacle qu'on pût voir, également honorable, & pour le héros & pour les éleves qui lui rendoient cet hommage. Les Anglois nous envieront sans doute une pareille scene.

29 Août. Mémoire à consulter & consultation pour le sieur Saussaye, receveur des impositions de la ville de Paris, contre le sieur du Pasquier. Tel le titre du mémoire annoncé.

Il commence par un précis des faits qu'on y restitue dans leur vérité. Non seulement le sieur *du Pasquier* avoit donné une quittance définitive de ses appointements, mais d'une gratification pour ouvrages extraordinaires. Tout cela s'étoit passé en 1783, avant un voyage que ce commis devoit faire dans son pays. A son retour il a voulu rentrer dans les bureaux de M. *Saussaye*, chez lequel il étoit remplacé, & c'est sur son refus que le 18 juin dernier il l'a assigné en paiement d'une somme considérable.

M. *Saussaye* étant allé en campagne, après avoir rejeté des prétentions aussi absurdes, le sieur *du Pasquier* va trouver, au refus d'un premier avocat, Me. *Martin de Marivaux*, contre lequel M. *Saussaye* avoit été obligé de porter plainte autrefois ; ce qui avoit failli déjà le faire rayer du tableau. Ce jurisconsulte enfante bientôt le libelle qui l'a fait proscrire par ses confreres, mais non sans avoir fait plusieurs tentatives, afin d'effrayer la femme de M. *Saussaye* pendant son absence, en exigeant jusqu'à 50,000 liv. pour que le prétendu mémoire ne se répande pas dans le public. Rien de plus ignoble & de plus honteux pour un avocat, que le détail des différentes gradations de ce marché, suivant lequel il est réduit enfin à moins de deux mille écus.

Ensuite, M. *Sauſſaye* diſcutant article par article les plus petits détails intérieurs de ſa vie privée, y répond modeſtement & prouve que tout eſt fauſſeté ou exagération dans le récit faſtueux de ſon ennemi.

Il entre enfin dans la diſcuſſion des ſix chefs d'accuſation & les réfute complétement. Tout ce que l'on peut en inférer, c'eſt que les formes de la comptabilité pourroient être perfectionnées, & que la chambre des comptes devroit peut-être ſoumettre à la ſageſſe du roi des obſervations ſur l'inſuffiſance de ces formes.

Dans la conſultation, les juriſconſultes établiſſent parfaitement que l'accuſation intentée contre le ſieur *Sauſſaye* a tous les caracteres de la calomnie, & que les tribunaux ne peuvent punir avec trop de ſévérité le ſieur *du Paſquier*, ſon auteur, qui, ſans titre, ſans raiſon, méchamment & à deſſein de nuire, s'eſt érigé en inquiſiteur de la conduite du ſieur *Sauſſaye*.

On s'eſt étendu ſur cette affaire particuliere plus qu'on n'auroit fait, ſi elle n'étoit la matiere des entretiens de tout Paris, où un financier inculpé produit toujours une grande ſenſation.

29 *Août*. Le *mercure de France*, qui ſe tourmente ſans ceſſe pour s'améliorer, & qui, depuis ſon exiſtence, n'a pu encore parvenir, non-ſeulement à ſe perfectionner, mais à ſe faire ſupporter à un certain point, quelque métamorphoſe qu'il ait ſubie, en prend encore une nouvelle aujourd'hui. Il s'érige en *cour d'amour*. Outre l'énigme & le *logogryphe*, ſon apanage ordinaire, il propoſera auſſi de temps en temps des queſtions d'amour,

qu'on pourra rendre en quatre, six ou huit vers. Pour commencer, il en fait une très-neuve: « Lequel de ces deux malheurs est le plus cruel pour un amant, la mort ou l'infidélité de ce qu'il aime? »

30 *Août.* Extrait d'une lettre de Vienne, du 15 août.....

La liberté de conscience dans les états autrichiens a fait espérer celle de la presse. Un observateur a compté 1172 ouvrages sur ces matieres, publiés dans cette ville depuis dix-huit mois. De ce nombre 879 lui ont paru mauvais, & 293 raisonnables.

30 *Août.* On ne cesse de parler de M. *Germain Drouais*, qui n'a décidément que vingt ans & demi. Il a d'abord été éleve de M. BRENET, sous lequel il a appris la correction du dessin; mais ce professeur sage & froid s'accordoit mal avec l'enthousiasme du jeune artiste, qui est passé ensuite à l'école de M. *David*, d'un genre plus analogue au sien.

M. *Drouais* avoit concouru dès l'an passé, & son tableau auroit été certainement couronné; mais mécontent de son ouvrage, il ne voulut pas le produire & le déchira. Heureusement on en a retrouvé les morceaux, on les a recollés & l'on assure que M. *d'Angiviller* les conserve comme très-précieux, sur-tout depuis le succès de son auteur.

31 *Août.* Jesus-Christ allant du côté de *Tyr* & de *Sydon*, une femme Cananéenne vint se jeter à ses pieds & le supplia d'avoir pitié de sa fille qui étoit possédée du démon. Il ne lui répond rien. Ses disciples touchés de la douleur de cette femme, intercedent pour elle. Alors le Christ lui dit: « On ne donne point le pain des hommes aux

„ chiens. Elle repart : Il eſt vrai, Seigneur ; mais
„ on leur en laiſſe ramaſſer les miettes. Femme,
„ ajoute-t-il en ce moment, votre foi vous a ſauvée.
„ Levez-vous, allez-vous-en, vous trouverez votre
„ fille guérie. „

Tel eſt le ſujet du tableau de M. DROUAIS tiré du nouveau teſtament, *évangile ſelon ſaint Matthieu*, chap. XV.

Le jeune artiſte a choiſi l'inſtant le plus intéreſſant de cette ſcene, le plus propre à développer ſon génie par l'expreſſion des paſſions diverſes dont les acteurs ſont agités.

Le Chriſt eſt au milieu du tableau debout & dans ce calme profond qui caractériſe la divinité. Il repouſſe de la main droite la Cananéenne, à ſes pieds, à genoux, éplorée, & dans l'état du plus grand déſeſpoir. Il a le viſage tourné vers ſes diſciples, entre leſquels ſaint Pierre ſe remarque, l'intercédant vivement en faveur de la ſuppliante. Derriere la Cananéenne, eſt un grouppe de ſes concitoyers, ennemis naturels du peuple juif & indignés de ſon action. Un grouppe du côté oppoſé termine le tableau ; il eſt dans l'éloignement, & l'on le juge un aſſemblage de curieux. Le fond eſt enrichi de tous les acceſſoires les plus propres à le bien garnir, & qui annoncent les approches d'une grande ville.

Ainſi trois perſonnages éminents dans cette ſuperbe compoſition & qui fixent principalement l'attention du ſpectateur. *Jeſus Chriſt*, que le peintre a eu l'art d'annoblir, ce qui n'eſt pas commun. La *Cananéenne*, infiniment intéreſſante par la beauté de ſa figure, par ſa douleur & par ſon attitude ; enfin, le *ſaint Pierre*, vieillard vénérable, d'une nature on ne peut mieux choiſir.

& dont les instances auprès de son maître, pleines de confiance, sont accompagnées du respect convenable, sans rien perdre de leur force.

L'ordonnance répond à cette superbe composition: elle est nette, facile & tout-à-fait bien entendue. Si l'on examine ensuite les figures du côté du dessin, il est digne des maîtres les plus renommés; c'est la pureté de *le Sueur*: les pieds & les mains sur-tout sont d'une correction rare. Les draperies sont étonnantes: c'est un méchanisme de l'art, & communément le fruit d'un travail consommé, & l'on ne peut concevoir que dès son premier ouvrage, l'artiste ait acquis ce degré d'intelligence. Elle brille principalement dans les effets du clair obscur, dont il possède déjà la magie. Il est enfin coloriste, & rien d'essentiel ne manque à ce chef-d'œuvre, car la critique y a bien découvert quelques petits défauts dans plusieurs points, mais on sait que rien de ce qui sort de la main des hommes ne peut être parfait. A vingt ans & demi, qui en pourroit faire autant?

31 *Août.* Il paroît constaté que M. d'*Entrecasteaux* a été arrêté à Lisbonne le 17 juillet, comme il y débarquoit d'un bâtiment où il s'étoit introduit sous un nom étranger. Il a dû être ramené à Aix, de concert avec la cour de Portugal. Son projet étoit, dit on, de se ménager une occasion de passer en Turquie & d'y prendre le turban. Malgré la vigilance avec laquelle on a exécuté l'ordre du roi pour réclamer par-tout ce fameux coupable, on prétend que le crédit l'emportera & qu'il ne sera pas exécuté. On commence déjà par répandre le bruit qu'il n'y a pas contre lui de preuves suffisantes, bruit qui ne s'accrédite pas sans dessein.

31 *Août.* Outre le Rapport dont on a parlé concernant le *Magnétisme animal*, on vient d'en imprimer un séparé, ayant pour titre : *Rapport des Commissaires de la société royale de médecine, nommés par le Roi pour faire l'examen du Magnétisme animal,* imprimé par ordre de sa majesté : ce qui paroît multiplier les êtres, mais est la suite de la division entre la faculté & la société royale, & du refus sans doute des membres de la premiere de communiquer avec ceux de la seconde.

Ce rapport-ci, daté du 16 août, imprimé à l'imprimerie royale aussi, n'a que 39 pages *in-*4°. Il est du reste parfaitement d'accord avec le premier sur la nécessité de la proscription de la nouvelle doctrine.

1 *Septembre* 1784. M. *Tissard*, jeune officier aux gardes, est amateur des arts & des sciences ; il a des connoissances & cherche avec ardeur à les augmenter. Il s'est rendu disciple du docteur *Mesmer* & est devenu enthousiaste de sa doctrine ; qu'il s'est imaginé posséder assez pour la pouvoir exercer. En conséquence dans une terre de la comtesse de *Rouvre*, sa mere, il magnétise & attire des malades de dix lieues à la ronde. Comme il n'auroit point de lieu assez vaste dans le château pour établir le bacquet mystérieux & contenir la foule, il a pris un grand arbre dans son parc pour agent de son influence; il a attaché aux branches une infinité de cordes & de ficelles secondaires; chacun s'en adapte à l'endroit souffrant, & ce spectable seul est propre à attirer une affluence de curieux ; c'est la scene des convulsions renouvellée: le tombeau de saint *Médard* n'opéra jamais plus de merveilles, ou ne causa plus de folies. Parmi les malades qui accourent à l'arbre divin, il y a beau-

coup de pauvres & de mendiants. Ceux-ci sont hébergés pendant tout le temps du traitement dans une grange, où on leur donne du pain, de la soupe, quelques légumes & quelquefois du vin. Ce qui ne contribue pas peu à leur guérison. On fournit aussi des emplâtres aux blessés, des médicaments aux fébricitants : dans le nombre il en est sur qui ces secours operent, & l'on attribue au Mesmérisme ce qui n'est que la suite de la bonne nourriture ou des remedes ordinaires. Mais le gros public n'y regarde pas de si près, il ne discute rien & l'on crie au miracle.

Le maréchal duc de *Biron*, enchanté d'avoir dans son régiment un jeune militaire aussi charitable, aussi instruit & aussi merveilleux, en parle & le vante à tout le monde. Il a excité l'empressement de M. le comte d'Oëls, & lundi dernier 30 août il l'a mené à Beaubourg, théâtre de ses prodiges, qui n'est qu'à six lieues de Paris environ. Le docteur *Mesmer* n'a pas manqué de s'y trouver : on a magnétisé le héros ; mais il n'a rien senti. Du reste, il ne s'est point expliqué dans le canton sur sa façon de penser à cet égard ; seulement il n'a point paru fort enchanté.

1 *Septembre.* Ce qui rend le triomphe de M. *Drouais* plus brillant, c'est qu'outre le premier prix qu'il a remporté, l'académie dans son assemblée du 28 a jugé ses concurrents presque tous dignes de la couronne, & elle a multiplié ses récompenses ; en sorte qu'il y a eu deux premiers & deux seconds prix.

Louis *Gauffier*, de Rochefort, âgé de 21 ans, éleve de M. *Taraval*, a eu le premier prix, mis en réserve en 1779.

H. ij

Les deux seconds ont été accordés à Guillaume *le Thierre*, de la Guadeloupe, âgé de 24 ans, élève de M. *Doyen*, & à Louis *Riviere* de Paris, élève de M. *Suvée*.

Le sujet du prix de sculpture étoit *Joseph vendu par ses freres*. Il a été aussi traité supérieurement, au point que l'académie a également décerné un prix de plus en ce genre.

Le premier a été remporté par M. *Chaudet* de Paris, âgé de 21 ans, élève de M. *Gois*. Comme il est pauvre, son maître en parlant de son mérite au comte de *Vaudreuil*, engageoit ce seigneur à solliciter auprès de M. *d'Angiviller* un supplément de pension pour ce jeune homme. « Qu'est-il besoin » d'en parler au directeur, a répondu M. de *Vau-* » *dreuil*? ne puis-je pas le faire moi même. » Et en même temps *il est convenu d'accorder de sa bourse* 200 livres de pension à M. *Chaudet* pour chacun des quatre ans qu'il doit rester à Rome. Il en a sur le champ remis les fonds à M. *Gois*.

Les deux seconds prix de sculpture ont été décernés, l'un à Henri Victor *Rognier* de Besançon, âgé de 26 ans, élève de M. *Boizot*, & l'autre à Jean-Jacques Oger, âgé de 22 ans, élève de M. *Pajou*.

2 *Septembre*. Le neveu de M. *Taraval*, après avoir remporté en 1782 le premier prix de peinture à 16 ans & demi, vient de mourir en Italie dans les efforts d'une croissance extraordinaire. Quelqu'un, à ce sujet, disoit à M. *Gauffier*, qui a cette année obtenu le second premier prix dans le même genre: « Vous êtes délicat, ménagez-vous, n'al- » lez pas mourir aux lieux où vient de périr votre » camarade! — *Ah! n'importe*, dit-il, *il est beau de* » *mourir à Rome*. » Il faut se rappeler que ce voyage est une suite du prix.

2 *septembre.* Il paroît que d'abord le gouvernement, pour l'examen du magnétisme animal, n'avoit nommé le 12 mars dernier que quatre médecins de la faculté de Paris; les docteurs *Borie*, (qui étant mort dès le commencement des séances, a été remplacé par M. *Majault*) *Sallin*, *d'Arcet* & *Guillotin*; que ceux-ci ont demandé d'associer à leurs travaux cinq membres de l'académie des sciences, & qu'on leur a donné messieurs *le Roy*, *Bailly*, *de Bori*, *Lavoisier*, & *Franklin*, dont ils ont fait leur président. Quant aux membres de la société royale, on a vu qu'ils avoient fait bande à part. Cette commission a duré plusieurs mois & n'a fini que le 11 août dernier.

La question à décider rouloit sur l'existence & l'utilité du magnétisme animal.

Le rapport commence par une courte exposition de la doctrine du magnétisme animal, extraite des ouvrages imprimés de M. *Mesmer*. Après la théorie déduite, on en trouve l'application à l'économie animale, telle que l'a fait le docteur *Deslon*, qui s'étoit engagé à en prouver l'existence & l'utilité. Non-seulement il ne l'a pas fait au gré des commissaires, mais ces messieurs, dans un comité tenu chez M. *Franklin* le 19 juin, l'ont amené à reconnoître l'imagination pour un grand agent du magnétisme animal, & le seul suivant les commissaires, qui par des expériences multipliées, regardent comme démontré que l'imagination sans magnétisme produit des convulsions; & que le magnétisme prétendu sans l'imagination ne produit rien. Ils ont par conséquent conclu d'une voix unanime, que rien ne prouve l'existence du fluide du magnétisme animal, encore moins son utilité; que les crises dont ils ont été témoins, ne sont dues,

H 6

qu'à des causes étrangeres ; ils finissent par déclaꝛer que les attouchements, l'action répétée de l'imagination pour produire des crises peuvent être nuisibles ; que le spectacle de ses crises est également dangereux à cause de l'imitation dont la nature semble nous avoir fait une loi ; & que, ultérieurement & par une suite de cette loi, tout traitement public où les moyens du magnétisme seront employés, ne peut avoir à la longue que des effets funestes.

Tel est le résultat du rapport des commissaires qui, malgré sa longueur de 86 pages in 4°. se lit avec intérêt, à cause de l'importance de la matiere, & avec plaisir à raison des faits curieux qu'il contient. Il est d'ailleurs composé avec beaucoup de méthode & d'ordre, & écrit avec clarté, simplicité, noblesse & élégance.

3 Septembre. Les états-généraux de Bourgogne ont arrêté dans leur assemblée du vendredi 6 août que : « sur ce qu'il a été observé aux trois ordres
„ des états-généraux que le chevalier de *Charitte*,
„ capitaine des vaisseaux du roi, pendant la der-
„ niere campagne de guerre en Amérique, avoit
„ commandé le vaisseau *la Bourgogne* avec la plus
„ grande distinction : que pendant la journée du
„ 12 avril 1782, il avoit déployé la plus haute
„ valeur, les manœuvres les plus savantes & les
„ plus hardies, ayant constamment couvert de
„ son feu plusieurs des vaisseaux du roi, &
„ n'ayant quitté le combat qu'à la nuit, & que
„ sa conduite avoit inspiré tant d'estime & d'admi-
„ ration aux généraux Anglois, les lords *Rodnay*
„ & *Hood*, & à tous les officiers de l'armée enne-
„ mie, qu'ils avoient expressément chargé un
„ officier françois fait prisonnier dans cette jour-

,, née, d'aller porter leurs compliments au ca-
,, pitaine du *vaisseau noir*, ne connoissant encore
,, que la bonne conduite du chevalier de *Charitte*,
,, & ignorant son nom & celui de son vaisseau:
,, que ces compliments flatteurs lui avoient été
,, faits au Cap-François, chez le sieur de *Belle-*
,, *combe*, gouverneur de Saint-Domingue, en
,, présence des officiers de terre & de mer des
,, armées françoise & espagnole; que cet hom-
,, mage honorable & le suffrage de l'armée an-
,, gloise avoient été consignés dans la gazette de la
,, Jamaïque en date du mois de mai suivant. ,, Les
états ont décrété de charger les élus de leurs
remerciements au chevalier de *Charitte*, pour la
gloire que le vaisseau *la Bourgogne* a acquise sous
ses ordres.

3 *Septembre*. La description du traitement par
le magnétisme animal est sans doute un des
articles les plus curieux de l'ouvrage des commissaires.

Ils ont vu au milieu d'une grande salle, une
caisse circulaire, faite de bois de chêne & élevée
d'un pied ou d'un pied & demi, que l'on nomme
le *baquet* ; ce qui fait le dessus de cette caisse,
est percé d'un nombre de trous, d'où sortent des
branches de fer coudées & mobiles. Les malades
sont placés à plusieurs rangs autour du baquet & à
sa branche de fer, laquelle, au moyen du coude,
peut être appliquée directement sur la partie malade : une corde passée autour de leurs corps, les
unit les uns aux autres ; quelquefois on forme
une seconde chaîne en se communiquant par les
mains, c'est-à-dire, en appliquant le pouce
entre le pouce & l'index de son voisin : alors on
presse le pouce qu'on tient ainsi ; l'impression reçue

à la gauche, se rend par la droite, & elle circule à la ronde.

Un *piano forte* est placé dans un coin de la salle, & l'on y joue différents airs sur des mouvements variés; on y joint quelquefois la voix & le chant. Il est à observer que le docteur *Mesmer* se sert d'un *harmonica*, instrument composé de verres remplis plus ou moins d'eau, dont le son est infiniment doux, & même affadissant.

Tous ceux qui magnétisent, ont à la main une baguette de fer, longue de dix à douze pouces.

C'est par tous ces instruments ou moyens, conducteurs du magnétisme, qu'on opere & produit les crises diverses. Les uns toussent, crachent, sentent quelque légere douleur, une chaleur locale, ou une chaleur universelle, & ont des sueurs: d'autres sont agités & tourmentés par des convulsions, dont le nombre, la durée & la force sont également extraordinaires: après on tombe le plus souvent dans l'assoupissement.

Il y a une salle matelassée & destinée aux malades tourmentés des convulsions, où l'on les jette: on l'appelle *la salle des crises*.

Pendant ces convulsions, il s'établit des sympathies. On voit des malades se chercher exclusivement, & en se précipitant l'un vers l'autre, se sourire, se parler avec affection, & adoucir mutuellement leurs crises. Tous sont soumis à celui qui magnétise; ils ont beau être dans une stupeur apparente, sa voix, un regard, un signe les en retire. On ne peut s'empêcher de reconnoître, à ces effets constants, une grande puissance qui agite les malades, les maîtrise, & dont celui qui magnétise, semble être le dépositaire.

Il y a cependant des malades qui sont calmes, tranquilles & n'éprouvent rien.

Les commissaires terminent leur mémoire par une note fort longue, où ils préviennent l'objection que leur conclusion porte sur le magnétisme animal en général, au lieu de porter seulement sur le magnétisme pratiqué par M. *Deslon*.

Ils répondent également à celle que pourroit faire M. *Mesmer*, que n'ayant suivi & connu que la doctrine & la méthode de M. *Deslon* qu'il a déjà renié pour son disciple, leur proscription ne peut embrasser les siennes.

1°. Les principes de M. *Deslon* sont les mêmes que ceux renfermés dans les vingt-sept propositions que M. *Mesmer* a rendues publiques par la voie de l'impression en 1779.

2°. M. *Deslon* a été pendant plusieurs années disciple de M. *Mesmer*. Il a vu constamment pendant ce temps employer les pratiques du magnétisme animal, & les moyens de l'exciter & le diriger. M. *Deslon* a lui-même traité des malades devant M. *Mesmer* : éloigné, il a opéré les mêmes effets que M. *Mesmer*. Ensuite rapprochés l'un & l'autre, ont réuni leurs malades, & par conséquent en suivant les mêmes procédés, la méthode que suit aujourd'hui M. *Deslon* ne peut donc être que celle de M. *Mesmer*.

5 *Septembre*. La faculté de médecine de Paris, par un décret du 24 août qu'elle a publié, s'est hâtée d'adopter le rapport de ses membres dont on a rendu compte : elle les qualifie d'*illustres*; & ceux de l'académie des sciences de *doctes*; elle donne d'une voix unanime, & avec une vive satisfaction les plus grands éloges à leur travail, à leur sagacité & à leur doctrine, qui fut toujours la sienne, qu'elle n'a cessé d'enseigner & de recommander, toutes les fois qu'il a été question de

cette méthode, que plusieurs particuliers désignent sous la dénomination aussi fausse que ridicule de *Magnétisme animal*, & qu'ils avoient commencé de venter & de mettre en usage. La conclusion prononcée au nom de la faculté est signée du doyen *Pourfour du Petit*, & de six autres docteurs.

5 *Septembre*. Il s'étoit répandu que des coups de vent furieux avoient détruit les caisses coniques, coulées à Cherbourg, ainsi que celles encore sur la greve. Ce bruit étoit fort exagéré ; la mer a en effet endommagé le cône prêt à être coulé ; mais il sera facile de le raccommoder. Quant à ceux déjà placés, celui qui n'étoit rempli qu'aux deux tiers, a été jeté sur le côté, mais l'autre est resté inébranlable. Cet accident ne dérangera rien à la suite des travaux.

6 *septembre*. Extrait d'une lettre de Besançon, du 28 août.... Tandis que notre parlement crie misere, nous le laissons murmurer, & nous bénissons notre ancien commissaire départi, qui a vu terminer enfin une salle de spectacle dont il avoit voulu embellir cette ville. Il l'avoit fait ordonner par arrêt du conseil en 1776, & elle a été exécutée sous ses ordres, sur les desseins & la conduite du fameux *le Doux*, dont le nom seul fait l'éloge. Elle est d'un genre absolument neuf, bâtie en pierres, sculptée, dorée en or fin, & cependant d'un ensemble plus harmonieux, plus élégant que riche & superbe, tel qu'il convient à la province. Quoique l'artiste passe en général pour ne point épargner la dépense, il s'est piqué d'économie en cette occasion, elle ne coûte, tout compris, que 160,000 livres.

L'ouverture de cette salle, dont je laisse la description technique aux architectes, a été ménagée jusques au moment où le prince de *Condé* a honoré cette ville de sa présence ; ce seroit peut-être le cas de vous donner ici un journal des fêtes exécutées pour son altesse ; mais je hais les longs détails & d'ailleurs on en a adressé un au mercure de douze pages in-folio. Je vous y renvoie.

6 Septembre. Le sieur *Mesmer* ne se regarde pas comme battu, malgré les deux rapports faits & la foule d'ouvrages où sa doctrine est combattue & proscrite. Il a présenté au parlement une requête qu'on dit fort bien faire, où il se plaint que les commissaires ont jugé de sa doctrine par celle du sieur *Deslon*, qui ne connoît que très-imparfaitement sa maniere d'opérer ; il demande que devant tels commissaires que la cour voudra nommer, il soit procédé à l'examen du *mesmérisme*.

7 Septembre. L'académie royale des sciences a eu le bonheur de voir le samedi, 4 de ce mois, M. le comte d'*Oëls* venir assister à sa séance, où M. le marquis de *Condorcet* l'a complimenté au nom de la compagnie par un discours d'apparat d'une éloquence ferme & noble : il y a eu en outre une lecture de neuf mémoires, dont le seul curieux étoit celui de M. *Bailly* ; il contenoit des *Réflexions sur le Magnétisme animal*, matiere à la mode, ce qui la rend plus piquante. Celui de M. *le Roi* sur *l'Electricité* a pu encore intéresser l'illustre étranger.

7 Septembre. Les commissaires de la société royale de médecine pour l'examen du magnétisme animal, étoient les docteurs *Poissonnier*, *Caille*, *Mauduyt* & *Andry* : leur rapport n'est ni aussi bien écrit, ni aussi détaillé, ni aussi clair que celui des premiers commissaires ; il est plus discuté en gens de l'art.

Du reste, la société dans la séance du 14 août a adopté les conclusions du rapport en entier, & a arrêté que sa délibération à cet égard seroit adressée à tous les corps de médecins, & à tous ses associés & correspondants.

8 Septembre. La nouvelle encyclopédie trouve déjà des adversaires, & tombe dans des erreurs si palpables, que le zele des critiques s'enflamme. C'est ainsi que l'article *Espagne* a excité celui d'un sujet de ce royaume. C'est un certain abbé *Cavanilles* qui, étranger jusques alors à la littérature, ou du moins à l'art d'écrire, dans une indignation patriotique, a pris la plume & repoussé l'insulte faite à la nation Espagnole, qu'on représente comme une nation moralement paralysée. Pour mieux réfuter l'ignorant historien, il offre le tableau des richesses de l'Espagne dans la littérature, les sciences & les arts, & donne une nomenclature très-étendue, très-précieuse, & très-neuve à cet égard. Il convient que l'article auroit été bon à l'égard des Espagnols du XVIIe. siecle. On ne peut que louer la vivacité qu'il met dans cette querelle, où il venge sa patrie.

Cette réfutation excite l'empressement du public pour connoître l'auteur de l'article.

9 Septembre. Les freres *Robert* ne se découragent point : ils annoncent que vers le milieu de ce mois ils feront à Paris une nouvelle tentative pour s'élever & se diriger dans leur aérostat de Saint-Cloud. Sans doute M. le comte d'Oëls est l'objet de cette nouvelle fête, & quelque pension en sera la récompense.

9 Septembre. L'académie françoise se conformant à l'intention de l'auteur de l'églogue du *Patriarche*, ou *le vieux laboureur*, a souscrit au vœu du sieur *Demonville*, son imprimeur, qui lui a proposé de rendre public l'extrait de cet ouvrage lu dans son assemblée, & d'en laisser le bénéfice aux pauvres.

Cette compagnie, dans son assemblée du 30 août, a prolongé jusques au premier juin 1785, l'époque où les discours destinés à concourir au prix de l'éloge de d'*Alembert* doivent être remis.

9 Septembre. Un *précis historique de la vie de madame la comtesse Dubarri, avec son portrait*, imprimé dès 1774, ne nous tombe que dans le moment sous la main : ce bavardage n'est pas tout-à-fait aussi mauvais que les mémoires de la comtesse *Dubarri* dont on a parlé dans le temps : il y a quelques faits, la plupart défigurés, il est vrai, & noyés dans une foule de réflexions insipides. Le pamphlet est d'ailleurs très-écourté, n'ayant pas en tout soixante-treize pages. Ce précis est sur-tout tiré des papiers anglois, & Dieu sait combien de coq-à-l'âne il en doit résulter ! Il devient absolument nul depuis *les Anecdotes sur la comtesse Dubarri*; il ne contient rien d'exact qui ne soit dans celui-ci. Le portrait de l'héroïne qu'on voit à la tête, est ce qu'il y a de mieux. Il est parfaitement ressemblant.

10 Septembre. Extrait d'une lettre de Constantinople, du 10 août...... On aura bien de la peine à civiliser les Turcs, & à leur donner le goût du savoir & de la lecture; tout cela est trop opposé au despotisme : voici une anecdote récente, qui vous prouvera combien le gouvernement cherche au contraire à entretenir ici les peuples dans l'ignorance.

Il se faisoit à Vienne une gazette en langue grecque, pour l'usage des particuliers de cette nation, résidants dans les provinces voisines ; c'étoit une tournure adroite prise pour y faire pénétrer insensiblement quelques lumieres. Elle avoit passé jusques à Constantinople & les Turcs commençoient à la lire, lorsqu'un ordre du grand-seigneur en a prohibé l'entrée.

10 *Septembre*. Le discours prononcé par M. le marquis de *Condorcet*, secretaire de l'académie royale des sciences, à l'ouverture de la séance du 4 de ce mois, est imprimé. Il soutient à la lecture l'opinion qu'on en a conçue : c'est un éloge peut-être un peu trop emphatique de la philosophie & des philosophes. A en croire l'orateur, ce sont ceux-ci qui guident même les souverains aujourd'hui & résolvent les grandes questions intéressant le bonheur public ; il n'est pas jusqu'à l'art de la guerre qui ne leur soit soumis, & dont ils ne dirigent les opérations du fond de leur cabinet : de-là les grandes liaisons des héros avec les sages.

M. de *Condorcet*, après avoir fait voir les obligations infinies que les maîtres de la terre ont aux philosophes, disculpe ceux-ci des accusations intentées contre eux, sur-tout du reproche qu'on leur fait de méconnoître les distinctions établies dans la société, & de réserver uniquement leurs hommages aux talents & aux vertus.

Tout cela étoit préparé pour amener l'éloge du roi de Prusse & du héros présent, dans lequel il admire la réunion si rare d'une activité qui ne laisse ni perdre un instant, ni échapper une occasion, avec une sagesse consommée, qui dans la conduite d'une guerre entiere n'offre pas même l'apparence de la plus légere faute.

Le motif ultérieur du secretaire étoit de payer

encore un tribut de reconnoissance à son maître & son bienfaiteur d'*Alembert*, qui comblé des bontés du prince assistant à l'assemblée, honoré de sa familiarité eût servi mieux que lui d'interprete à l'académie, que l'illustre étranger cherche en vain dans cette foule de philosophes rassemblés & dont il ne trouve plus que les monuments de ses vertus & de son génie.

10 *Septembe*. On a donné mardi sur le théâtre lyrique pour la premiere fois un ouvrage annoncé depuis long-temps; c'est un opéra en trois actes, ayant pour titre *Diane & Endymion*. Les paroles sont de M. le chevalier de *Liroux*, grand amateur de musique, & que personne jusqu'à présent ne soupçonnoit être poëte. Quant à la musique, elle est du fameux *Piccini*. M. de *Liroux* a totalement interverti la fable connue, & n'a pas réussi pour sa part. Le musicien n'a pas eu non plus son succès ordinaire, & sauf un air applaudi avec transport, tout le reste a paru froid comme le sujet. Il y a beaucoup de ballets, qui font honneur à leur chorégraphe, le sieur *Gardel*.

11 *Septembre*. Le docteur *Mesmer* trouvant de tous côtés les accès des journaux de France fermés pour lui, a cru devoir faire imprimer sourdement sa requête pour l'envoyer à ses adeptes, avec une espece de lettre circulaire datée de Paris le 31 août 1784, où il se plaint de cette dénégation de justice qu'il éprouve de toutes parts; sous le titre de *Lettre de M. Mesmer à M. le comte de C****, qu'on croit être M. le comte de *Chatelux*, de l'académie françoise, & l'un des plus ardents enthousiastes du mesmérisme.

11 *Septembre*. Les comédiens italiens ont joué pour la premiere fois mardi dernier, *Fanfan & Colas*, comédie en un acte & en prose

tirée d'une fable de l'abbé *Aubert*, du petit nombre de celles qu'on dit excellentes. Quoi qu'il en soit, soit à raison du fond heureux, soit à raison des changements, la piece a eu un succès étonnant & fort rare à ce théâtre. On en sera moins surpris cependant, lorsqu'on saura qu'elle est de madame de *Beaunoir* & à cet enthousiasme on reconnoîtra la galanterie françoise.

11 *Septembre*. L'académie royale des sciences vient de perdre un de ses membres les plus distingués en la personne de M. de *Cassiny de Thury*, maître des comptes, & directeur de l'observatoire. Il avoit trouvé dans son zele le moyen de faire jouir, avant sa mort, la nation de la carte géographique du royaume : ouvrage important, à la perfection duquel un demi-siecle paroissoit devoir à peine suffire ; il l'avoit exécuté en moins de trente années. Il venoit de paroître sous le titre de *Description géométrique de la France*. MM. *Perronet*, *Camus*, de *Montigny*, &c. avoient été ses coopérateurs.

12 *Septembre*. Le docteur *Mesmer* dans sa *requête à nosseigneurs, nosseigneurs de parlement, en sa grand'chambre*, se plaint que les commissaires nommés pour aller constater chez le sieur *Deslon* les effets d'une découverte & d'une méthode dont il est l'inventeur, ait osé déclarer généralement que cette méthode n'existe pas, & que la méthode, employée pour en faire usage est dangereuse. Cependant, depuis que le sieur *Deslon* s'est déclaré possesseur de la doctrine du magnétisme animal, il n'a cessé de protester contre l'usage ou l'abus que ce mauvais singe pourroit en faire, notamment en trois occasions :

1°. Au mois d'octobre 1781, lorsque le sieur *Deslon*, pendant que le sieur *Mesmer* étoit absent, déclara dans une assemblée de sa faculté, qu'il opéroit sur les malades, d'après les principes du magnétisme animal, & produisant quelques guérisons qu'il disoit avoir faites en usant des procédés qui résultent de ces principes, demanda des commissaires pour vérifier ces guérisons; le sieur Mesmer écrivit le 4 octobre 1782 une lettre imprimée depuis, au docteur *Philip*, alors doyen de la faculté, pour désavouer le sieur *Deston*, comme son éleve.

2°. Le 13 Décembre 1782, à l'occasion des lettres insérées au journal de Paris où l'on s'efforçoit d'assimiler le sieur *Deston* à son maître, il écrivit & fit insérer dans le même journal une lettre où il s'attache à tracer une ligne de démarcation si invariablement déterminée, qu'il ne fût plus possible désormais de les confondre.

3°. Ayant appris que, sans égard pour les loix protectrices de la propriété, sur la demande du sieur *Deston*, solemnellement inculpé par lui, il avoit été nommé des commissaires pour aller examiner dans les traitements de ce disciple ignorant les avantages & les désavantages de la doctrine du magnétisme animal, il écrivit au mois de juin à M. *Francklin*, premier commissaire, & lui représenta dans les termes les plus énergiques combien il étoit non-seulement injuste, mais absurde d'aller former chez un sectateur qu'il désavouoit, l'opinion qu'il falloit avoir d'une doctrine dont il est l'auteur.

M. *Mesmer* a en même temps envoyé à M. le baron de *Breteuil* une copie de sa lettre à monsieur *Francklin*, afin de donner à sa réclamation toute la force & toute l'authenticité dont elle pourroit être susceptible.

En conséquence de ces protestations réitérées que le sieur *Deslon* ne connoît qu'imparfaitement sa doctrine, & qu'il est hors d'état de l'enseigner, le sieur *Mesmer* en demande acte, & attendu l'importance de sa doctrine, il supplie la cour de nommer tels messieurs qu'il lui plaira de choisir, pardevant lesquels il sera autorisé de se retirer, à l'effet de soumettre à leur examen un plan qui renfermera les seuls moyens possibles de constater infailliblement l'existence & l'utilité de sa découverte, pour, ledit plan remis à M. le procureur-général, & communiqué à la cour, être par M. le procureur-général pris les conclusions qu'il jugera convenables, & par la cour ordonné ce qu'il appartiendra.

12 Septembre. Après des audiences solemnelles, où même a assisté en partie M. le comte d'*Oëls*, qui a été complimenté par Me. *Treilhard*, qui plaidoit pour le tuteur des enfants de madame la princesse de *Guimené* contre le vicomte de *Choiseul* ; ce grand procès a été jugé le 7 de ce mois sur les conclusions de M. l'avocat-général *Seguier* & le testament de la duchesse de *Praslin* a été annullé.

12 Septembre. Il passe pour constant que la grand'chambre avant de se séparer a eu égard à la requête de M. *Mesmer*, & a nommé des commissaires afin de suivre ses traitements.

13 Septembre. Par la requête du docteur *Mesmer* il paroîtroit qu'en 1781 le roi auroit déjà nommé M. *Bochard de Saron*, président du parlement, M. le comte d'*Angiviller*, les sieurs de *Montigny* & d'*Aubenton*, de l'académie des sciences, pour suivre avec les sieurs *Berger Grandclas*, *Lorry* & *Mauduit*, médecins, le traitement des malades qui

qui feroient foumis au magnétifme animal. Il n'ajoute pas, pourquoi cette commiffion n'a pas eu lieu.

13 septembre. Vers le commencement de mars dernier, on a trouvé à quelque diftance de Caen, un jeune homme âgé d'environ dix-fept ans, parlant un idiôme qui n'a encore été ni reconnu, ni compris par aucun de ceux qui ont vu ce jeune étranger. M. *Feyeau de Brou*, intendant de Caen, crut devoir faire part de cette découverte au gouvernement, & le fit partir pour Paris le 23 du même mois, d'après les ordres qu'il reçut.

Le fieur *Larive*, comédien françois, ayant eu connoiffance de ce jeune infortuné, en parla à fa troupe : elle faifit l'occafion d'un acte de bienfaifance, & lui affura, par une délibération unanime, une penfion de 63 livres par mois.

Cet enfant devenu célèbre, a depuis été préfenté fucceffivement à tous les miniftres. Madame la duchefle de *Bourbon* a demandé qu'on le lui amenât; c'eft aujourd'hui la merveille qu'on va voir.

L'abbé *Aubert* a répandu dans fa feuille du 8 une notice très-détaillée en plus de quatre pages, petit caractere, où il entre dans les plus grands détails fur cet étranger myftérieux.

En difcutant bien les faits, les notions qu'il donne fur lui-même, & les contradictions qu'impliquent les idées qu'on en conçoit d'après fes fignes; bien des gens qui réfléchiffent & combinent, le foupçonnent un impofteur, qui fe joue du public & du gouvernement. Le temps éclaircira cette conjecture.

On le voit actuellement chez la dame *Billard*;

marchande de galons, rue Saint-Honoré, au coin de la rue du Roule.

13 *Septembre.* M. de *Fleury*, l'ex-ministre des finances, qui vivoit depuis long-temps avec Mad. de *Fontpertuis*, femme d'un conseiller au parlement, fort mauvais sujet, étant devenu libre par la mort de celui-ci de satisfaire le vœu de son cœur, l'a épousée depuis quelque temps avec toute la solemnité requise.

14 *Septembre.* Les commissaires nommés par le parlement pour examiner le remede du docteur *Mesmer*, sont les docteurs *Bouvard*, *Maloët*, *Cosnier* & *Thierry*, tous de la faculté de médecine; MM. *Tenon* & *Maret*, chirurgiens, & MM. le *Sage* & *Cadet*, chymistes. On prétend déjà que ces messieurs ne veulent pas accepter.

14 *Septembre.* A peine parle-t-on des remontrances du parlement, dans l'affaire de M. de *Noë*, quoiqu'elles soient déjà présentées. Le roi a promis de s'occuper de cette affaire. On assure seulement que ces remontrances sont très-bien faites.

Sa majesté a enfin répondu aussi à l'égard du grand-aumônier & de l'affaire des Quinze-vingts; on se flattoit que les remontrances vigoureuses de la compagnie à ce sujet auroient un meilleur sort que les précédentes; mais le roi a approuvé la conduite du cardinal de *Rohan*, & a défendu au parlement de se mêler en rien de cette querelle.

14 *Septembre.* C'est au dimanche 19 que les freres *Robert* ont fixé leur expérience, qu'ils annoncent avec une confiance extrême dans leurs moyens de direction qui consistent dans des rames. Ils parlent de leur aérostat comme modelé sur celui de Saint-Cloud, mais n'étant pas le même, & amélioré

encore dans sa configuration plus favorable à leur projet.

15 *Septembre*. Le sujet du prix d'architecture pour cette année étoit un Lazareth composé de plusieurs corps de bâtiments destinés à recevoir les personnes qui arrivent à différentes époques, à loger celles qui paroissent en santé, isolées de celles suspectées de maladies.

Il devoit y avoir des édifices pour la garnison, l'état-major, l'infirmerie & la chapelle ; des logements pour les ecclésiastiques, médecins & chirurgiens, pour la pharmacie, les cuisines & le service; enfin de vastes magasins pour le dépôt de différentes marchandises.

Les édifices principaux devoient contenir des salles, des promenoirs à couvert, plusieurs dortoirs communs, & quelques logements pour des personnes distinguées.

L'espace donné étoit de 200 toises sur 200 toises.

Pour composer ce projet en esquisse exactement arrêté, les éleves surveillés, comme on l'a déjà observé l'an passé, n'ont que douze heures. Ils n'ont d'autre préparation que la dictée, sans autre instruction & conseil que ceux donnés par le programme, & il ne leur est pas permis d'y hasarder aucune espece de changement.

C'est dans la séance du lundi 30 août, que l'académie a procédé au jugement des prix. Le premier a été donné au sieur Auguste *Hebert*, éleve de M. *Peyre* le jeune, & le second au sieur Jean-Charles-Alexandre *Moreau*, éleve de M. *Trouard*.

Il est peu d'exemples d'une pareille supériorité dans les productions des éleves d'architecture ; & les trois arts peuvent également se glorifier d'ex-

‑ellents sujets dans chaque genre. Aussi a-t-on fait les mêmes folies pour le sieur *Hebert* qu'on avoit faites pour le sieur *Drouais* & le sieur *Chaudet*. Les camarades de celui-ci, à leur tour, l'ont porté en triomphe dans la salle d'architecture. Ils l'ont ensuite couronné de lauriers, promené dans les diverses places de nos rois, puis chez MM. *Vien* & *Peyre* le jeune, qui ont été successivement ses maîtres, & enfin l'ont déposé au sein de sa famille.

15 *septembre*. Il s'est tenu le 7 de ce mois une assemblée des actionnaires de l'entreprise des eaux de Paris *par les machines* à feu, dans laquelle les administrateurs ont rendu compte des preuves signalées de la protection que le roi vient d'accorder à cette entreprise, & des moyens d'encouragement que M. le contrôleur-général a obtenus des bontés de sa majesté en faveur d'un établissement si utile aux besoins & à la salubrité de cette capitale.

Le bureau de la compagnie est chez MM. *Perier*. Du reste, il a été lu dans la séance publique de la société royale de médecine du 31 août, le jugement porté par la compagnie, d'après l'examen & le rapport de ses commissaires, sur la nature des eaux fournies par ces machines, qu'elle a déclarées très-salubres.

Les directeurs de cette machine viennent déjà d'établir dans l'un des quartiers de cette ville plusieurs bouches de regards d'eau qui s'ouvrent tous les jours, à l'effet de fournir le volume d'eau nécessaire pour former un courant rapide, qui rendra les rues plus propres & l'air plus salubre.

En conséquence ordonnance de police du 24 août, qui détermine les préparatifs nécessaires de balaiement & de déblaiement, pour laisser jaillir en liberté ces eaux & en recueillir le fruit.

15 Septembre. La bibliotheque du roi a été enrichie depuis peu de cinq manuscrits orientaux très-rares, provenant de la bibliotheque d'un M. *le Grand*, interprete du roi dans le levant pendant environ 38 ans, & mort vers le milieu de juillet. Ce don étoit d'avance consigné dans une lettre à M. *Bejot*, garde des manuscrits du roi, en date du 17 août 1779, où le défunt annonçoit ses intentions.

M. *le Grand*, du reste, étoit un savant homme, mais modeste, qui n'a fait imprimer de son vivant qu'une traduction de l'arabe, ayant pour titre: *Controverse sur la religion chrétienne & celle des mahométans*. Elle est dialoguée à la maniere de *Socrate*, raisonnant avec des sophistes.

L'original arabe, manuscrit très-rare, n'étoit point compris dans ceux légués, & a été acheté à la vente des livres de M. *le Grand*, pour la bibliotheque du roi.

16 Septembre. Extrait d'une lettre de Bordeaux, du 11 septembre.... Ce n'est que dans ce moment que je puis vous tenir une parole en vous envoyant l'arrêté que vous désirez, il est du 23 juillet.

" Ce jour, toutes les chambres assemblées,
„ pour procéder à la réception de Me. de *Cazaux*,
„ en la charge de conseiller-lai en sa cour; un
„ de messieurs a dit que le sieur *Dudon* fils étoit
„ dans la séance pour remplir les fonctions de
„ procureur-général; que c'étoit la premiere fois
„ qu'il paroissoit aux chambres assemblées; que
„ si l'on l'y laissoit sans faire un acte conserva-
„ toire, on pourroit en induire que la cour ap-

„ prouve sa réception; que dans ces circonstances
„ il lui paroît indispensable de renouveller les
„ protestations contre l'illégalité de la réception
„ du sieur *Dudon*, & notamment contre sa pré-
„ sence; que ce parti est d'autant plus néces-
„ saire qu'il servira à détruire *de fausses assertions*
„ *qu'on a cherché à répandre & qu'on a eu l'in-*
„ *décence de faire consigner dans les papiers pu-*
„ *blics.* „

M. le premier président, ainsi que les autres messieurs qui ne connoissent pas des affaires du sieur *Dudon*, s'étant retirés, il y a eu délibération.

" La cour a renouvellé ses protestations contre
„ la réception du sieur *Dudon*, & notamment
„ contre sa présence en la cour, & néanmoins
„ par les mêmes motifs qui ont porté la cour à
„ statuer sur les conclusions par écrit du sieur
„ *Dudon*, & espérant toujours de la justice &
„ de la bonté du seigneur roi qu'il répondra fa-
„ vorablement aux remontrances que le parlement
„ a eu l'honneur de lui adresser à ce sujet, &
„ sans entendre nullement reconnoître la récep-
„ tion dudit sieur *Dudon*, il a été décidé qu'il
„ sera tout de suite procédé à la réception de
„ M. de *Cazaux*, sur les conclusions du sieur
„ *Dudon fils.* „

Je sais qu'on a fait passer à M. *Luzac*, qui dirige si judicieusement la gazette de Leyde, cet acte conservatoire & fait pour le venger, en lui prouvant que les remontrances, sinon unanimes, avoient, suivant l'usage, passé à la pluralité, & par conséquent étoient le vœu de la compagnie.....

16 *septembre.* On assure que les remontrances dans l'affaire de M. de *Noë*, sont de la plus

grande force; on les dit imprimées, mais très-rares.

On veut que les remontrances concernant l'affaire des Quinze-vingts en amenent de plus vives; que tout cela soit concerté pour éclairer la religion du roi & sur-tout de la reine, qui protege, dit-on, le cardinal, & qu'au fond il soit joué.

On ne regarde pas non plus comme finie l'affaire des bénédictins: outre que le parlement persiste à vouloir juger l'appel comme d'abus, c'est que le conseil lui-même est fort embarrassé sur la maniere de la terminer, ou de replâtrer du moins toutes les sottises qu'il a fait faire, & le nouveau régime, si cela ne se peut autrement, tôt ou tard sera sacrifié.

17 *Septembre*. On sait aujourd'hui que l'auteur de la piece du *vieux Laboureur*, qui a si fort intéressé le public à la séance de l'académie françoise le jour de la saint Louis, est dom *Gerard*, religieux de l'abbaye des Trois-Fontaines, ordre de Cîteaux. Il étoit bibliothécaire de sa maison, & en effet est mort. Il cultivoit avec succès les mathématiques, la physique, l'astronomie; il avoit des connoissances très-étendues dans l'histoire & la géographie. Il a laissé un poëme manuscrit en sept ou huit chants sur *l'humanité*. On assure que cette piece est remplie de beautés & de fautes, comme la premiere. Il étoit d'une santé misérable; le sommeil lui étoit à-peu-près inconnu depuis vingt ans. Il se promenoit presque toutes les nuits dans un vaste corridor & composoit au milieu de ses souffrances. Quoique né d'une famille honnête du Barrois, il n'avoit été élevé qu'au milieu des forêts, & s'étoit formé lui-même. Ceux qui le connoissoient, disent un

bien infini de son caractere ; ils exaltent sa modestie, sa douceur, sa bienfaisance. Ils font regretter infiniment de n'avoir pas connu cet homme de lettres, ce savant, ce philosophe, dont le cœur valoit encore mieux que l'esprit.

17 Septembre. Les arts viennent de perdre monsieur *l'Epicié*, peintre du roi, professeur en son académie de peinture & de sculpture, dont nous avons plusieurs fois entretenu le public, & le sieur *Caprou*, ancien premier violon du concert spirituel qui y brilloit autrefois, & avoit épousé la niece de *Piron*.

17 Septembre. Le nouveau prévôt des marchands paroît avoir le désir de se signaler dès le commencement de son administration municipale : il a déterminé M. le baron de *Breteuil*, comme secretaire d'état au département de Paris, & M. de *Calonne*, contrôleur-général, comme dispensateur des fonds, à visiter avec lui les halles aux grains & aux farines, celles aux fruits & légumes, celle au poisson, celle aux draps & toiles, & la nouvelle qu'on construit dans l'ancien emplacement de la comédie italienne, destinée aux dépôt & vente des cuirs. Ils étoient accompagnés de tous les gens de l'art nécessaires, & l'on s'est occupé des moyens de procurer plus de salubrité & d'air dans le quartier où sont réunies toutes ces halles, le plus peuplé en même temps & le plus fréquenté de Paris, dont il occupe le centre.

17 Septembre. Une piece intitulée le *Bienfait anonyme*, jouée l'année derniere avec un succès très-équivoque, ou plutôt absolument tombée, a reparu depuis avec des changements qui lui ont réconcilié le public. Quoiqu'elle ne soit encore que très-médiocre, elle alloit comme tant d'autres,

On a dit alors qu'elle rouloit sur un des beaux traits de la vie de *Montesquieu*, ignoré de sa propre famille, & que le hasard fit découvrir il y a quelque temps.

Les comédiens françois informés que M. le baron de *Secondat*, le fils de ce grand homme, étoit à Paris, députerent la semaine derniere deux acteurs de leur troupe pour l'inviter à assister à la septieme représentation indiquée au samedi 12 de ce mois.

Sa présence réveilla merveilleusement & les acteurs qui jouerent avec une chaleur prodigieuse, & le public, dont l'enthousiasme s'exalta au plus haut degré. Cette petite charlatanerie fit monter la piece aux nues, & dans ce moment d'effervescence elle peut être poussée fort loin.

18 Septembre. La piece de *Fanfan & Colas* est dans le genre bourgeois, ce que *la comtesse de Givry* est dans le genre héroïque ; mais uniquement consacrée à l'excellente moralité qui en doit résulter pour la correction d'un enfant gâté ; elle offre une suite continue de tableaux naïfs & touchants, de scenes pathétiques qui attachent & attendrissent jusqu'aux larmes le grand nombre des spectateurs. Deux jeunes garçons en sont les principaux héros, & en forment les contrastes charmants : ces rôles sont remplis par deux actrices, Mlle. *Carline* & Mad. *Raymond*. La premiere a plu singuliérement par l'aimable gaucherie qu'elle a mise dans le rôle de *Colas*, & la seconde par les nuances fines de celui de *Fanfan*. On conçoit que ce dernier est l'enfant gâté ; au moment de sa résipiscence elle s'est trouvée mal réellement hier à la quatrieme représentation. Il a fallu l'emporter du théâtre, ce qui a fait connoître au public que ce n'étoit plus un jeu. Il a attendu patiemment qu'elle fût en état de reprendre; mais on est venu annoncer que cela ne sera pas possible : le parterre cependant n'a pas voulu sortir qu'il n'eût eu de meilleures nouvelles; & ce n'est que lorsqu'on lui a appris que Mad. *Raymond* étoit en état d'être transportée chez elle, qu'il a vuidé la salle sans murmure, quoique la comédie n'ait pu être finie.

18 *Septembre*. Depuis long-temps on parloit d'une parodie du *Mariage de Figaro* à jouer par les Italiens. Il paroît qu'en effet il leur en a été présentée une, sous le titre de *la folle Soirée*, le 14 juillet dernier; mais les personnalités dont elle est remplie, en ont fait proscrire la représentation. On assure que c'est un cadre piquant, où l'auteur, qu'on ne nomme point encore, a fait mouvoir tout ce qu'il a trouvé de répréhensible dans l'ouvrage critiqué.

18 *Septembre*. Il a débuté hier à l'opéra une Dlle. *Dozon*, dans le rôle de *Chimene* : c'est le premier sujet sorti de la nouvelle école, qu'a instituée pour le théâtre lyrique M. le baron de *Breteuil*. Elle a été formée au chant par le sieur *Laïs* & à la déclamation par le sieur *Molé* : à en juger sur un tel essai, cette école sera d'une grande utilité. A une excellente prononciation Mlle. *Dozon* joint déjà beaucoup de méthode, du goût & une sensibilité rare... Elle a eu le plus grand succès, & depuis Mlle. *Arnoux* & Mad. *Cohendé*, on n'en a point vu d'aussi brillant. Il est à remarquer qu'elle n'avoit encore joué nulle part; ce qui augmente l'admiration.

19 *Septembre*. Extrait d'une lettre de Montreuil sur mer, du 14 septembre.... Puisque les charades

font si à la mode dans votre capitale, ce que je juge par les journaux qui en sont remplis, vous ne devez pas être étonné qu'on s'en amuse en province. En voici une charmante & très-juste d'une petite demoiselle, fille de M. de *Boisrobert*, chevalier de Saint-Louis; qui, faisant lui-même très-bien des vers, en a inspiré le goût à la jeune personne :

De mon premier crains le dommage,
Et cache mon second le plus qu'il se pourra ;
Et si mon tout est ton partage,
Je plains l'objet qui t'aimera.

Vous trouverez mon éloge placé, quand vous saurez le mot qui est *volage*.

19 *Septembre*. On confirme que le coup de vent éprouvé à Cherbourg vers le 15 d'août si violent qu'on ne se ressouvient pas d'en avoir ressenti de semblable, même aux équinoxes, n'a fait qu'endommager un peu la seconde caisse coulée, non encore entièrement achevée, & encore plus la troisième qui étoit sur le rivage, mais sans nuire en rien à la première totalement remplie ; ce qui confirme l'excellence du projet. M. le maréchal de *Castries* qui, en sa qualité de ministre de la marine, a visité les travaux de ce port, en a été extrêmement satisfait.

Cette grande entreprise sera certainement continuée : on ne coulera plus de caisses cette année, & on ne fera que préparer dans différents endroits celles qu'on voudra placer le printemps & l'été prochain. Quand il y en aura dix à douze de coulées, on est bien assuré qu'elles seront capables de résister à tous les efforts.

On travaille auſſi avec la même ardeur à rétablir tous les mouillages de la Manche, ſur les côtes de Normandie & de Picardie. Plus de ſept mille hommes ſont occupés au port du Havre, qui dans deux ans ſera en état de recevoir des vaiſſeaux de cinquante canons. A Honfleur & à Dieppe, il en entrera d'un tonnage plus grand que ceux qui y ſont arrivés juſques à préſent.

19 *Septembre.* L'expérience des freres *Robert* a eu lieu aujourd'hui dans le jardin des Tuileries, où il n'y avoit pas à beaucoup près la foule qu'on y vit l'an paſſé le premier décembre à celle de M. *Charles.* Le public laſſé d'être dupe & ſachant qu'on voit auſſi bien en dehors qu'en dedans, s'étoit répandu dans les environs du jardin.

Le ſieur *Valet* avoit rempli le ſamedi la *Caroline* avec un appareil fort ingénieux & de la plus grande ſimplicité, de maniere que l'opération n'avoit duré que trois heures.

Après les ſignaux donnés, le ballon a été conduit de la grande allée à l'Eſtrade, conſtruite ſur le baſſin qui fait face au château. Les quatre cordes ont été tenues par le maréchal de *Richelieu*, le maréchal de *Biron*, le bailli de *Suffren* & le duc de *Chaulnes*.

Meſſieurs *Robert* freres ſont montés dans leur char à midi, avec le ſieur *Colin-hullin*, leur beau-frere & le troiſieme voyageur.

Du reſte, on ne ſait où ils ont été deſcendre; mais ils n'ont paru tenir aucunes des promeſſes qu'ils avoient faites ſur leur maniere de ſe diriger, ils avoient bien des ailes en forme de paraſol qui ont ſervi à les faire pirouetter ſur eux-mêmes, ſans qu'ils aient jamais pu ſe ſouſtraire à la direction du vent.

20 *Septembre*. L'empereur vient de défendre les contrefactions de livres imprimés dans ses états; il permet, au contraire, celle de livres étrangers.

20 *Septembre*. L'affaire de madame la marquise de *Cabris* la jeune, contre la dame de *Lombard*, marquise douairiere de *Cabris*, occasionne toujours de nouveaux mémoires. On en compte déjà trois de celle-ci. Il en paroît un récent de la premiere en réponse au dernier, suivi d'une consultation de Me. de Beau-séjour, son avocat, en date du 26 juillet. Ce *factum* n'est précieux que par des éclaircissements plus amples qu'il contient sur son frere le comte de *Mirabeau*, à l'égard de qui tout intéresse.

20 *Septembre*. Extrait d'une lettre de Francfort, du 3 septembre.... L'ex-jésuite *Frank*, confesseur de l'électeur Palatin, vient de prêcher publiquement à Munich contre les franc-maçons, dont il y a plusieurs branches ou systêmes dans cette ville. Dans le sermon ils étoient désignés sous le nom de *Judas d'aujourd'hui*, & la division de ce morceau d'éloquence étoit *Judas le traître*, *Judas le pendu*, *Judas le damné*. Vous voyez que la philosophie & le bon goût n'ont pas encore fait de grands progrès dans ces contrées....

21 *Septembre*. L'ordre des avocats, avant de se séparer, a prononcé définitivement sur le sort de Me. *Prévôt de Saint-Lucien*. Comme il est venu à résipiscence, qu'il a avoué sa faute & imploré l'indulgence de ses confreres, on en a usé à son égard, & il n'a été interdit que pour trois mois; punition qui devient nulle, puisqu'elle commence précisément au temps des vacances.

Au contraire, Me. *Martin de Marivaux*,

quoiqu'il ait déclaré ne plus vouloir exercer la profession d'avocat, a affecté d'adresser depuis cette déclaration à tous ses confreres deux nouveaux mémoires signés de lui, très-violents contre M. *Saussaye*, dans la même affaire, objet de la dénonciation faite à l'ordre contre ce membre calomniateur.

21 *Septembre*. La composition de la thériaque dite d'*Andromaque*, nom de son inventeur, médecin de *Néron*, qui en a le premier administré à cet empereur, est un spectacle curieux pour les amateurs d'histoire naturelle & de chymie, d'autant plus qu'il est rare & ne se renouvelle que tous les six ou sept ans. Il a lieu au college de pharmacie, où se rassemblent tous les apothicaires de Paris. L'ouverture s'en fait avec beaucoup d'appareil.

Le lundi 13 de ce mois, M. le lieutenant-général de police, M. le procureur du roi, des députés de la faculté de médecine au nombre de dix, s'y sont rendus pour assister à l'ouverture, qui est précédée, accompagnée, & suivie de discours.

Sur plusieurs tables longues l'on voit sous des bocaux les soixante cinq drogues entrant dans la composition de ce remede, dont quelques-unes très-cheres. Pendant quinze jours de suite que dure cette élaboration, on recommence la démonstration qui est publique autant de fois.

C'est de-là que tous les apothicaires de Paris & de France tirent la *Thériaque* dont ils font le débit; & quand elle est sur le point de finir, on recommence la même opération, avec la même pompe.

22 *Septembre*. M. le baron de *Breteuil* voulant absolument que l'opéra ne soit plus à charge au roi, a imaginé de rendre ses tributaires les autres spectacles, ou plutôt d'augmenter le tribut qu'il

lui payoient déjà. La comédie italienne qui ne lui donnoit que 30,000 livres, en donnera 40,000 livres. Les *Variétés amusantes* & l'*Ambigu comique*, n'ayant pas voulu consentir à l'arrangement nouveau, leurs directeurs sont dépossédés, & ces deux spectacles sont réunis dans la main de deux nouveaux, qui offrent ensemble 65,000 liv. Les autres spectacles & même ceux de province seront taxés à proportion.

22 *Septembre*. M. l'Abbé *Baudeau*, intrigant avide de faire parler de lui, a imaginé, on ne sait trop pourquoi, d'exciter le zele de quelques bons citoyens, & s'est fait décharger de recevoir leur argent pour une souscription dont l'objet est d'élever un cénotaphe à tous les braves militaires qui n'ont eu, dans la derniere guerre, que les flots pour sépulture. Il doit faire les démarches auprès du ministre pour obtenir son agrément, demander & rassembler les projets & les devis des artistes, entre lesquels il sera établi un concours, soit pour la beauté du dessin, soit pour le rabais du prix.

Il s'agit au fond d'une grande table de bronze, qui contiendra les noms, surnoms, qualités & grades militaires des officiers tués à la mer, accompagnés d'accessoires en marbre qui doivent caractériser ce monument.

22 *Septembre*. On lisoit aujourd'hui place des Victoires, sur la porte de MM. *Robert* dont on étoit fort inquiet, le bulletin suivant.

« Les freres Robert sont arrivés le même jour
„ de leur départ au château de Beuvry, près Be-
„ thume, chez M. le prince de *Chistelles*, à 6 heures
„ 40 minutes de l'après midi, à 50 lieues envi-
„ ron de Paris. Ils sont descendus très-doucement

,, & fans accident. ,, Au bas l'on avoit ajouté ces deux mauvais vers :

A présent on peut croire à Médée, à Jason,
Graces aux deux *Robert* étonnant la raison.

22 *Septembre*. La faculté de médecine de Paris, depuis les deux rapports authentiques concernant le magnétisme animal, cessant d'user d'indulgence envers le docteur *Deslon*, a prononcé irrévocablement sur le sort de ce membre réfractaire, & a rendu le troisieme & dernier décret de radiation contre lui.

23 *Septembre*. Messieurs *Robert* avec leur beaufrere sont arrivés hier à Paris, & ont rapporté le procès-verbal de leur descente parfaitement conforme à ce qu'on en a dit.

Par un concours de circonstances singulieres, M. le prince de *Chistelles*, qui vraisemblablement est aussi un peu physicien, venoit de donner le dimanche 19 le spectacle d'un aérostat à ses vassaux, lorsqu'ils ont vu paroître la *Robertine* : c'est ainsi qu'on nomme la machine de MM. *Robert* d'une configuration nouvelle. On les a invités de descendre : l'approche d'un moulin ayant paru les gêner, ils ont fait agir des machines en forme de rames & ont décrit un quart de cercle pour tomber au milieu de la plaine. L'embarras de leur machine les a obligés de la vuider pour entrer au château.

23 *Septembre*. L'académie royale des sciences vient de perdre encore un de ses membres en la personne du comte de *Milly*. Il étoit premier lieutenant honoraire des Suisses de la garde de *Monsieur* frere du roi, mestre-de-camp de dragons & che-

valier de l'ordre royal & militaire de Saint-Louis. Du reste, c'étoit un médiocre savant & un pauvre homme.

23 *Septembre*. Dans l'extrait du registre des scellés apposés dans la ville, fauxbourgs & banlieue de Paris, après décès, on a été surpris de trouver au Journal de Paris du lundi 20 : " Le 17, révo-
,, cation de procuration donnée par M. *Pierre-Au-*
,, *gustin Caron de Beaumarchais*, au sieur *Claude-*
,, *Vincent Cantini*, chef de ses Bureaux & son
,, Caissier. ,,

Beaucoup de gens ont regardé seulement cette annonce comme l'effet d'une petite gloriole de ce parvenu, bien aise de faire voir qu'il avoit un chef de bureaux ; mais des gens plus fins soupçonnent que c'est un préliminaire pour ne pas tenir son engagement de fournir sans autre délai cette automne à ses souscripteurs les Œuvres de *Voltaire*, dont, indépendamment des belles éditions annoncées en 1780, il a depuis répandu les *prospectus* de huit autres éditions de tout prix, toute espece, tout format ; ce qui lui a fait toucher encore beaucoup d'argent. Harcelé de différents côtés, on dit qu'il répand déjà le bruit que ce caissier l'a volé & a mangé l'argent des souscripteurs.

24 *Septembre*. En vertu des projets de salubrité, de propreté & d'embellissement de Paris, sur lesquels se sont conciliés M. le Baron de *Breteuil*, le lieutenant de police & le nouveau prévôt des marchands, il a été dressé des lettres-patentes du roi, données à Versailles le 21 août & enrégistrées au parlement le 3 septembre, dont l'objet est de construire une autre *Halle à la marée & à la saline*, sur le terrain appellé *la Cour des Miracles*, aux petits *Carreaux & environs*.

En conséquence la halle actuelle de cette espèce, avec les bâtiments, les échoppes & autres accessoires en dépendants, seront supprimés & démolis; elle servira de halle à la vente en gros des denrées & comestibles, qui se vendoient rue de la Feronnerie & aux environs, & gênoient & infectoient tout ce canton; & la halle au bled ancienne servira à la vente en détail.

Au milieu de celle-ci, il sera construit une fontaine.

24 *Septembre*. On a imprimé l'*Exposé des expériences qui ont été faites pour l'examen du magnétisme animal*, lu à l'académie des sciences, (en présence de M. le comte d'*Oëls*) par M. *Bailly*, en son nom & au nom de MM. *Franklin*, *le Roi*, *de Borry*, *Lavoisier*, le 4 septembre 1784.

Ce mémoire, dans lequel l'auteur expose avec beaucoup de clarté & de méthode les vues qui ont dirigé les recherches des examinateurs & les résultats que leurs travaux ont produits, est en outre un morceau d'éloquence remarquable, où il peint avec la plus vive énergie le pouvoir de l'imagination; on y retrouve un savant écrivain, digne, en même temps, d'être membre de l'académie françoise, qui a amené fort adroitement l'éloge du prince devant lequel il parloit.

25 *Septembre*. On continue de visiter le *donjon de Vincennes*, cette prison royale qui depuis six cents ans qu'elle existe, voit pour la première fois une foule de curieux la parcourir en liberté. Elle ne désemplit point de monde. Lors de la fête du lieu, un spéculateur en finance offrit à celui qui la montre deux cents écus des petits bénéfices que lui vaudroit la générosité du public ce jour-là seul: celui-ci refusa le marché.

On y remarque d'abord les chambres des prisonniers, sauf les cachots où l'on ne pénetre point, au nombre de dix-huit ; elles deviendroient amusantes ou du moins intéressantes, si les murailles pouvoient y parler, c'est-à-dire, si l'on y pouvoit lire tout ce que les prisonniers ont écrit en différents temps ; mais tout cela est biffé & effacé. On y trouve cependant encore des noms étrangers, qui annoncent que ces chambres n'ont pas toujours été occupées par des François.

Dans ces chambres ne sont point comprises les pieces du milieu, servant de passage pour aller au quatre tours qui flanquent le corps de logis principal, & de promenade aux prisonniers alternativement.

De ces vastes pieces ou galetas, l'une étoit la cuisine autrefois, la seconde paroît avoir été la chambre de la question. On y voit encore à côté de la cheminée un siege de pierre, où le prisonnier étoit assis, & deux anneaux de fer scellés dans la muraille & servant à l'attacher au besoin. Une autre est renommée comme ayant recelé dans son sein le grand *Condé*.

De la cuisine on passe dans une espece de cachot à rez-de-chaussée, qui fait frémir : à la lueur du jour qui y pénetre foiblement, on découvre contre la muraille un lit de pierre creusé, où l'on jetoit un peu de paille, sur laquelle couchoit la malheureuse victime qu'il renfermoit. Des anneaux de fer se correspondant en dessus & en dessous, indiquent que leur usage devoit être de le garrotter. A ses pieds, & de suite se voit une lunette pour ses besoins, le seul endroit de ce cachot où ses liens lui permettoient de s'étendre.

Le donjon proprement dit, espece de lanterne très-étroite au sommet de la tour, est encore remarquable par la chaleur brûlante & le froid rigoureux qu'y devoit éprouver tour-à-tour celui qui l'habitoit.

Du reste, la plupart des chambres sont moins grandes que celles de la Bastille, mais plus gaies, presque toutes jouissant du soleil & d'une vue plus agréable, à mesure qu'elles sont plus élevées.

Une chapelle étoit essentielle en pareil lieu : on y pénetre par trois cellules, toutes fermées d'une double porte, dans chacune desquelles se plaçoit un prisonnier. La chambre même de l'aumônier inspire la tristesse. On lit au-dessus *Carcer Sacerdotis*. Ce qui paroîtroit annoncer que tant qu'il exerçoit cette fonction, il ne pouvoit communiquer au dehors.

L'escalier à noyau, fort étroit, composé de marches hautes, & à chaque étage intercepté par des portes très-rigoureusement fermées, a deux cents soixante-cinq marches. Il conduit à une plate-forme d'un travail superbe par sa propreté & par sa solidité, où l'on jouit d'une vue immense & d'une variété délicieuse, qui fait oublier toutes les horreurs par où l'on a passé.

25 Septembre. Le *Barbier de Seville* a été traduit en italien & ajusté en opéra comique, de façon que le fameux *Paesiello* y a adapté une musique de sa composition. M. *Framery*, en possession d'enrichir la comédie italienne de ces ouvrages étrangers, a de nouveau parodié celui-ci en françois, de façon à nous faire jouir de la musique. C'est dans cet état qu'il a été joué à la cour, mais avec un succès médiocre ; en sorte que les Italiens en sont peu engoués : d'ailleurs les comédiens françois s'opposent à la représentation d'un ouvrage qui leur appartient, où il y a peu de changements, & où le parodiste a souvent conservé le texte original.

26 Septembre. La chambre des vacations, dès le 10 septembre, s'est hâtée de rendre un arrêt qui supprime *Très-humbles & très-respectueuses Remontrances du Parlement de Paris à l'occasion de la procédure suivie & des jugements rendus par les Maréchaux de France, contre le vicomte de Noë, Maire de Bordeaux.*

Cet arrêt, suivant le but du dénonciateur, a appris au public que ces remontrances étoient imprimées, & elles en deviennent très-recherchées.

26 Septembre. Vers le milieu du mois d'août les sieurs *Desennes*, libraires au Palais-Royal, & *Jobard*, marchand de livres, furent arrêtés comme accusés d'avoir vendu *le Diable dans un bénitier.* D'après les perquisitions faites chez eux par les commissaires *Chenon* pere & fils, le 17 août, ils ont été convaincus d'avoir fait le commerce de livres prohibés : en conséquence un arrêt du conseil, du 4 août, interdit le premier dans ses fonctions de libraire à Paris, & déclare le second incapable de les exercer nulle part dans le royaume & d'être reçu libraire. Tous deux sont en même temps condamnés à une amende de 1000 livres chacun. Quoique leur ordre de liberté soit expédié aujourd'hui, ils sont écroué à l'hôtel de la Force pour cette amende, & ne pourront sortir qu'ils n'y aient satisfait.

26 Septembre. Le sieur *Racot Grandval*, ancien acteur de la comédie françoise, qui avoit eu dans son temps beaucoup de réputation, vient de mourir âgé d'environ soixante-treize à soixante-quatorze ans.

27 Septembre. Dans ce renouvellement de fureur pour les ballons, on est sans doute surpris de ne point voir figurer M. *Charles* & de n'en plus entendre parler. On en donnoit pour raison qu'il étoit devenu fou, & malheureusement ce bruit qui court depuis plusieurs mois n'est que trop vrai. On ne désespere pourtant pas de sa guérison.

Cet accident a sans doute rallenti le projet qu'on avoit annoncé de lui élever un monument sur le bassin des Tuileries. L'amour-propre de ce navigateur aérien y avoit d'abord mis un obstacle par la difficulté qu'il avoit élevée au sujet de M. de *Montgolfier*, dont le nom étoit inscrit sur l'esquisse avant le sien. Dans l'intervalle on a fait rougir le gouvernement de la puérilité d'un pareil trophée, & il n'en est plus du tout question.

27 Septembre. Le lundi 13 septembre, il s'est présenté à l'assemblée de la comédie françoise quatre concurrents, tous quatre ayant composé une piece pour célébrer la centenaire de *Corneille*, mort en 1684. On parle d'une de ces pieces d'un jeune homme de vingt ans, qui a été reçue par acclamation & avec transport. Plusieurs des membres du comité comique ont présumé que le jeune homme de vingt ans n'étoit que le prête-nom du sieur de *la Harpe*, tant ils ont trouvé de beaux vers dans l'ouvrage; mais on sait qu'il faut se défier du jugement de ces histrions.

27 Septembre. M. l'abbé *Mical* continue à montrer au public ses deux têtes parlantes : mais comme il n'est point intrigant, qu'il est isolé, sans parti formé, sans cabale, qu'il n'a point soudoyé de prôneurs, qu'il n'a point capté la bienveillance des journalistes, on parle peu de cette méchanique, l'admiration générale des physiciens. En effet, quelqu'imparfaite que soit encore sa machine, celui-ci a résolu le problème que depuis *Archimede* jusques à *Vaucanson* l'on avoit jugé insoluble.

Ces deux têtes sont de grandeur naturelle, très-bien faites ; elles sont dorées, ce qui est de mauvais goût. On les voit à côté l'une de l'autre sur une espece de petit théâtre, au bas duquel est à découvert le buffet de tous les ressorts qui les font mouvoir au moyen d'une manivelle. Dans les quatre phrases qu'elles articulent successivement & en imitant à l'extérieur le mouvement des levres, il est des mots qu'elles ne prononcent pas parfaitement, des lettres qu'elles mangent en entier; leur son de voix est rauque, leur articulation lente ; & malgré tous ces défauts, elles en disent assez pour qu'on ne puisse se refuser à leur accorder le don de la parole.

Le pourtour de la scene, qui se passe sous un riche baldaquin supporté par quatre colonnes, est très-décoré.

C'est M. l'abbé *Mical* qui a travaillé de ses mains tous les détails de son superbe ouvrage. Il avoit autrefois composé deux figures d'*Annette* & *Lubin* jouant de la flûte & pouvant exécuter pendant 24 heures de suite des morceaux de musique toujours variés. On lui a fait un scrupule de ces figures nues, &, contre l'ordinaire, ce savant méchanicien a brisé son ouvrage, objet de scandale. On en voit encore des débris au pied de son nouveau spectacle.

On ne conçoit pas comment M. le comte de *Haga*, pendant son séjour dans cette capitale, n'a pas daigné visiter M. l'abbé *Mical* & son cabinet;

ce spectacle étoit bien digne d'attirer la curiosité d'un prince aussi instruit, aussi ami des arts & aussi avide de voir & de connoître.

L'académie des sciences fait un si grand cas de M. l'abbé *Mical*, que le 19 septembre de l'année derniere, jour de l'expérience de la mongolfiere lancée en présence du roi à Versailles, cette compagnie ayant été invitée de s'y trouver par députation, les six députés voulurent avoir avec eux cet abbé, l'introduisirent au milieu d'eux dans le cabinet du roi, & sa majesté ayant demandé quel il étoit, on lui dit que c'étoit l'auteur des têtes parlantes.

28 Septembre. Le sieur de BEAUMARCHAIS accoutumé à mystifier le public, avoit poussé l'audace jusques à s'ériger en bienfaiteur de l'humanité & proposé une institution patriotique en faveur des pauvres meres nourrices dont il se faisoit le chef. Il devoit y employer tout son *Figaro*. La lettre contenant ses idées, très-obscure comme tout ce qu'il compose, inserée au Journal de Paris du 15 août, n'avoit pas produit tout l'enthousiasme qu'il espéroit, & encore moins l'argent des souscripteurs dont il s'offroit d'être le banquier. On en avoit ri dans le public, & son plan de bienfaisance prétendue étoit oublié. Il ne lâche pas volontiers prise. Il annonce aujourd'hui que, sur l'invitation faite aux comédiens françois par l'auteur du *Mariage de Figaro* & accepté par eux avec empressement; la cinquantieme représentation de cette piece sera donnée le samedi 2 octobre au profit des pauvres meres qui nourrissent suivant le projet annoncé. Du reste, il promet aux personnes généreuses qui voudront bien se faire connoître en réunissant leurs bienfaits au prix rigoureux du spectacle

spectacle, qu'elles seront inscrites au nombre des bienfaiteurs de son association.

On conçoit facilement que le but du sieur de *Beaumarchais*, qui au fond s'embarrasse fort peu des pauvres meres nourrices, de leur marmots & de l'humanité souffrante entiere, a regardé ce moyen comme un véhicule pour ramener le public à sa piece qui commence à foiblir un peu du côté de la recette. Beaucoup de gens s'imaginent qu'il y joindra quelque scene, au moins quelques couplets relatifs à la nouvelle circonstance, & la fureur recommence en effet pour retenir des loges.

28 septembre Le docteur *Mittié*, membre de la faculté de médecine de Paris, ayant oui chanter une gouvernante dont il venoit de faire l'acquisition, fut si émerveillé de sa voix, qu'il voulut la faire entendre des gens de l'art & instruire de façon à pouvoir entrer à l'opéra : elle s'y refuse, sous prétexte qu'elle est trop âgée ; mais lui annonce qu'elle a une sœur beaucoup plus jeune & dont l'organe est encore plus beau. Elle lui propose de la faire venir de son village. Le docteur y consent, & ce sujet rare en effet est Mlle. *Dozon*, qui en quinze mois a appris à parler, à marcher, à déclamer, à chanter & fait l'étonnement des connoisseurs, quoiqu'elle ne soit pas aussi merveilleuse qu'on l'avoit annoncée ; elle est maigre, petite, laide, noire, mais ne manque point de physionomie sur la scene, & a d'ailleurs une intelligence, une sensibilité qui doit la rendre bientôt la premiere actrice du théâtre lyrique, d'autant plus qu'elle est fort jeune, puisqu'elle n'a que dix-sept ans. Elle a déjà par-dessus madame *St. Huberty*, qui prononce fort mal, une articulation nette, de maniere qu'on ne perd pas un mot de ce qu'elle chante : elle a beaucoup de mémoire & apprend actuellement des rôles dans sept opéra différents. Ce qui lui doit promettre des succès soutenus, c'est qu'elle aime beaucoup son talent & jusques à présent s'y livre toute entiere. Elle a continué dimanche pour la seconde fois son début, retardé par une indisposition légere.

39 Septembre. Messieurs les chevaliers de *Seine* & de *Forges*, dont on ne parloit plus depuis leur espece de capitulation, suivant laquelle ils avoient été soustraits au supplice qu'ils s'étoient mis dans le cas de subir, reviennent de nouveau sur la scene, & ont donné cette nuit une alarme plus vive que la premiere fois.

Par une indulgence extrême, ces deux gendarmes transférés à la prison de la conciergerie, y jouissoient de la même liberté qu'à l'abbaye, y voyoient des filles, y donnoient des repas. Hier au soir après avoir bien fêtoyé leurs amis & même les guichetiers, ils se sont présentés, armés de nouveaux pistolets d'arçon, pour se faire ouvrir les portes de la prison, ont tué un premier guichetier, ont griévement blessé le second & par le même moyen alloient passer le troisieme guichet, lorsqu'on a appellé du secours. Ils se sont ainsi trouvés enfermés entre deux guichets, & pour éviter qu'ils ne fissent usage des armes qu'ils avoient, on a imaginé de faire établir une pompe par en haut, qui a joué si fortement qu'en peu de temps ils se sont vus submergés & ont demandé grace : on leur a mis les fers aux pieds & aux mains & leur procès s'instruit au bailliage du palais.

29 Septembre. Grandval est mort le 24 septembre. Contemporain de *Baron*, il avoit conservé la tradition de son jeu & étoit devenu lui-même un

excellent acteur, particuliérement dans le haut
comique & dans les rôles de petit-maître. Il avoit
débuté en 1729, ayant au plus 19 ans & avoit
été reçu à la fin de la même année: après avoir
quitté le théâtre il y étoit remonté en 1764, mais
sans succès; en sorte qu'il s'étoit retiré de nouveau promptement. Il vivoit depuis ce temps-là
dans la retraite avec Mlle. *Dumesnil*. Cette union
duroit depuis 45 ans, & l'on peut juger combien
elle a dû être douloureuse pour celle qui survit.
Leur fortune étoit médiocre & bien peu propor-
tionnée à leur talent. Le sieur *Grandval* ne jouis-
soit que d'une pension de la comédie de 1500
livres & d'une autre du roi de 1000 livres. On
dit que celle-ci est déjà donnée au sieur *la Rive*.

Le sieur *Grandval* étoit fils de *Nicolas Racot
Grandval*, musicien organiste, auteur du poëme
de *Cartouche* & de plusieurs pieces représentées en
province; il avoit lui-même composé quelques
petits ouvrages dans le genre dramatique.

30 Septembre. C'étoit demain premier octobre,
jour de la mort du grand *Corneille*, que *Corneille,
aux Champs-Elysées* (c'est ainsi qu'on appelle la
nouvelle piece composée pour sa centenaire) devoit avoir lieu; mais il y a tant de décorations
& d'habillements qu'on n'a pu les préparer & que
la représentation est renvoyé à la semaine prochaine.

30 Septembre. M. *Quesnay de Saint-Germain*,
conseiller de la cour des aides de Paris, & membre du *musée*, prononça le 9 juin dernier dans
une assemblée publique de ce *Club* littéraire, où
il y avoit grand nombre de dames, l'éloge de
M. *Court de Gebelin*, dont on a dans le temps

annoncé la mort. Comme il laisse une famille mal à l'aise, l'auteur a fait imprimer son ouvrage au profit de cette famille, & chacun paroît vouloir concourir à la bonne œuvre, car l'imprimeur n'exige que ses déboursés, & les libraires chez qui la vente est annoncée renoncent aux bénéfices d'usage. Du reste, cet éloge est imprimé, par égard pour les souscripteurs, dans le format du *Monde primitif*; il est en outre enrichi du portrait de l'auteur. Il est fâcheux que le panégyrique ne réponde pas aux efforts de l'écrivain, que l'on n'y trouve que très peu de faits concernant le héros, qu'une esquisse imparfaite du *Monde primitif*, & que le style n'ait ni énergie, ni chaleur, ni correction.

30 *Septembre*. On assure que M. le duc de *Chartres* a obtenu des lettres patentes enrégistrées au parlement, suivant lesquelles il lui est permis de vendre & aliéner les maisons construites sur les terrains du Palais-Royal.

Du reste la police s'est déjà emparée des rues nouvelles, & du derriere de ces maisons, qui étant toutes ouvertes en cette partie, lui deviennent de fait soumises en totalité.

30 *Septembre*. La révolte arrivée dans l'université, lors de la composition pour les prix, a mérité l'attention du parlement qui, en conséquence, a rendu le 7 de ce mois un arrêt, portant réglement à ce sujet.

Comme les vétérans semblent avoir été les chefs d'émeute, il est ordonné qu'ils seront séparés des autres écoliers en rhétorique, & qu'il sera établi dans chaque faculté deux prix pour eux seuls, auxquels ils pourront concourir, quelque âge qu'ils aient.

Que du reste nul étudiant ne sera dorénavant

admis à la composition pour les prix de l'université, qu'à la charge de n'avoir point au 23 juin de chaque année ; savoir, en sixieme douze ans, en cinquieme 13 ans, en quatrieme 14 ans, en troisieme 15 ans, en seconde 16 ans, en rhétorique 17 ans.

1 *Octobre* 1784. Comme l'opéra de *Diane & Endymion* est tombé, ou du moins retiré après quelques représentations, il est inutile d'entrer dans aucun détail sur cet ouvrage réprouvé du public, à moins qu'on ne le reprenne.

1 *Octobre*. Un M. *Campmas*, qui se dit ingénieur privilégié du roi, & leurre le public depuis près d'un an d'expériences qu'il doit faire en machines aérostatiques, annonce enfin que la sienne aura lieu dans le courant de ce mois. Il l'appelle *diligence aérienne*, & prétend qu'elle a été vérifiée par des personnes célebres & éclairées, qui ont été chargées de l'examiner.

Cette voiture a la forme d'une tour qui a 60 pieds de hauteur: elle est accompagnée de moyens de direction, & doit être montée de six personnes.

Comme le principal objet est d'avoir de l'argent, il annonce d'avance différents bureaux de recette où l'on pourra prendre des billets.

2 *Octobre*. Extrait d'une lettre d'Evreux, du 25 septembre... Je ne sais pourquoi les papiers publics n'ont pas fait mention de la fête que notre évêque a eu l'honneur de donner à mesdames *Adélaïde* & *Victoire* dans sa maison de plaisance qu'on appelle *Condé*. C'est à la fin d'août qu'elle a eu lieu: le prétexte en a été le mariage de huit filles, dont les dots ont été fournies en par-

K 3

tie par mesdames, en partie par l'évêque & autres protecteurs bienfaisants. Le prélat avoit rassemblé tous les parents prochains & éloignés de ces filles au nombre de cent, qu'il a régalés tous dans son parc; ce qui faisoit un coup d'œil charmant, dont mesdames ne pouvoient pas s'arracher. Il y a eu des chansons très spirituelles, dont le refrein étoit en l'honneur de mesdames & qui répétées, dans l'éloignement, produisoit un effet très-heureux.

Mesdames ont été si satisfaites de ces fêtes qui ont duré trois jours, qu'elles veulent y revenir, & le prélat évalue qu'il lui en a coûté pendant ces trois jours 60,000 livres au moins. On ne doute pas qu'une bonne abbaye, tirée du portefeuille de M. *d'Autun* ne dédommage notre évêque de cette dépense. Vous savez qu'il est *Narbonne-Lara* en son nom, & il doit l'honneur qu'il a reçu au crédit qu'à la duchesse de Narbonne sur l'esprit de Mad. *Adélaïde*. Le singulier, c'est que ni M. le duc de *Narbonne*, ni l'abbé de *Narbonne* n'étoient à ces fêtes.

2 *Octobre*. On apprend qu'en Normandie le bois est si rare, qu'on y construit à la hâte un canal pour le transport de cette denrée, & qu'il doit être navigable à la toussaint, époque où Rouen est menacé de manquer de bois. Il est très-vrai que l'hiver dernier on y a coupé par nécessité les arbres du cours, superbe promenade qu'il a fallu sacrifier au besoin du moment.

3 *Octobre*. Hier il s'est trouvé à la cinquantième représentation du *Mariage de Figaro* presqu'autant de monde qu'à la première. L'auteur y avoit ajouté en effet quelques couplets relatifs

à la circonstance, d'une grande platitude: ce qui n'a pas empêché qu'on ne les applaudît avec transport & qu'on ne criât *bis*.

3 *Octobre*. Depuis que le parlement a cessé ses démarches à l'occasion de M. de *Mions*, le courroux du monarque s'est calmé, la lettre de cachet a été levée, & l'exilé a eu permission de revenir à Paris, où il s'est rendu il y a déjà quelque temps. Du reste, aucune satisfaction sur le fond, & cet événement ne sert qu'à consolider un impôt illégal & vexatoire, que les magistrats, par leur pusillanimité & leur silence, malgré son défaut d'enrégistrement, ont semblé reconnoître d'une façon indirecte & tacite.

3 *Octobre*. M. de *la Tour*, ce peintre de portraits au pastel, si renommé autrefois, & qui emploie aujourd'hui à des actes de bienfaisance le fruit de ses travaux, ne se borne pas à sa patrie seule, il a fondé un prix pour l'école de Paris; c'est une demi-figure à peindre d'après le modele, au moins de grandeur naturelle.

L'académie royale de peinture & de sculpture, dans son assemblée du 2 de ce mois, c'est-à-dire hier, satisfaite des efforts de ses éleves, a cru devoir partager ce prix. Le sieur *Riviere*, qui a obtenu cette année un des seconds prix de peinture, a été nommé par le premier scrutin, & le sieur *Duvivier* par le second. Ils sont tous deux éleves de M. *Suvée*.

4 *Octobre*. Comme tout ce qui a rapport au sieur de *Beaumarchais* devient piquant, il faut conserver, malgré leur platitude, les trois couplets dont on a parlé hier, & qui servent de preuve combien ce poëte au cœur aride, aux entrailles seches,

est incapable d'exprimer le moindre sentiment. Après le premier couplet chanté du vaudeville ordinaire, *Suzanne* & le sieur *Figaro* se sont fait des mines, & la premiere a commencé sur le même air, en s'adressant au public :

 Pour les jeux de notre scene
 Ce beau jour n'est point fêté,
 Le motif qui vous ramene
 C'est la douce humanité,
 Mais quand notre cinquantaine
 Au bienfait sert de moyen,
 Le plaisir n'y gâte rien.

Ensuite *Figaro* a chanté :

 Nous heureux cinquantenaires
 D'un hymen si fortuné,
 Rapprochons du sein des meres
 L'enfant presque abandonné ;
 Faut-il un exemple aux peres ?
 Tout autant qu'il m'en naîtra,
 Ma *Suzon* les nourrira.

Suzanne a repris :

 Mon ami, je ne sais guere
 Quel devoir sera plus doux,
 Comme épouse & comme mere,
 Mon cœur les remplira tous.
 Entre l'enfant & le pere
 Je partagerai l'amour ;
 Et chacun aura son tour.

Enfin l'on a invité *Bridoison* à donner du sien; il a fait plusieurs charges, puis a bien voulu déclarer son avis en cette maniere:

Que d'plaisir on trouve à rire
Quand on n'voit du mal à rien !
Que d'bonheur on trouve à s'dire :
L'on m'amuse & j'fais du bien !
Que d'bel'choses on peut écrire
Contre tant d'joyeux ébats !
Nos criti... ...iques n'y manq'ront pas.

4 *Octobre*. Le procès concernant la rebellion & le meurtre arrivés à la conciergerie, s'est instruit pardevant le lieutenant-général du bailliage du palais; il s'est trouvé un troisieme acteur impliqué dans l'aventure. C'est un nommé *Jaquin*. Il étoit ce qu'on appelle dans les prisons *Servante* des guichetiers. C'est un prisonnier moins coupable & le plus susceptible de sortir bientôt, que ceux-ci s'attachent & auquel ils donnent une certaine confiance pour les aider dans leurs fonctions. Les sieurs *Desaignes* & de *Forges* l'avoient gagné, & il étoit convenu de les seconder; ce que le rôle qu'il jouoit lui donnoit la faculté de faire mieux qu'un autre. Voici maintenant ce qui est constaté juridiquement.

Ils ont été tous trois duement atteints & convaincus d'avoir formé le complot de s'évader à mains armées de la conciergerie, & à cet effet le sieur *Desaignes* de s'être procuré par une personne, qu'il a dit lui être inconnue, cinq pistolets de demi-arçons, trois quarterons de poudre à tirer

& vingt-deux balles; de les avoir distribués, savoir, deux pistolets au sieur *Desforges*, avec les munitions nécessaires, & un seul de même au nommé *Jaquin*, & d'avoir gardé pour lui les deux autres pistolets, & le restant de la poudre & des balles: tous trois, pour l'exécution de leur complot, le mardi 28 septembre vers les neuf heures du soir ont voulu forcer les portes, ont tiré plusieurs coups de pistolet, dont un a porté sur un guichetier, & l'a griévement blessé; un autre, quoique dirigé sur le guichetier, a porté sur *Jaquin*, l'un des accusés, & un autre sur un second guichetier mort de la blessure le lendemain matin.

Le bruit général est ce soir, qu'ils ont été condamnés tous trois par le bailliage le premier octobre, à être rompus vifs, & que la chambre des vacations vient de confirmer le jugement.

4 Octobre. On a cité dans le temps l'inscription latine imaginée par l'abbé *Boscovitz* pour être mise sur la pompe à feu, & tout le monde a jugé ce distique par son élégance & sa précision, digne de le disputer aux inscriptions de Santeuil: un M. *Guidi*, censeur royal, & spécialement le censeur du journal de Paris, a traduit ainsi le distique de l'abbé *Boscovitz*:

Ici par un accord nouveau
Entre l'onde & le feu la paix est rétablie;
Du citoyen l'espérance est remplie,
Et c'est le feu qui donne l'eau.

Quiconque rapprochera ces deux inscriptions, jugera sans peine combien la françoise est inférieure à la latine. C'est une nouvelle preuve que notre langue est infiniment moins propre que l'autre au style lapidaire.

5 *Octobre*. Si la piece de *Corneille aux Champs-Elysées* en un acte & en vers libres, exécutée hier aux François, a été jugée la meilleure de celles présentées à l'aréopage comique, il faut que les autres soient bien mauvaises. On ne conçoit pas que les comédiens aient pu soupçonner un instant de M. de *la Harpe*, cet ouvrage d'écolier également défectueux & dans le plan, & dans la marche, & dans la versification. Quand on auroit voulu tourner en ridicule le pere de la tragédie en France, on n'auroit pu s'y prendre mieux, sauf le sieur *Molé* qui, chargé du rôle de *Voltaire*, a eu l'art d'en faire une véritable caricature.

Les comédiens étoient si fort engoués de cette piece, que sur le manuscrit envoyé à la police, ils avoient mis une espece de note de recommandation, où ils disoient que l'ouvrage étoit l'essai d'un candidat tout jeune, sur lequel ils fondoient les plus hautes espérances, & qu'on ne pouvoit trop encourager. Voilà les juges du théâtre.

5 *Octobre*. M. l'abbé *Raynal* avoit fait entrer un de ses neveux dans la marine marchande ; ce jeune homme a eu occasion d'aller dans l'Inde, où il s'est poussé & distingué d'une maniere à se faire estimer de M. de *Suffren*. Blessé dangereusement dans un combat, ce général l'a vu en cet état, & a reçu en quelque sorte son testament de mort. Ce brave homme lui a demandé en grace d'interposer ses bons offices auprès du roi pour que son oncle revînt dans sa patrie, & l'on assure que M. de *Suffren* a si bien tenu sa parole que l'abbé *Raynal* est déjà rentré dans le royaume.

K 6

6 Octobre. L'arrêt contre les malheureux condamnés à la roue, dont on a parlé, portoit que *Desaignes*, l'un d'eux, regardé comme le chef & le conducteur du complot, seroit préalablement appliqué à la question ordinaire & extraordinaire, pour avoir par sa bouche la révélation de ses complices & la vérité d'aucuns des faits résultants du procès relativement à la personne qui avoit fourni les pistolets & les munitions.

Desaignes effrayé de l'appareil seul de la question, hier matin a déclaré que c'étoit la maîtresse de milord *Massaréenne*, l'un des prisonniers de la conciergerie, qui lui avoit passé les armes, la poudre & les balles : que les pistolets lui étoient parvenus dans de grands & longs pains : on est allé chercher cette courtisane ; elle a, dit-on, tout avoué, & a été décrétée sur le champ de prise-de-corps.

Tous trois ont subi leur supplice avec une affluence de spectateurs, telle qu'on n'en a point vu depuis *Damiens*. Montés à l'hôtel-de-ville, ils se sont plaints qu'on n'ait point voulu leur accorder leur grace, tandis que la justice avoit fermé les yeux sur le crime de *la Touche* & de *Loquin*, auquel le leur n'étoit point comparable, puisque le meurtre qu'ils avoient commis ne l'avoit été que pour défendre leur liberté, n'avoit rien d'atroce, de déshonorant & de dangereux en soi pour la société.

Il est certain que des personnes de la plus haute considération s'étoient intéressées pour eux, & que la reine même avoit demandé leur grace; que le roi étoit assez disposé à la clémence ; mais que c'est M. de *Vergennes* & M. de *Castries* qui ont fait envisager à sa majesté la nécessité de faire un exemple en pareil cas, sans quoi il n'y auroit plus de sureté dans les prisons.

Desforges a envoyé chercher une fille nommée *Saint-Ange*, qu'il aimoit & qui est arrivée fort effrayée. Il l'a rassurée & lui a dit qu'il n'avoit pu résister au désir de la voir pour la derniere fois, & il a en même temps demandé au juge la permission de lui donner une bague qu'il avoit au doigt. Dès le soir même, cette courtisane, afin de dissiper sans doute l'impression qu'auroit pu donner contre elle dans le public la nouvelle bientôt divulguée de son *mandat* à l'hôtel-de-ville, s'est rendue au Palais-Royal, & s'y est promenée sous les galeries.

Du reste, *Desaignes* & *Desforges* n'ont point voulu écouter les confesseurs; ils se sont tournés vers les bourreaux & leur ont dit: « c'est à vous à qui nous avons affaire ». Ils maudissoient un Dieu qui les laissoit périr, lorsqu'il laissoit échapper au supplice de vrais scélérats, des hommes couverts d'opprobre & d'infamie, le fléau & l'exécration de la société.

Quant à *Jaquin* déjà blessé grièvement, il étoit presque mort, & l'on a pris pour résipiscence son anéantissement total.

Les spectateurs plaignoient sur-tout *Desforges*, dont l'extrême jeunesse avoit été abusée par *Desaignes*, qui d'ailleurs, lorsqu'il vit l'impossibilité de s'échapper, auroit voulu se brûler la cervelle & en avoit été détourné par son camarade comptant sur ses ressources. Outre cette première lâcheté, on reproche à *Desaignes* d'y avoir joint celle plus grande de trahir la personne qui lui avoit fourni les armes.

Tel est le récit qui occupe Paris en cet instant.

6 Octobre. C'est à Saint-Geniez, assez vilain lieu dans le Rouergue, près Rhodès, qu'est l'abbé Raynal, dans une sorte d'exil. Il ne peut, dit-on, s'en écarter, & le roi a mis pour autre condition qu'il s'y tiendroit tranquille, qu'il n'écriroit point, ou du moins ne feroit rien imprimer.

Du reste, on lui a donné cet endroit pour séjour, parce que c'est le lieu de sa naissance & qu'il y a sa famille.

6 Octobre. C'est par un arrêt du 6 septembre que le parlement avoit ordonné qu'il seroit nommé des commissaires pour suivre la méthode curative du sieur *Mesmer* & en rendre compte à la cour.

Ce ne sont plus ceux qu'on a nommés d'abord, soit qu'ils n'aient été que désignés, soit qu'ils aient refusé comme on l'a dit. Voici ceux fixés par arrêt de la chambre des vacations, du 21 septembre.

Quatre médecins: MM. *Thierry, Cosnier, Paulet & Montabour.*

Deux chirurgiens: *Veret & de Bussac.*

Deux apothicaires: *Follope & de la Cour.*

7 Octobre. Depuis long-temps on parloit d'un projet donné par les fermiers-généraux pour empêcher la contrebande énorme qui se fait dans Paris: il consistoit à former autour de cette capitale une muraille qui l'enfermeroit en entier & où il n'y auroit d'entrées que par des grilles sur les grands chemins. On en plaisantoit, on en rioit comme d'une absurdité, comme d'une folie. Ce projet, sans doute, n'a pas paru tel au gouvernement & sur-tout à M. de *Calonne* qui, ayant fort à cœur de faire un excellent bail, accorde à ces traitants tout ce qu'ils estiment pouvoir favoriser leur entreprise.

En conséquence, dès le mois de mai, on a vu décharger sur les boulevards neufs, du côté de l'hôpital, vingt mille voitures de pierres & de moëllons, & l'on a su que le projet étoit passé au conseil & alloit s'exécuter pour essai depuis la riviere jusques aux Invalides. Il s'est alors élevé des murmures considérables ; de grands seigneurs ayant des hôtels & des maisons de plaisance en cette partie, ont formé des oppositions à l'exécution. Depuis ce temps elle étoit restée en suspens & l'on se flattoit qu'elle n'auroit peut-être pas lieu. Mais il y a environ trois semaines qu'on y a mis des ouvriers & les travaux sont commencés. C'est un sieur *Pecoul*, architecte, maître maçon entrepreneur, qui est à la tête.

7 Octobre. Une perte récente encore que les sciences viennent de faire, c'est celle de M. *de Bernieres*. Quoiqu'il ne fût pas de l'académie, il méritoit bien d'en être. Il s'étoit distingué en dernier lieu par ses bateaux insubmersibles.

7 Octobre. Quoique le tribunal des maréchaux de France ait suspendu ses poursuites contre le vicomte de *Noë*, l'affaire n'est point finie, & même tout récemment son frere, l'évêque de l'Escar, vient d'être exilé dans son diocese pour avoir mis trop de chaleur dans ses discours & dans ses démarches, & avoir défendu son frere plus que *fraternellement*, suivant l'expression d'une lettre du ministre à ce prélat.

8 Octobre. Depuis quelque temps les fermiers-généraux, pour gagner davantage sans doute & faire passer plus impunément tout le mauvais tabac que la difficulté d'en avoir leur a fait prendre durant la guerre, ont imaginé de le faire raper exclusivement à l'hôtel & dans leurs autres

manufactures, & de l'envoyer en poudre non-seulement aux débitants de Paris, mais dans les provinces les plus éloignées.

Déjà en 1782 le parlement de Grenoble avoit fait brûler du tabac de cette espece comme gâté & pernicieux : dans le même temps le parlement d'Aix en avoit fait autant. Le fermier-général *Augeard* y avoit été envoyé & n'avoit pu disconvenir du fait, mais avoit vérifié que la fraude provenoit des débitants & même des entreposeurs. Les mêmes plaintes viennent de se renouveller en Bretagne & le parlement de Rennes a rendu un arrêt en conséquence. Mais le gouvernement qui ne veut pas que les parlements s'immiscent dans les affaires ministérielles, a cassé par arrêt du conseil celui de cette compagnie.

C'est un M. *de la Haute*, fermier-général à la tête de cette partie, qui s'obstine à soutenir le système du tabac rapé, quoique les chymistes conviennent qu'il est impossible que sans les plus grandes précautions il puisse se conserver agréable & sain, long-temps enfermé dans cet état.

8. *Octobre.* Extrait d'une lettre de Lille, du 30 Septembre. . . . . . Vous avez été bien surpris, dites-vous, de voir le matérialisme, le déisme & l'athéisme percer jusques dans ce pays-ci, jadis le siege de la bigoterie & de la superstition, & non moins étonné de la modération du parlement de Douai qui, par arrêt du 16 juillet, s'est contenté de faire lacérer & brûler par l'exécuteur de la haute justice un écrit où le procureur-général dans son réquisitoire se plaint de retrouver les principes impies & absurdes des auteurs du livre de *l'Esprit* & celui de *la Nature.* La sagesse des magistrats excite votre curiosité, & vous me

demandez ce que c'est que le pamphlet dont il s'agit & quel est le sujet. Voici l'anecdote.

Le 31 janvier dernier il a été exécuté à Marchiennes le nommé *Lacqueman*, du village de Beuvry, comme coupable de patricide. Un anonyme, grand enthousiaste, sans doute, de la philosophie moderne, a voulu se distinguer & a envoyé aux petites affiches de Lille, connues sous le nom de *Feuilles de Flandres*, une lettre datée du 21 février, adressée à M. *Desessarts*, membre de plusieurs académies, auteur du *Journal des Causes célebres*, par M. *** avocat de la résidence de Douai ; où rendant compte de la cause intéressante de *Lacqueman*, il glisse la doctrine abominable dont le résultat est que « c'est à la seule organisation, à la constitution physique & particuliere de chaque être qu'il faut rapporter la cause des grands vices, comme des grandes vertus ; que le tempérament est le principe créateur des facultés morales, qu'ainsi l'homme est enchaîné dans tout ce qu'il fait, par des loix auxquelles il ne peut se soustraire..... » Le rédacteur des *Feuilles de Flandres* a eu la facilité ou la bêtise d'inférer cette lettre en forme de Supplément au N°. LXX. du 30 mars. Quoique le plus coupable en quelque sorte, il paroît qu'il n'éprouvera pas les poursuites qu'il devroit craindre & qu'il n'y aura aucune recherche ultérieure afin de découvrir l'anonyme que désavoue hautement M. *Desessarts* : & sans doute, il y a quelques années, nos magistrats n'auroient pas été si tolérants.

9 *Octobre*. M. le bailli du *Rollet*, dans une lettre du 3 septembre adressée au mercure de France, n'a pas manqué de répondre à celle de M. *Cassabigy*

dont on a rendu compte, & non-seulement de se défendre, mais encore le chevalier *Gluck* & M. *Salieri*. Toute cette querelle consiste dans des dits & redits fort ennuyeux & qu'il est inutile de répéter. Il suffit d'observer que malgré ses plaisanteries le poëte françois ne renverse pas bien victorieusement les assertions du poëte italien, & qu'il reste toujours beaucoup de louche sur ce procès peu intéressant au fond.

9 Octobre. Comme tout ce qui concerne les ouvrages de M. de *Beaumarchais* devient intéressant, voici de plus amples éclaircissements sur son *Barbier de Seville*, composé en musique, dont on n'a dit qu'un mot.

M. *Paesiello* a mis en effet en musique à Pétersbourg cette comédie traduite en italien. La partition en parvint en France l'année dernière, & M. *Framery* fut chargé d'en parodier les morceaux de musique pour les unir au dialogue de M. de *Beaumarchais*. L'ouvrage fut fini au mois d'août; mais ne fut pas exécuté à Fontainebleau suivant sa destination. Quelque temps après M. *Moline* traduisit cette même piece en vers lyriques avec du récitatif; il destinoit son ouvrage au grand opéra où il n'a pas été joué non plus.

Depuis on a demandé à M. *Framery* sa parodie telle qu'il l'avoit arrangée, pour le théâtre de la reine à *Trianon*. Les comédiens italiens l'ont apprise sous les yeux de M. de *Beaumarchais*, qui les a exercés au dialogue, tandis que le parodiste leur faisoit répéter la musique. Enfin la piece a été jouée le 15 septembre, & ce qui en confirme le peu de succès, c'est que M. *Framery* avoue que sa partition n'est point gravée, & que l'incertitude du nombre des amateurs l'a empêché de s'en occuper.

10 Octobre. *Le Diable dans un Bénitier* & *la métamorphose du gazetier cuirassé en mouche ; ou tentative du sieur Receveur, inspecteur de la police de Paris, chevalier de Saint-Louis, pour établir à Londres une police à l'instar de celle de Paris.*

Dédié à M. le marquis de *Castries*, ministre & secrétaire d'état au département de la marine, &c.

Revu, corrigé & augmenté par M. l'abbé *Aubert*, censeur royal ; par Pierre le Roux, ingénieur des grands chemins.

Tel est le titre déjà très-obscur du libelle annoncé & qui perce depuis quelque temps dans cette capitale, quoiqu'avec beaucoup de peine. Il est précédé d'une caricature fort singuliere, & n'a que 158 à 159 pages.

10 Octobre. Me. *Linguet* a encore été obligé de changer de correspondant ; ce qu'il annonce dans son dernier N°. Celui qui avoit succédé au sieur *le Quesne*, anonyme, & dont le sieur de *Montbines* n'étoit que le prête-nom, s'étoit encore rendu coupable, non de vol aussi considérable que le prédécesseur, mais il grapilloit (c'est l'expression de l'annaliste) ; en conservant le même agent onéraire, il s'est donné pour substitut honoraire un M. l'abbé *Tabouet*, qui se qualifie d'avocat.

Au reste, ce journaliste est toujours tracassé par son censeur ; son N°. 85 a tardé trois mois à paroître. On exigeoit des cartons que Me. *Linguet* s'obstinoit à ne pas mettre, & il l'a emporté ; on dit même que M. de *Vergennes* a donné des ordres pour qu'on ne fût pas difficile à son égard. Toutes ces tracasseries l'arrierent, & il n'en est encore qu'au N°. 86 qui vient de paroître.

10 *Octobre*. Voici une chanson adressée à une

jeune demoiselle que son *Jaloux* tient dans un esclavage, qui sans doute a excité l'indignation du poëte. Comme elle est sur l'*air du vaudeville de Figaro*, elle est fort à la mode ; elle est d'ailleurs très-ingénieuse & très-bien faite : on la dit d'un M. *Antoine*, sculpteur en bâtiments.

    Je voudrois venir moi-même,
Vous rendre hommage en ce jour :
Mais un monsieur qui vous aime,
Vous enferme à double tour.
Hélas ! dans ma peine extrême
Que du moins mon billet doux
Puisse arriver jusques à vous !

    En vain l'on cache une fille
Aux regards des damoiseaux,
Pour peu qu'elle soit gentille
De quoi servent les barreaux !
L'Amour à travers la grille
Vole au gré de son désir,
Subtil comme le zéphir.

    Est-il de retraite sûre
Contre cet enfant ailé !
Il veut faire sa capture
De celle qu'on tient sous clé :
Oui, l'Amour dans la serrure,
Habile à commettre un vol,
Introduit le rossignol.

11 *Octobre. Le diable dans un bénitier* roule sur une tentative prétendue du ministere de France

pour établir à Londres une police à *l'instar* de celle de Paris. Il est divisé en chapitres ou paragraphes au nombre de onze, précédés d'une introduction.

Dans celle-ci, le libelliste commence pas établir le système de notre gouvernement, fâché de voir sur la terre quelque pays libre, parvenu à corrompre, à asservir tous les autres, sauf celui d'Angleterre. Ce n'est pas qu'il n'ait fait plusieurs fois de nouveaux essais pour cela, entr'autres en dernier lieu; mais ils n'ont jamais réussi.

Le premier paragraphe contient la mission d'un nommé d'*Anouilh*, espion envoyé à Londres par le marquis de *Castries* pour veiller sur les siens qu'il suspectoit de trahison durant la guerre & de faire avorter tous ses projets. Ce d'*Anouilh*, aussi infidele que les autres, mange l'argent qui lui avoit été confié, & revient sans avoir rien fait. Le ministre mécontent se plaint au sieur *Receveur*, inspecteur de police, chevalier de Saint-Louis, qu'il charge de l'arrêter & d'examiner sa conduite. Détention de d'*Anouilh*; il s'obstine à ne rien avouer. *Receveur* envoie à Londres *Barbier*, son commis, qui s'abouche avec le sieur *Morande*, auteur *du Gazetier cuirassé*. Tout cela se passoit vers Noël 1782. *Barbier*, conjointement avec cet acolyte, découvre la trahison & la friponnerie de d'*Anouilh*, obligé de rendre gorge.

Au second paragraphe *Receveur*, dont on est fort content, est chargé de la mission plus délicate & plus importante qu'on développe aujourd'hui. Elle remonte à l'histoire de *Jaquet*. On en a parlé dans le temps; il faut se la rappeller. Le libelliste veut que ce soit *Receveur* qui, envoyé en Hollande vers le mois de juillet ou d'août 1781, ait découvert les imprimeurs du petit roman de *Jaquet*, en ait tiré les noms des auteurs & colporteurs, soit venu en enlever à Bruxelles une partie, puis, de retour à Paris, y ait arrêté le chevalier de *Launay* & *Jaquet*. Il certifie que le premier a été étranglé à la Bastille; il ignore le sort du second; mais le bruit de sa mort répandu par méprise a donné lieu à l'anecdote, sujet de la brochure.

Un inspecteur de la police, nommé *Goupil*, arrêté il y a quelques années pour prévarication dans son métier, & enfermé au donjon de Vincennes, désespérant d'en sortir, s'étoit jeté dans un puits. On attribue cette aventure à *Jaquet*. Un ami de celui-ci, dépositaire du manuscrit de ses pamphlets, qui avoit toujours menacé de les faire imprimer, si on lui ôtoit la vie, crut le moment venu de venger sa mort. Il va trouver le sieur *Boissiere*, libraire de Londres, imprimeur connu de ces sortes d'ouvrages: cela fit bruit, la cour de Versailles s'alarma & désira faire retirer les manuscrits avant qu'ils fussent imprimés. De-là la seconde & plus importante mission de *Receveur*, sous le nom du baron de *Livermont*.

Portrait & histoire du comte *du Moustier*, ministre plénipotentiaire à Londres lors du traité entamé par M. *Gerard de Reynneval*. Ils occupent tout le troisieme paragraphe, & ce membre du corps diplomatique est peint sous les couleurs les plus ignobles & les plus odieuses.

Dans le quatrieme paragraphe, l'auteur du *Gazetier cuirassé*, sur lequel on a jeté les yeux pour en faire un suppôt de police, est admis & reçu. Un certain *Godat*, auteur de l'*Espion chinois*, de l'*Espion françois à Londres*, & donné à *Receveur* pour adjoint & pour interprete, joué son rôle dans cette burlesque & affreuse cérémonie.

Au cinquieme, il est question du *Nevv Daily Advertiser* du 27 mars 1783, où l'on donne avis de l'arrivée des espions françois, mais en dépaysant le public sur leur compte. Un M. de *la F....y* va plus franchement & répand un pamphlet intitulé *le Tocsin*, ou avis à toutes les personnes & sur tout aux étrangers que *Receveur* & sa bande sont arrivés de Paris pour enlever les auteurs des trois brochures, *les Passetemps d'Antoinette*; *les Amour du Visir V-s.*; *les petits Soupers de l'hôtel de Bouillon*. Démarches du comte *du Mouftier* & de *Receveur* auprès de *Boissiere*, libraire de Saint-James-Street; ils ne réussissent pas.

On trouve dans le sixieme paragraphe la gradation de la fortune de *Receveur*, aujourd'hui chevalier de Saint-Louis, ayant le brevet de colonel.

Le septieme contient les suites des négociations de *Receveur*, qui n'eurent pas plus de succès. Il fait conjointement avec M. *du Mouftier* un plan de police qu'ils présentent à milord *Shelburne*, dont l'objet étoit de détruire sur-tout la liberté de la presse. Excellent mémoire en réponse à cette réquisition de la cour de France.

Les paragraphes huit & neuf ne sont qu'une suite du même sujet, enrichie du récit des turpitudes de *Morande*, de *Godard* & autres subalternes.

Des bavardages & un dîner de *Philidor*, remplissent le dixieme, peu intéressant & assez plat.

Enfin au onzieme & dernier arrive M. le comte

d'*Adhémar*, ambassadeur du roi à Londres, qui, sentant la dignité de sa place, ne veut pas se compromettre par de honteuses relations, & renvoie toute cette canaille en France.

12 *Octobre*. Extrait d'une lettre de Toulouse, du 4 octobre 1784.... Un Arrêt du conseil, sans que le bled soit venu dans les marchés au taux fixé par la loi qui est de 15 liv. le setier, qui n'est encore qu'à dix, pour défendre l'exportation, a jugé à propos de le faire. Le parlement, conservateur des loix & sur-tout fait pour veiller aux intérêts & à la police de la province, a supposé que la religion du roi avoit été surprise, & en conséquence a défendu qu'on s'opposât à l'exportation, sous les peines les plus rigoureuses, jusqu'à ce que sa majesté eût été instruite & se fût expliquée; en même temps il a écrit au roi pour lui rendre compte de sa conduite & des motifs de sa résistance. Nouvel arrêt du conseil plus foudroyant que le premier, qui casse celui du parlement. Cette compagnie a prévu tout & arrêté qu'au cas qu'il arriveroit quelque chose d'intéressant relativement à son arrêt, les chambres seroient assemblées, malgré le temps de vacations. C'est au 8 que la séance est indiquée, & nous attendons avec impatience ce qu'ordonneront nos magistrats.

12 *Octobre*. M. de *Beaumarchais* n'a pas fortement excité la commisération des spectateurs, en sorte que la représentation de la *Cinquantaine* n'a pas rendu beaucoup au-delà d'une chambrée complete, qui est de 5,400 livres environ; celle-ci n'a monté qu'à 6,200 livres, dont le comte d'*Oëls* seul, a donné 300 liv. Quoi qu'il en soit, cette représentation a valu à l'auteur l'épigramme suivante, d'autant plus cruelle qu'en paroissant ne

porter

porter que sur la morale de la piece, elle rappelle des anecdotes affreuses qu'on lui reproche :

> Rien de bon ne vient des méchants,
> Leurs bienfaits sont imaginaires :
> Tel *Beaumarchais* à nos dépens
> Fait des charités meurtrieres ;
> Il paie du lait aux enfants
> Et donne du poison aux meres.

12 *Octobre*. Les remontrances du parlement au sujet du vicomte de *Noë*, arrêtées les chambres assemblées le mardi 31 août, établissent d'abord & circonscrivent les deux genres d'autorité très-distincte qu'exercent les maréchaux de France ; l'un à la connétablie où ils ont un tribunal, où l'on voit des gradués, un ministere public, un greffe, des audiences ; & l'autre chez leur doyen, où ils ne tiennent qu'une assemblée, où aucun des caracteres extérieurs d'un tribunal ne se rencontre & auquel les loix refusent ce nom. C'est cependant cette assemblée qui a jugé, condamné, cité ensuite un des sujets du roi, pour subir ce jugement rendu sans compétence & sans instruction. Le parlement, suivant les erremens de la dénonciation de M. *d'Eprémesnil*, établit l'historique de l'affaire, justifie l'accusé & dans le fond & dans la forme, & développe dans la plus grande étendue toutes les monstruosités de la conduite des maréchaux de France, qu'il ménage cependant personnellement, & dont il loue le zele, en plaignant & éclairant leur aveuglement. Les papatriotes trouvent ces remontrances trop foibles sur-tout contre le doyen, le maréchal de *Richelieu* juge & partie.

Tome XXVI. L

13 *Octobre.* *La Brouette du Vinaigrier*, comédie de M. *Mercier* en trois actes & en prose, étoit imprimée depuis long-temps. Les comédiens italiens qui cherchent à se faire un fonds en ce genre, avec l'agrément de l'auteur sans doute, se sont emparés de l'ouvrage, & l'ont joué hier pour la premiere fois. Il a produit beaucoup plus d'effet qu'on ne s'en seroit douté à la lecture. Il faut l'attribuer en partie au talent nouveau du sieur *Perigny*, qui, par son jeu soutenu, naturel, plein d'onction, a singuliérement anobli le rôle du vinaigrier, & l'a rendu intéressant d'un bout à l'autre.

Ce drame est marqué au coin de l'originalité de tous ceux de M. *Mercier*, qui les tire de la foule ordinaire: ils rendent son théâtre unique: il y regne aussi ce manque de goût, qui en produit tous les défauts: tels que des bizarreries, des longueurs, des trivialités, de la morale déplacée: s'il n'est pas le poëte des gens de la cour & du grand monde, il est celui des bonnes mœurs, de l'honnêteté & des partisans de la vertu rigide.

Une qualité précieuse de cette comédie, c'est qu'elle est gaie en beaucoup d'endroits; qu'il y a du vrai comique de situation, & qu'elle prête également à celui du jeu des acteurs & sur-tout du principal.

A la fin on a demandé l'auteur suivant l'usage: le sieur *Perigny* est venu & après des applaudissements infinis, témoignage du contentement du parterre, il a annoncé que la piece étoit de M. *Mercier*, absent depuis quelques années de Paris & résidant à *Lausane*. On prétend qu'un conte qui se trouve dans le recueil intitulé, *le Gage touché*, a fourni le fonds de la piece.

13 *Octobre*. Depuis qu'on a appris la détention de M. d'*Entrecasteaux* à Lisbonne, on ne dit pas qu'il soit encore revenu en France. On assure même que sa translation souffre des difficultés; que la reine de Portugal, avant de le livrer, veut qu'on lui soumette les pieces originales du procès, afin qu'elle puisse juger par elle-même, ou faire juger par son conseil, si l'accusé est dans le cas d'être réclamé. On conçoit que cette formalité qui blesse la dignité de la cour de France, doit souffrir des difficultés, & l'on ne doute pas que la famille du coupable n'agisse puissamment pour les rendre interminables.

13 *Octobre*. Samedi 9 les comédiens italiens devoient jouer trois pieces : *Les deux Jumeaux de Bergame*, *les Femmes & le Secret*, & *la Colonie*. Ils commencerent par supprimer la premiere ; à la seconde ils substituerent *la fausse Magie*, & pour la troisieme ils vinrent annoncer que ce seroit Mlle. *Lescot* qui remplaceroit Mlle. *Colombe*, indisposée. Le parterre déjà très mécontent entra dans une fermentation violente, & déclara qu'il ne vouloit point Mlle. *Lescot*, qu'il vouloit Mlle. *Burette*. L'acteur qui avoit annoncé, répondit que celle-ci n'y étoit pas, & sans s'embarrasser des clameurs, on commença *la Colonie*. Alors le parterre furieux fit un tel bruit que jamais on ne put continuer : on fit entrer des alguasils dans son sein, on en arrêta plusieurs & l'on conduisit sept personnes au corps-de-garde. Cette rigueur n'ayant point appaisé le tumulte qui croissoit, les comédiens céderent enfin ; ils demanderent au public quelle piece il vouloit, & jouerent *l'Epreuve Villageoise* désirée. On est fâché que le parterre qui s'étoit bien montré jusques-là, ait eu la lâcheté

de laisser jouer avant qu'on lui eût rendu les camarades enlevés, & qui ne furent relâchés qu'après le spectacle.

14 *Octobre*. On connoît actuellement sans aucun doute deux des concurrents pour la *Centenaire* de *Corneille*, outre l'anonyme auteur de celle qui a été jouée. L'un est M. *Artaud*, auteur déjà de la *Centenaire de Moliere*, & l'autre M. le chevalier de *Cubieres*, qui est allé à Rouen faire exécuter son ouvrage. On sait que cette ville est la patrie de *Corneille*, ce qui pouvoit y rendre la piece plus intéressante : aussi paroît-il qu'elle y a eu du succès.

14 *Octobre*. Hier 13, on devoit jouer aux François la tragédie d'*Oreste* de *Voltaire*; quand le parquet a vu le sieur *Saint-Prix* se présenter pour faire ce rôle, il s'est écrié qu'il ne vouloit point de cet acteur, que *Larive* eût à le faire. *Saint-Prix* ne s'est point décontenancé ; il a harangué le public, & a dit qu'il remplissoit cet emploi, parce que le sieur *Larive* étoit malade, lorsqu'il avoit été question de remettre cette tragédie : le parquet satisfait de cette explication, l'a laissé continuer.

14 *Octobre*. En blâmant fort l'auteur du *Diable dans un bénitier*, de la licence extrême avec laquelle il injurie & décrie plusieurs ministres anciens ou nouveaux & autres gens en place, on ne peut s'empêcher de lui reconnoître quelque talent. Il a de la gaieté, de la tournure, du sarcasme, & plusieurs morceaux de son ouvrage, s'il est entièrement de lui, sont très bien faits, tels que le mémoire en réponse à la réquisition prétendue de la cour de France. Il paroît plus instruit que ses confreres : sa diatribe a plus de suite & d'ensemble que n'en ont communément ces

fortes de rapfodies. Il l'a nourrie de beaucoup de détails curieux, de faits, d'anecdotes. Malheureufement le peu de vrai qu'elle contient, y eft étouffé fous un monceau de calomnies. On juge par quelques exemples combien il eft peu exact à vérifier ce qu'il apprend. Il appelle préfident du parlement *Maupeou*, M. de *Goezman*, qui n'a jamais été que confeiller ; il place en Bourgogne, la famille de *Jaquet*, qui eft en Franche-Comté ; il fait enfermer *Goupil* pour un libelle contre la princeffe de *Guimené*, que perfonne ne connoît ; il ne veut pas que cette princeffe & fon mari aient fait banqueroute, &c. Toutes ces erreurs qu'il étoit aifé d'éclaircir, font fufpecter fa véracité à l'égard d'anecdotes plus difficiles à approfondir.

C'eft fur-tout contre M. de *Vergennes* & monfieur *le Noir* que la paffion du libellifte fe manifefte d'une maniere fi effrénée &, fi abfurde, qu'il ne conferve aucune vraifemblance dans fes récits & dans fes affertions. M. de *Sartines*, M. le maréchal de *Caftries*, M. *Amelot* ne font pas mieux traités.

15 *Octobre*. Le tabac, objet de luxe dans fon principe, fut apporté en France en 1560. Il eft devenu par habitude une efpece de befoin de premiere néceffité, pour le plus grand nombre des citoyens.

Cette plante commença à fixer l'attention du gouvernement fous *Louis* XIII en 1626 ; mais en payant les droits auxquels elle étoit affujettie par le tarif, on pouvoit en faire le commerce librement. Une loi qui intervint au mois de feptembre 1674, interdit ce commerce aux particuliers, & en réferva au roi la vente exclufive. Cette loi rigoureufe inflige la peine des galeres aux malheureux surpris en contravention, qui ne peuvent payer une amende de 1000 liv. Les femmes sont condamnées au fouet.

Cette denrée forme aujourd'hui une branche considérable des revenus de l'état. La ferme du tabac fut, en 1680, réunie aux autres fermes du roi, & comprise dans le bail qui en fut passé à *Claude Boutet*; ce fut durant ce bail que *Louis* XIV fit, par son ordonnance des fermes du 22 juillet 1681, un réglement sur le tabac.

Depuis long-temps les fermiers généraux ne débitoient en France que du tabac de Virginie; c'est le meilleur. Il y avoit à cet effet un traité avec l'Angleterre, qui nous le fournissoit en temps de guerre, comme en temps de paix. Depuis la révolution de l'Amérique ce traité a été annullé; les Américains, eux-mêmes, occupés de la guerre dont le théâtre étoit spécialement dans cette province, n'ont pu y suppléer, & malgré la paix, ce pays est encore trop dévasté pour subvenir à nos besoins. Le Mariland qui produit du tabac inférieur, a partagé notre approvisionnement avec la Virginie. On a eu recours à des mixtions pour l'améliorer; de-là des résultats souvent funestes, & les plaintes arrivées dans les différents temps dont on a parlé. Celles de Bretagne sont très-sérieuses, elles ont nécessité une ordonnance de police du 11 septembre dernier, & un arrêt du parlement en vacation le 15 du même mois, objet de la cassation annoncée.

15 *Octobre*. Extrait d'une lettre de Rouen, du 12 octobre.... C'est le premier octobre qu'on a exécuté ici le *Centénaire* du chevalier de *Cubières* en l'honneur de Corneille, notre compatriote. Il y a peu d'action; elle consiste en trois muses,

Melpomene, Thalie & *Polymnie*, qui, conduites par *Apollon*, posent chacune une couronne sur la tête de ce grand poëte. L'intermede est terminé par des couplets que chaque personnage chante à son tour. On flagorne ici comme ailleurs le parterre qui n'y est pas moins sensible ; il a fait répéter en conséquence le couplet suivant, dans la bouche d'*Apollon* lui-même :

> Trois divinités du Parnasse
> Pour l'hommage le plus brillant,
> Viennent à l'envi sur ma trace
> De récompenser le talent :
> C'est peu d'avoir un diadême,
> Ces trois couronnes sur le front :
> J'en réclame une quatrieme
> Que vos suffrages donneront.

On a trouvé du reste la piece bien écrite ; on en jugera mieux à la lecture, car elle n'est point encore imprimée. L'auteur étoit à la premiere représentation : il a été demandé vivement & à plusieurs reprises ; mais il n'a point daigné se montrer. Il est parti de cette ville après la quatrieme, lorsque son succès a été bien constaté.

16 *Octobre.* C'est ordinairement vers ce temps-ci, c'est-à-dire vers la fin de l'année, que la cupidité des folliculaires s'évertue, & qu'ils imaginent des titres bizarres pour exciter la curiosité des amateurs. C'est ainsi qu'il s'annonce en ce moment un nouveau journal sous le titre de *Calypso,* ou *les Babillards,* par une société de gens du monde & gens de lettres. D'après le *prospectus* raisonné

de cet ouvrage, d'un genre absolument rare, il sera tout à la fois politique, moral, littéraire, sérieux, comique; il traitera à fond du commerce; il n'aura nul rapport avec tous les journaux connus, & il sera rédigé par un *club*, dont les divers membres connoissent toutes les langues de l'Europe.

17 *Octobre*. Ce qui se passe au quatrieme paragraphe du *Diable dans un bénitier*, est le sujet de l'estampe relative à ce titre allégorique. On y voit le plénipotentiaire de France assis dans un fauteuil, présidant à la cérémonie de l'initiation de l'auteur du *Gazetier cuirassé* aux mysteres de la police. Il s'agenouille & fait son abjuration entre ses mains. Il prête le serment de trahison, d'espionnage, & donne sa foi de Boheme. *Receveur* le montre à *Godard* & à ses autres suppôts, comme leur digne camarade. On apporte en conséquence le collier de l'ordre: une roue suspendue à une corde de chanvre de six lignes de diametre; une croix de Saint-André, sur laquelle un malheureux semble prêt à expirer; une croix de Saint-Louis attachée à une chaîne; deux bagues en forme de menottes: tels sont les attributs de l'ordre dont *Receveur* est grand-maître. Il lui applique à l'instant sur la nuque un grand coup de pincette; *Godard* lui passe la corde au cou, un autre lui met les menottes, &c. Ces dernieres circonstances ne sont qu'indiquées dans l'explication. Le reste de l'estampe est parsemé de pamphlets dont on lit les titres......

Tout cela donne parfaitement l'explication du titre, le *Diable dans un bénitier*; c'est le sieur *Morande*, auteur de libelles, forcé au silence par cette agrégation & même à la poursuite de ses confreres.

17 *octobre*. On continue à s'entretenir de mademoiselle *Dozon*, plus étonnante à mesure qu'on entre dans les détails de son éducation. Ce n'est que vers le milieu du mois de juin dernier que, préparée & disposée par le sieur *Laïs*, qui le premier a connu les dispositions de ce rare sujet, elle a été présentée à l'école du chant; & l'on va voir avec quel soin on y travaille les éleves, & la foule des maîtres qu'on y trouve.

Le sieur *Deshayes* lui donnoit des leçons de danse.

Le sieur *Donnadieu*, fameux maître d'armes, formoit son corps à des mouvements plus libres, plus faciles, plus assortis à la scene.

Le sieur *Molé* lui enseignoit les principes de la déclamation & de l'action théâtrale.

Les sieurs *la Suze* & *Pillot*, enfin, lui dévoiloient l'art d'associer le chant à l'action théâtrale.

Le merveilleux, sans doute, c'est qu'en aussi peu de temps Mlle. *Dozon* ait su profiter de ces différentes leçons, sans les confondre & faire des progrès dans chaque genre.

18 *octobre*. Extrait d'une lettre de Rennes, du 10 octobre... Nos nez sont à la veille de jeûner, & un arrêt du conseil veut absolument qu'ils trouvent bon du tabac qui est détestable & funeste. Il prétend que le parlement, qui n'a pas le nez si fin que la cour, ne doit pas s'y connoître.

C'est ainsi qu'on a cassé l'arrêt de notre chambre des vacations, confirmant une ordonnance de police concernant la distribution du tabac pour toute la province, & qui enjoint aux juges de faire des descentes dans les entrepôts, magasins & manufactures de tabac.

Sur les procès-verbaux du tabac saisi, il a été

constaté que c'est *une masse compacte*, semblable à des morceaux de terre glaise qu'on tire d'une carriere, susceptible de se pétrir entre les doigts, tant le tabac dont elle est formée a été mouillé par l'eau salée, ou l'eau de mer & l'apprêt, & pressé dans des barrils, ayant une odeur aigre & désagréable, produite par la fermentation.

De pareils abus n'auroient point lieu si le tabac étoit envoyé en carottes ; mais l'adjudicataire-général n'y trouveroit pas un si grand profit : le tabac en carottes n'est pas susceptible d'une aussi grande quantité d'eau que celui débité en poudre, qui provient le plus ordinairement des saisies faites sur les fraudeurs.

C'est un M. de *Saint-Hilaire*, fermier-général de tournée, je crois, qui a porté le feu dans cette affaire. Au lieu de se concilier avec les magistrats pour examiner d'où venoit l'abus, comme avoit fait en 1782, à Aix & à Grenoble, son confrere *Augeard*, qui avoit eu cette mission, il a mis en jeu l'autorité ministérielle & provoqué l'arrêt du conseil de cassation, aussi absurde que ridicule.

19 *Octobre*. Dans la feuille du 24 septembre les journalistes de Paris s'expriment ainsi au sujet de la course de MM. *Robert* : « Nous donnerons, » sous peu de jours le détail du plus beau voyage » aérien qui ait encore eu lieu jusqu'à présent, » & que les observations des voyageurs doivent » rendre le plus intéressant. »

Depuis ce temps, il n'a rien paru sur cet objet ; il n'a nulle part été question des freres *Robert*, on ne les a vus en aucun endroit. Le marquis de *Chistelles*, frere du prince de *Chistelles*, chez lequel ils sont descendus & dont ils ont été si bien accueillis, à Paris depuis quelques jours, est allé pour les voir; il n'a pu y parvenir: il leur a écrit; ils ne lui ont point répondu.

D'après ces circonstances, on craint qu'ils ne soient devenus fous comme M. *Charles*, & qu'on ne soit occupé à les traiter.

19 *Octobre*. Les sieurs *Alban* & *Vallet*, directeurs de la manufacture du gaz inflammable établie à Javel, qui ont perfectionné l'art de le former & de remplir les aérostats, de quelque grandeur qu'ils soient, dans tel délai qu'on peut désirer, ont aussi fait leur spéculation de bénéfice sur la nouvelle découverte, & ce sera vraisemblablement la plus utile.

Ils ont construit une machine aérostatique sous les auspices du comte d'*Artois*, dont, avec la permission de son altesse royale, elle porte le nom, les armes & la livrée, & ils sont encouragés par la bienveillance du baron de *Breteuil* & de M. de *Calonne*. Cet aérostat est une *Charlotte* ou *Robertine* de trente-huit pieds de diamètre; on y a adapté une gondole en osier solidement établie. Elle contiendra quatre personnes, indépendamment des deux conducteurs, qui seront l'un à la proue, l'autre à la poupe. Deux cordes attachées à l'équateur du ballon recouvert d'un filet, retenues & guidées à terre, mettront les voyageurs dans le cas de n'aller qu'à la hauteur où ils voudront, de descendre & de remonter à volonté. Cet aérostat sera sous une remise couverte, toujours prêt à partir au gré de ceux qui se présenteront. Ce joujou, espèce de roue de fortune pour ceux qui ne chercheront qu'à s'amuser, sera un observatoire ambulant pour les savants, les géographes, les dessinateurs, les physiciens, les astronomes qui désireront faire des expériences ou des découvertes.

Du reste, ces artistes se flattent que les cordes mêmes seront bientôt inutiles; ils disent avoir trouvé une manœuvre dont ils ont fait l'expérience sur un bateau, avec laquelle on aura un moyen d'aller en avant & en arriere, de monter & de descendre sans perdre de gaz.

16 *Octobre*. On confirme que le roi achete Saint-Cloud pour la reine, qui commence à se dégoûter du petit Trianon. On en fixe toujours le premier achat à 6 millions, & l'on y ajoute 200,000 francs d'épingles pour Mad. la duchesse de *Chartres*.

Par une bizarrerie fort singuliere, cette maison royale n'est qu'une maison de plaisance sous la directe & seigneurie de l'archevêque de Paris, appellé duc de Saint-Cloud. On parle de transférer cet duché-pairie laïque sur Conflans, maison de campagne de ce prélat.

20 *Octobre*. Le public s'empresse de voir & d'acheter aujourd'hui une estampe nouvelle, représentant un monstre, dont voici l'histoire.

"Ce monstre a été trouvé au royaume de Santa-
,, Fé, au Pérou, dans la province du Chily, dans
,, le lac de Fagna, qui est dans les terres de
,, Prosper-Voston: il en sortoit la nuit pour dévorer
,, les cochons, les vaches & les taureaux des en-
,, virons. Sa longueur est de onze pieds, la face
,, est à-peu-près celle d'un homme: la bouche est
,, aussi large que la face: elle est garnie de dents
,, de deux pouces de longueur. Il a deux cornes
,, de vingt-quatre pouces de long, qui ressemblent
,, à celles d'un taureau: les cheveux pendent jusqu'à
,, terre; les oreilles ont quatre pouces, & sont

„ semblables à celles d'un âne. Il a deux ailes,
„ comme celles de chauve-souris; les cuisses &
„ les jambes ont vingt-cinq pouces: il a deux
„ queues, l'une très-flexible, dont il se sert pour
„ saisir sa proie: l'autre qui se termine en flèche,
„ lui sert à tuer: tout son corps est couvert d'é-
„ cailles. Ce monstre a été pris par une quan-
„ tité d'hommes qui lui avoient tendu des pieges
„ dans lesquels il tomba: il fut environné de
„ filets, & conduit vivant au vice-roi, qui par-
„ vint à le nourrir avec un bœuf, vache ou tau-
„ reau par jour, qu'on lui donna avec trois ou
„ quatre cochons, dont on dit qu'il est friand. Le
„ vice-roi a déjà envoyé des ordres sur toute la
„ route par terre, pour qu'on ait l'attention de
„ pourvoir au besoin de ce précieux monstre,
„ en le faisant marcher par étape jusqu'au golfe
„ de Honduras, où il sera embarqué pour la
„ Havane, de-là aux Bermudes, de-là aux Açores:
„ en trois semaines il débarquera à Cadix, d'où
„ on l'amenera petit à petit à la famille royale.
„ On compte prendre la femelle pour en perpétuer
„ l'espece en Europe: elle paroît être celle des
„ Harpies, qu'on avoit regardée jusqu'ici comme
„ un animal fabuleux. „

20 *Octobre*. Extrait d'une lettre de Bordeaux, du 16 octobre..... Il se répand ici la copie d'une lettre adressée aux habitants de cette ville par le pere *Hervier*, bibliothécaire des grands Augustins, à Paris. Elle est datée de Bordeaux le 30 septempre, chez madame la présidente de *Vertamont*.

A l'en croire, venu pour prêcher l'évangile dans cette capitale, on l'a forcé d'être médecin en faisant valoir la sublime découverte du *magnétisme animal*. Il a eu les succès les plus heureux. De-là des honneurs & des persécutions infinis : il s'attendoit à ces dernieres. Les bienséances de son état ont obligé ce thaumaturge d'écarter la foule qui se précipitoit sur ces pas avec trop d'impétuosité, & de n'opérer ses merveilles qu'à la campagne.

Dès que le pere *Hervier* a su que des docteurs instruits par son maître *Mesmer* pouvoient le remplacer & fonder une école à Bordeaux, il a songé à se retirer & à reprendre les fonctions de son état. Sur les sollicitations de personnes distinguées, il a cependant été obligé de les accompagner aux eaux de Bagnieres ; mais il songe très-sérieusement à retourner dans la solitude & sans retour.

De tous les reproches qu'on lui a faits dans les lettres anonymes, libelles & chansons, il n'est sensible qu'à un : c'est le seul qu'il veut réfuter. On l'accuse d'avoir fait une fortune immense. Il a presque toujours refusé un salaire honnête, & si quelqu'un regrette son argent, il est prêt à le lui rendre. Il n'a même accepté de rétribution que pour rouler plus promptement en carrosse au secours des malades & subvenir aux besoins des pauvres. Il leur donnera tout ce qui lui reste, si l'on *ne réclame dans la huitaine*. Il rentrera dans son cloître ses mains pures & nettes.

Tels sont les adieux que nous fait ce double charlatan........

21 *Octobre*. Les états de Provence ont remis à M. le bailli de *Suffren* la médaille qu'ils lui avoient décernée.

On y voit d'un côté son portrait avec ces mots : *Pierre-André de Suffren Saint-Tropès, Chevalier des Ordres du Roi, Grand' Croix de l'Ordre de Saint Jean de Jerusalem, Vice-Amiral de France.*

Au revers, une couronne de lauriers fermée,

avec les armes de la province , contenant cette infcription :

Le Cap protégé ;
Trinquemale pris ;
Goudelour délivré ;
L'Inde défendue ;
Six combats glorieux.
Les états de Provence
Ont décerné
Cette médaille.
M. DCC. LXXXIV.

21 *Octobre* Les plaintes élevées dans différentes provinces du royaume sur les qualités des tabacs pulvérisés dans les manufactures, ont été si violentes qu'il a été décidé d'y remédier & sans défendre à l'adjudicataire des fermes de continuer d'approvisionner de tabacs rapés & préparés dans les manufactures les différents bureaux & débitants par lui établis & commis, d'y mettre plusieurs conditions :

1º De veiller avec le plus grand soin à ce que les tabacs choisis de la meilleure qualité reçoivent dans les manufactures toutes les préparations nécessaires , pour qu'ils puissent être vendus au public par les débitants, sans mélange ni addition quelconque.

2º. De multiplier ses atteliers de rapage autant qu'il sera nécessaire, & de maniere que les transports ne se fassent jamais à plus de trente lieues de distance ; comme aussi d'apporter le plus grand soin dans le choix de ses préposés.

3º. De tenir tous les entrepôts suffisamment approviſionnés de tabac en carotte de la meilleure qualité, pour que les conſommateurs qui voudroient en acheter & le faire raper chez eux, puiſſent ſe ſatisfaire à cet égard & aient la liberté du choix.

Tel eſt l'objet d'un arrêt du conſeil qu'on annonce.

22 *Octobre*. Depuis pluſieurs années on parloit d'un opéra comique à grande prétention, que MM. *Sedaine* & *Gretry* devoient faire jouer ſur le théâtre italien, ayant pour titre *Richard Cœur de Lion* : enfin cet ouvrage tant attendu eſt parvenu à ſon degré de maturité, & a été exécuté hier ſous la déſignation d'une comédie en trois actes, en proſe, mêlée d'ariettes. C'eſt le pendant d'*Aucaſſin & Nicolette* ; en voici le ſujet.

Richard Cœur de Lion, roi d'Angleterre, revenu vainqueur des Sarraſins en 1192, & faiſant alors la guerre au duc d'Autriche, s'engagea imprudemment dans un voyage d'Allemagne. Malgré la précaution qu'il avoit priſe de ſe traveſtir, il fut reconnu & arrêté par ſon ennemi qui le fit enfermer. Sa détention reſta ignorée de toute l'Angleterre. Le royaume étoit dans la plus grande conſternation, lorſque *Blondel*, poëte françois & ami de *Richard*, entreprit de retrouver ce roi malheureux. Ce jongleur emploie toutes les reſſources de ſon eſprit & de ſon talent pour gagner ceux qui peuvent lui donner quelques renſeignements ſur l'objet de ſes recherches, ou de le ſervir dans ſes projets, & parvient enfin à réuſſir.

Les deux premiers actes ont été fort applaudis ; ils ſont remplis d'intérêt : le troiſieme eſt plus que médiocre & le dénouement ſur tout ne répond pas à l'intrigue. Quand cet ouvrage aura ſubi les changements qu'il mérite, on en parlera plus au long.

Le sieur *Philippe* qui fait le rôle du roi *Richard*, dès qu'il a paru sur la scene n'a pu déployer son organe ordinaire à cause d'un enrouement qui lui est survenu tout-à-coup. Le parterre commençoit à témoigner son mécontentement & à le huer, lorsque cet acteur a pris le parti de le haranguer, de lui rendre compte de son accident, de protester de sa bonne volonté & de réclamer son indulgence : malgré son organe rauque il a été applaudi à tout rompre, durant le reste du spectacle. Cet accident a privé le public d'un air superbe, qui est, dit-on, très-bien chanté par cet acteur.

22 *Octobre*. Il y a plus d'un mois qu'on n'entendoit plus parler du sieur *Blanchard* qui se proposoit de passer la mer pour venir en France au plus tard vers le 20 septembre. Depuis ce temps il s'est ravisé & voici l'annonce de Londres, du 12 octobre...... « Samedi prochain, 16 du courant, le sieur *Blanchard*, accompagné de M. *Sheldon*, démonstrateur d'anatomie, doit s'élever dans son *bateau volant*, auquel il a adapté des ailes faites sur un nouveau principe; ses observations l'ayant mis à portée de perfectionner les moyens de direction qu'il a imaginés. Le sieur *Blanchard* se propose, si le vent n'est pas trop fort, de faire des évolutions sur la ville de Londres avant de s'en éloigner. »

Les places sont fixées à Londres à une demi-guinée pour les chambres de l'hôtel d'où il partira, & à cinq schellings pour la cour ; ce qui fait environ 12 livres & 6 livres de notre monnoie. On voit que MM. les Anglois sont magnifiques en tout.

23 *Octobre.* Extrait d'une lettre de Versailles, du 20 octobre. . . . . . . , Rien n'est plus vrai : M. *Bourdon*, premier lieutenant des gardes de la porte, a été fait depuis peu chevalier de Saint-Louis, & c'est le premier officier du corps qui ait eu cet honneur depuis qu'on l'a institué sur un pied militaire. Aussi a-t-il fêté cette cérémonie avec beaucoup d'éclat & invité à un repas d'apparat tous les chevaliers de Saint-Louis, de son espece, qui se sont trouvés dans cette ville. On assure qu'il y en avoit jusques à soixante.

23 *Octobre.* Quoique l'on assure que des officiers françois venant de la Havane disent avoir vu le monstre annoncé & qu'on ajoute qu'on le croit déja arrivé en Espagne, son existence n'est rien moins que constatée, & il est plus certain encore que les papiers espagnols n'en font aucune mention. Aussi n'a-t-on rapporté la relation de ce monstre, relation péchant également contre la géographie, la physique & le bon sens, que pour faire voir à quel point on se joue de la crédulité publique, à quel point l'homme est ami du merveilleux & s'en laisse imposer par les romans les plus absurdes.

Au reste, les gravures de ce monstre sont multipliées à l'infini dans cette capitale ; on le voit par-tout, il y en a d'enluminées, de fort bien faites & de très-cheres.

23 *Octobre.* M. *Campmas*, qui avoit annoncé son expérience aérostatique pour le 20 environ de ce mois, apprenant que le public commençoit à s'impatienter, le rassure par une lettre insérée au journal de Paris, où il dit qu'il ne recule que pour mieux sauter ; qu'il a 40 ouvriers travaillant journellement, & il donne le détail des oc-

cupations du plus grand nombre : rien de plus plaisant que cette description, qui a toute l'emphase d'une gasconnade.

24 Octobre. Depuis long-temps on annonçoit un spectacle qui devoit s'établir au Palais-Royal ; il a eu lieu hier pour la premiere fois. La troupe s'intitule les *petits comédiens* de son altesse sérénissime monseigneur le comte de *Beaujolois*. Ils ont joué trois pieces, *Momus Directeur de spectacle*, Prologue avec ses agréments ; *il y a commencement à tout*, proverbe en un acte, mêlé de vaudevilles, & *la Fable de Promethée*, mise en action, ornée de chant & de danse. Les deux premieres ont paru détestables, la derniere a eu le plus grand succès.

25 Octobre. Lettre du pere Hervier aux Bordelois. « Messieurs, je suis venu prêcher l'évangile au milieu de vous. La sublime découverte du *magnétisme animal* m'a procuré le bonheur de vous-être utile dans un autre genre. Je voulois me borner à la prédication ; vous m'avez forcé à devenir votre médecin. Les succès les plus heureux ont encouragé mon zele & augmenté vos désirs.

Seul possesseur dans votre ville du secret de la nature, le plus important pour l'humanité, j'ai été tout à la fois l'objet des plus glorieux empressements & des plus noires persécutions. Je m'y attendois ; & une fois ma détermination prise de guérir publiquement vos malades, je me suis affermi contre les séductions de la flatterie & les terreurs de la contradiction.

L'évidence des vérités dont je suis le dépositaire, a fortifié ma confiance & nourri mon intrépidité.

Les bienséances de mon état m'ont engagé dans

la suite à m'éloigner de la foule qui se précipitoit sur mes pas avec trop d'impétuosité. Je me suis retiré à la campagne, pour céder à des impressions respectables. Je n'ai reparu de temps en temps que pour donner les plus pressants secours à des malades dont je m'étois chargé.

Dès que j'ai su que des médecins instruits par le docteur *Mesmer* pouvoient me remplacer, j'ai voulu abandonner la médecine de la nature, pour reprendre les fonctions de mon état. Des personnes distinguées, que j'avois eu le bonheur de retirer des portes de la mort, ont désiré que je les accompagnasse aux eaux de Bagnieres; je n'ai pu me refuser à leurs vœux.

Maintenant qu'une nouvelle école de physique & de médecine est établie dans votre ville, content d'y avoir contribué, je vais rentrer dans la solitude, d'où le bien de l'humanité m'a fait sortir pour un temps. Je voudrois y retourner avec la douce satisfaction non-seulement de vous avoir été utile, mais, s'il étoit possible, agréable à tous.

Si quelqu'un croit avoir des raisons de se plaindre de moi, je suis prêt à lui faire justice & à lui prouver les nobles sentiments qu'il exigera. Je n'ai pu répondre à tous les honneurs dont vous m'avez comblé; je suis assuré de votre indulgence, si vous faites attention aux circonstances singulieres qui m'ont environné. Je n'ai pas été le maître de suivre le penchant de mon cœur.

De tous les reproches qu'on m'a faits dans les lettres anonymes, libelles, chansons, je n'en connois qu'un qui exige une réponse.

La soif de l'or déshonore un prêtre. La médecine est un sacerdoce qui demande presqu'autant de désintéressement que celui des autels. On m'accuse d'avoir fait une fortune immense en l'exerçant dans votre ville. Je puis, comme saint Paul, vous prendre tous à témoins que j'ai refusé de la plupart un salaire honnête; & si quelqu'un regrette la reconnoissance dont il m'a honoré, je suis disposé à lui rendre le prix qu'il a daigné mettre à mes soins. Je n'ai accepté de récompense que pour être en état de multiplier mes secours, en me faisant transporter plus promptement chez mes malades, & pour fournir aux besoins de ceux qui manquoient du nécessaire. Le peu qui me reste servira à cet usage, si l'on ne le réclame pas dans la huitaine. Je rentrerai dans mon cloître les mains pures & nettes, avec la satisfaction de vous avoir fait tout le bien qui étoit en mon pouvoir. J'ai l'honneur d'être, avec le plus profond respect, messieurs, &c.

25 Octobre. Il paroît que le conseil a eu peur, en effet de la fermentation occasionnée en Bretagne par le mauvais tabac rapé; en conséquence, de concert sans doute avec les fermiers-généraux, il a été rendu le 16 un arrêt concernant la vente & le débit du tabac, qui impose en effet les restrictions annoncées.

On commence par excuser les fermiers-généraux, par louer même leur zele d'avoir cherché à prévenir les fraudes des distributeurs de la denrée qui, pour augmenter leurs bénéfices, y mêloient des corps étrangers, souvent d'une espece nuisible à la santé des consommateurs, en prenant le parti de ramener la main-d'œuvre du rapage ou du moulinage aux manufactures établies à cet effet; d'où il résultoit même une économie intéressante pour les consommateurs moins aisés, qui ne supporteroient point les frais de la revente.

Cependant on ne peut s'empêcher de convenir que le changement opéré dans la préparation des tabacs destinés à la consommation journaliere, n'a pas produit tout l'effet qu'on en devoit attendre; mais par une tournure fort singuliere, on attribue à des cabales des débitants mêmes, espérant de faire abandonner un nouveau régime si contraire à leurs intérêts, les plaintes appuyées de motifs assez spécieux pour déterminer les cours des aides des provinces, où elles se sont élevées, à les approfondir, & à ordonner à cet effet des visites & des vérifications.

On se plaint que ces visites & vérifications, proscrites par un grand nombre d'arrêts du conseil, aient l'inconvénient d'inspirer de l'inquiétude aux consommateurs, & de suspendre les ventes au préjudice d'une portion très-intéressante des revenus de sa majesté.

Enfin l'on avoue que ces plaintes étoient fondées, que des parties de tabac en poudre étoient avariées, soit par la négligence de la manipulation, soit par un transport trop éloigné. C'est pour y remédier qu'on a pris les précautions annoncées, & laissé le choix du tabac rapé ou en carotte aux consommateurs.

29 Octobre. Le roi a fait écrire par M. le baron de Breteuil une lettre circulaire à tous les évêques résidants actuellement à Paris, qui leur enjoint de se retirer, chacun, dans leur diocese, & de s'y tenir. Sa majesté ajoute que s'ils ont des affaires qui les obligent de venir ici, elle entend qu'ils lui en rendent compte avant, & elle jugera si leur présence y est effectivement nécessaire.

Cette lettre écrite déjà depuis plusieurs jours a fort scandalisé *Nosseigneurs*. Ils ne contestent point au roi le bruit de police fur eux ; mais ils trouvent qu'on n'a pas fuivi le protocole de ces fortes d'ordres, & qu'on les traite bien leftement. En conféquence ils n'ont point encore optempéré & ils attendent une explication ultérieure.

26 *octobre*. L'ouverture de la falle du fpectacle des comédiens de bois de M. le comte de *Beaujolois*, s'eft faite prefque avec autant d'affluence que celles de comédies italienne & françoife. Cette falle eft charmante, mais petite. Il y a vingt-deux banquettes dans le parquet, deux rangs de onze loges chacun, quelques loges grillées & des intervalles pour des fpectateurs debout ; en forte qu'elle peut contenir environ 800 perfonnes L'orcheftre des muficiens eft fpacieux & le théâtre d'une étendue convenable, même pour le jeu des machines d'opéra.

De plein pied au parquet font deux chauffoirs, dont l'un en galerie & l'autre en fallon carré ; ils font décorés avec autant de goût que de nobleffe, & meublés très-élégamment.

L'orcheftre eft excellent ; les marionnettes font bien faites & ont affez de vérité, fauf ces vilains fils d'archal qui les font mouvoir par en haut, dont le fpectateur voit chaque différent mouvement, & qui ôtent toute l'illufion.

Il paroît que les directeurs de ce fpectacle n'ont point encore eu la précaution de s'attacher aucun poëte, en forte que les deux premieres pieces font d'une platitude rare & fans la plus légere teinture du théâtre. On ne fait où ils ont pris le petit opéra de *Prométhée* ; mais, outre que le fond en eft bien entendu, la verfification réguliere, noble & harmonieufe, l'exécution a paru furprenante ; des décorations fraîches, des changements rapides

& multipliés, des vols, des descentes de dieux, des nuages, des tonnerres, en un mot tout ce qui distingue le théâtre lyrique, s'y trouve presque avec la même perfection ; même des voix mélodieuses. Quant aux ballets, ils sont dessinés par de petits enfants des deux sexes, qui ont encore besoin d'étude & de pratique.

Les deux premieres pieces avoient été si mal reçues, tellement sifflées & huées, que les directeurs & les acteurs étoient déconcertés, & qu'il a fallu quelque chose d'aussi excellent pour calmer la fermentation & exciter les applaudissements : ce qui prouve cependant combien les directeurs sont dénués de secours, c'est que malgré la réprobation générale, ils ont été obligés de jouer encore avant-hier & hier le *Prologue* & le *Proverbe*, sans pouvoir y substituer rien de mieux.

26 Octobre. On a cité dans le temps l'inscription latine de l'abbé *Boscovitz* pour la pompe à feu de MM. *Perrier*; on en a rapporté depuis la traduction en vers françois par M. *Guidin.* C'est un sujet sur lequel les amateurs s'exercent à l'envi.

M. *Trochereau* de *la Berliere*, ancien commissaire de la marine, des académies de Rouen & d'Orléans s'est aussi évertué ; il a réduit en un seul vers le distique de l'abbé *Boscovitz.*

Sequana, vulcanusque novo dant fœdere lymphas.

Un autre amateur a cru lui donner plus de justesse, de précision & de vivacité par le pentametre suivant :

Fœdere dant lymphas ignis & unda novo.

27 *octobre*. Depuis long-temps on a vaguement annoncé la formation de la nouvelle *société philantropique*, mais elle s'est toujours jusqu'à présent tenue & cachée dans les ombres du mystere ; elles se dissipent avec le temps, & voici ce qu'on en sait de plus positif.

Elle doit son origine à sept citoyens zélés, qui bientôt en enrôlèrent d'autres ; elle s'est élevée successivement jusqu'au nombre de vingt, & elle le passoit au commencement de cette année.

La société nomme annuellement un président, deux vice-présidents, un secretaire & un trésorier. Cette année c'est M. le duc de *Charost* qui occupe la premiere place.

En outre on choisit chaque année un comité de quelques membres : il a pour objet de recevoir les demandes, d'examiner les besoins, de préparer les secours à certain nombre d'octogénaires, d'enfants aveugles nés & de pauvres femmes en couche.

Du reste, ces messieurs prétendent que par une merveille rare, l'union la plus parfaite exclut de la société tout esprit de domination & de prépondérance.

Le nombre des malheureux secourus par la société se montera pour l'année prochaine à vingt-quatre octogénaires au lieu de douze, celui des aveugles-nés est de douze, & elle commencera en 1785 à fournir une somme de 48 liv. à vingt-cinq femmes de pauvres ouvriers, enceintes, qui auront les conditions requises.

27 *octobre*. Tout ce qui tient au sieur de *Beaumarchais*, est, ce semble, fait pour exciter du bruit & du scandale. On a déjà rendu compte comment la comédie françoise s'opposa à ce que la comédie italienne jouât son *Barbier de Seville*, mis en musique ; comment M. *Framery*, parodiste

Tome XXVI.   M

de la musique de M. *Paësiello* est en différend avec M. *Moline*, autre parodiste. Aujourd'hui c'est un M. *Weneck* qui réclame la propriété de l'ouvrage, en qualité de substitut du musicien original, revêtu d'un privilege du roi au nom de M. *Paësiello* au sien, & en ayant déjà fait copier les rôles & les parties pour l'opéra de Paris. Ensorte que le théâtre lyrique semble aussi avoir des prétentions à l'ouvrage, & vouloir le jouer à l'exclusion du théâtre italien.

27 Octobre. Après 34 ans M. *Marmontel* s'est avisé de rajeunir la tragédie de *Cléopâtre* & de la ramener sur la scene très améliorée : la premiere représentation étoit déjà annoncée sur l'affiche pour le samedi 16 de ce mois : on devoit l'exécuter avant à Versailles & essayer le goût de la cour ; on ignore quel obstacle est survenu ; mais l'ouvrage est renvoyé loin, car l'annonce a disparu totalement.

28 Octobre. Extrait d'une lettre de Saint-Germain-en-Laye, du 19 octobre.... M. le maréchal duc de *Noailles*, notre gouverneur, qui tenoit autrefois ici le plus grand état, qui aimoit beaucoup les dames de notre ville, leur donnoit des spectacles, des bals, des fêtes de toute espece, vit aujourd'hui comme le particulier le plus modeste. Il s'occupe uniquement de son jardin à l'angloise, pour lequel le roi, outre la premiere concession très considérable qu'il lui a faite dans la forêt de Saint-Germain, limitrophe de son terrain, vient d'en accorder encore une moindre, mais de plusieurs arpents. Il est grandement question d'une superbe riviere qui fait l'ornement principal de ces sortes de jardins ; elle est formée du superflu des eaux des fontaines de Saint-Germain. C'est ce qui a fourni matiere à l'inscription suivante de M. *Trochereau de la Berliere*, homme de lettres qui s'est retiré dans ces cantons, qui s'y adonne à l'agriculture & a formé lui-même un jardin de botanique superbe. Voici son idée assez heureuse à mon gré :

Nympda urbana prius fieri nunc rustica gaudet.

28 *Octobre.* On annonce un ouvrage plus fort que le *Portier des Chartreux*, ayant pour titre *la Conversion du comte de Mirabeau*. Il est enrichi de dix estampes dans le même genre.

29 *Octobre.* Tandis qu'on décrie & bassoue le docteur *Mesmer* de toutes les manieres, ses partisans ne cessent d'opposer à ce déchaînement les marques du respect & de l'admiration dont ils sont pénétrés pour lui. C'est ainsi que le graveur le Grand vient de mettre en vente le portrait de cet étranger, dessiné d'après nature par M. *Pujos.* On lit au bas ces vers de M. *Palissot* :

Le voilà ce mortel dont le siecle s'honore,
Par qui sont replongés au séjour infernal
Tous ces fleaux vengeurs que déchaîna Pandore ;
Dans son art bienfaisant, il n'a point de rival,
Et la Grece l'eût pris pour le Dieu d'Epidaure.

29 *Octobre.* C'est la reine qui par une lettre très-affectueuse écrite à M. le duc d'*Orléans*, lui a marqué connoître trop bien son attachement envers la famille royale pour douter un instant qu'il hésitât à faire au roi le sacrifice de son château de Saint-Cloud & à le vendre à sa majesté, comme le lieu estimé par la faculté le plus propre à la santé & à l'éducation physique de M. le dauphin.

En conséquence le marché a été conclu samedi dernier.

La reine a écrit depuis à M. le chevalier de *Mornay*, gouverneur de Saint-Cloud, âgé de 84 ans, que l'intention du roi étoit qu'il conservât sa place & continuât ses fonctions. M. de *Mornay*, en témoignant à la reine toute sa reconnoissance de ses bontés, lui a demandé la permission de se retirer; il a dit qu'attaché à la maison d'*Orléans* depuis 80 ans, son désir étoit de mourir auprès de ses anciens maîtres.

M. le duc d'*Orléans* extrêmement sensible à cette marque de zèle, a écrit à M. de *Mornay*, qu'il pouvoit lui demander tout ce qu'il voudroit.

29 *Octobre*. Le cours des petites lettres dont on a désolé pendant plusieurs années M. l'évêque d'Autun, semble interrompu & on le croit même totalement cessé depuis qu'on a éventé la mine d'où partoient ces fréquentes & cruelles explosions. Ce silence confirme les soupçons qu'on avoit sur l'évêque d'Arras & ses coopérateurs. On sait que le premier a perdu le procès qu'il avoit contre le ministre de la feuille, & que celui-ci, que son rival accusoit indirectement de simonie, a été pleinement vengé par l'arrêt qui fait retomber les frais sur l'autre & le condamne aux dépens. M. d'Arras est furieux, & s'il osoit il n'épargneroit certainement pas M. d'Autun; mais sa propre conservation l'oblige d'être prudent, aujourd'hui qu'il est démasqué.

30 *Octobre. Monsieur* est un prince rempli de connoissances, d'esprit & de finesse: dans l'inaction où le réduit son rôle, pour s'amuser il s'occupe quelquefois à mystifier le public. C'est ainsi qu'on lui attribue l'imagination des sabots élastiques; le correspondant de Lyon n'étoit que le prête-nom de son altesse royale auprès des crédules journalistes de Paris. Aujourd'hui l'on croit également ce prince auteur de la relation du monstre prétendu. Il y a mêlé exprès beaucoup d'absurdités pour

mieux prouver combien il est aisé d'en imposer aux sots & aux ignorants qui forment le grand nombre & subjuguent quelquefois les gens moins aisés à duper. Ce point de vue philosophique est bien digne de la sagesse de *Monsieur*.

30 Octobre. On peut se rappeller la suppression des échoppes qui a eu lieu depuis quelques mois dans la plupart des rues de Paris, ce qui a mis dans l'embarras de ne savoir où se réfugier nombre d'étaleurs & de gagne petits. Par un arrêt du conseil du 4 de ce mois il est question de restreindre encore la tolérance à cet égard. M. l'abbé *Baudeau*, conseil de M. le duc de *Chartres* & le directeur de ses finances dans la partie économique, a fait une spéculation sur cet événement. Dans l'impossibilité où est le prince de continuer son gros corps de bâtiment à l'entrée du jardin du Palais-Royal, dont le péristile seul étoit commencé, il a imaginé de former dans l'espace entre les parties de colonnes déjà élevées à une certaine hauteur, une espece de foire perpétuelle. En conséquence il a trouvé un entrepreneur qui s'est chargé de faire construire à ses frais dans cet espace pour un temps donné, une quantité de petites boutiques à louer à son profit, par ces forains, en rendant à son altesse sérénissime une certaine somme, sur laquelle on varie encore. Ce coup-d'œil ne sera pas magnifique; le revenu sera médiocre; mais dans la détresse il faut tirer parti de toutes ses ressources.

31 Octobre. Tout le monde connoît le discours qui a remporté le prix de l'académie de Berlin sur la question de *l'universalité de la langue françoise*, par M. le comte de *Rivarol*. Un M. le chevalier *Jouin de Saureuil*, auteur d'un ouvrage intitulé: *Anatomie de la langue françoise*, qu'il a composé originairement en anglois & qu'il se propose de traduire en françois, attaque aujourd'hui l'auteur du discours couronné. Dans une lettre à M. le baron de *Bernstorff* du musée de Paris, en date de Paris le premier août, il prétend, après avoir accordé beaucoup d'éloges à cette dissertation généralement estimée, qu'elle auroit besoin d'être traduite en françois. Cette attaque ironique a vivement piqué l'amour-propre de M. le comte de *Rivarol*, qui a riposté, & il faut voir ce que deviendra cette guerre littéraire.

1 *Novembre* 1784. Les choses vraies ne sont pas toujours vraisemblables, & c'est la vraisemblance plus que la vérité qu'il faut chercher dans une piece de théâtre. C'est par où peche essentiellement l'opéra comique de *Richard cœur de Lion*; quelque fondé qu'il soit sur un fait historique, comme il paroît absurde, tous les moyens employés par l'auteur y participent & ne peuvent obtenir de créance : quoi qu'il en soit, voici la marche de l'ouvrage.

Un François nommé *Blondel*, l'un des plus célebres Troubadours, troupe à laquelle s'étoit agrégé le roi *Richard*, qui honoroit ce confrere d'une amitié particuliere, se met en tête de découvrir ce monarque dont on ignore le sort. Il ne trouve rien de difficile, il n'est effrayé d'aucun obstacle, d'aucun danger.

Il parcourt divers pays, après avoir eu la précaution, afin de mieux réussir, de se faire passer pour un aveugle. Il arrive dans un petit village d'Allemagne; il charme tous les habitants par ses chansons; il fait danser toutes les filles avec son violon. Il y avoit auprès de ce village un château-fort, où l'on enfermoit les prisonniers. *Blondel*, on ne sait pourquoi, soupçonne & se persuade que

Richard y est. La circonstance d'une lettre qu'on lui propose de déchiffrer, quoiqu'aveugle, & inconnu de celui qui la présente, lui donne le secret d'une intrigue amoureuse entre le gouverneur de ce château & la fille d'un Anglois réfugié dans ce canton, chez qui, par un autre hasard non moins extraordinaire, loge *Marguerite*, comtesse de Flandre, amante de *Richard*, qui voyage aussi pour le chercher. Telle est l'exposition dont est composé le premier acte, sauf quelques détails étrangers à l'intrigue, que M. *Sedaine* y a répandus pour le mieux remplir & y jeter quelque gaieté.

Au second acte *Blondel* persuadé que le roi est dans le fort, va chanter au pied de la tour le commencement d'une romance composée autrefois par ce prince, en l'honneur de *Marguerite*; cette voix connue & chérie frappe *Richard*, qui, pour se faire connoître, chante à son tour & continue la romance. Le Troubadour françois est transporté de joie de voir son pressentment accompli, quand tout-à-coup il est arrêté par les gardes & entraîné en prison. C'est ce qu'il désiroit; il demande à parler au gouverneur à l'instant & pour affaire pressée. Il est introduit devant lui. Il joue le rôle du confident de la jeune personne, à laquelle ce militaire demandoit un rendez-vous dans son billet & le lui assigne. Il n'a plus alors de peine à persuader au gouverneur que tout ce qu'il a fait n'est qu'une ruse pour s'introduire sans éclat auprès de lui & remplir sa mission. Cet officier admire sa finesse & le renvoie avec une récompense.

Blondel, poursuivant son dessein, commence le troisieme acte par une entrevue avec *Marguerite* & une reconnoissance. Il lui communique sa précieuse découverte, & ils travaillent de concert à la délivrance du prisonnier. Ils mettent dans leurs intérêts le pere de la jeune personne qu'aime le gouverneur. Une fête que donne exprès la princesse, cause un tumulte qui sert de prétexte à l'amant, introduit par le poëte françois, d'avoir une entrevue secrete avec sa maîtresse. Surpris à ses pieds par le pere, il n'a d'autre ressource pour l'obtenir en mariage & se retirer lui-même d'affaire, que de consentir à la délivrance du prisonnier, sollicitée avec la plus vive ardeur par la belle *Marguerite* qui intervient & met le comble à son embarras. Il faut avouer que ce dénouement n'est ni noble, ni ingénieux. Comme la seconde représentation de la piece qui n'a eu lieu que samedi 31, avoit été retardée pendant long-temps, on se flattoit que M. *Sedaine* auroit profité de ce répit pour le changer & l'améliorer; mais faute de ressource ou de bonne volonté, il n'en a rien fait.

1 *Novembre*. M. *Cartault*, ancien premier commis de la marine, mort il y a quelques jours, avoit pour le calcul un goût, ou plutôt une passion qui est fort rare. Il avoit calculé les logarithmes des nombres jusqu'à deux cents cinquante mille. Le manuscrit en deux volumes in folio est entre les mains de M. de *la Lande*, qui doit le déposer à l'académie des sciences, de même que celui de M. *Robert*, curé de Toul, qui contient les logarithmes des sinus pour toutes les secondes.

M. de *la Lande* ayant eu connoissance du talent de M. *Cartault*, lui proposa des calculs plus utiles, mais pour lesquels il falloit une patience peu commune. *Halley*, célebre astronome d'Angleterre, avoit publié plus de mille observations de la lune, & il les avoit comparées avec ses tables; il étoit utile de les comparer avec les tables nouvelles de *Mayer*. M. *Cartault* s'en chargea, & il en est fait mention dans la *Connoissance des temps de* 1774, page 281. Si ces calculs, & d'autres semblables, se trouvent dans les papiers de M. Cartault, il est à désirer qu'on les remette entre les mains des astronomes qui peuvent en faire usage.

2 *Novembre*. Depuis long-temps on se plaignoit qu'on laissât tomber en ruine l'observatoire, ce monument élevé par *Louis XIV* à la gloire & à l'avancement de l'astronomie. Il paroît que *Louis XVI* entrant dans les vues du monarque fondateur, veut relever cet établissement, & le rendre plus utile. En conséquence S. M. vient d'ordonner la construction de trois instruments capitaux qui manquoient à l'observatoire ; savoir, un grand corps de cercle mural de sept pieds de rayon, un équatorial de seize pouces de diamètre, & un cercle entier de dix-huit pouces de rayon.

A l'avenir, à compter du premier janvier 1785, il y aura trois éleves qui, sous les yeux & l'inspection du directeur, suivront constamment le cours général des observations, en tiendront registre, & partageront entre eux les veilles, de manniere qu'à tous les instants du jour ou de la nuit il y ait, à l'observatoire royal, un observateur prêt à faire les observations de toute espece qui se présenteront. Le roi a pourvu à ce qu'il soit formé peu-à-peu, une collection complete de livres d'astronomie, de sorte qu'il y ait à l'observatoire une bibliotheque en ce genre, où les savants puissent trouver tout ce qui y aura rapport.

2 *Novembre*. On confirme de plus en plus que c'est le prince auguste dont on a parlé, qui est l'auteur de la relation du monstre prétendu. On ajoute que c'est une allégorie qu'il a imaginée relative au *Magnétisme animal*, dont une caric-

M 5

ture où l'on représente le docteur *Deslon* avec une tête d'âne & une queue de singe, a fait naître l'idée à son altesse royale.

3 Novembre. L'achat que le roi vient de faire de Saint-Cloud, au moment où l'on semble craindre une rupture, rassure les politiques & leur fait présumer qu'elle n'aura pas lieu; ils fondent leurs conjectures sur le caractere connu de sa majesté: il paroît constant aujourd'hui que depuis long-temps elle avoit eu le goût le plus vif pour Rambouillet; mais qu'elle y avoit résisté pendant tout le temps de la guerre, & ne s'est déterminée à en faire l'acquisition qu'à la paix. Ils en concluent que son goût pour l'économie, & la crainte de surcharger les peuples l'auroient également détournée aujourd'hui d'acheter Saint-Cloud, & de faire plusieurs autres dépenses de cette espece non nécessitées.

3 Novembre. On est très-effrayé d'un arrêt du conseil d'état du roi, du 25 septembre dernier, qui révoque les arrêts du conseil des 29 juillet & 21 octobre 1749, portant réglement pour la taxe du bois de chauffage à Rouen, & ordonne qu'il y sera vendu à prix libre de gré-à-gré. On craint, vu la disette de cette denrée de premiere nécessité, qu'il n'en résulte un monopole, & peut-être des révoltes qui en sont la suite ordinaire.

4 Novembre. Il paroît des *Observations sur les deux rapports de MM. les commissaires nommés par sa majesté pour l'examen du Magnétisme animal.* Tel est le titre d'un écrit in-4°. de 31 pages de M. *Deslon*. Il est daté de Paris le 6 septembre.

Ce maître prétend y démontrer que pour juger de l'existence & de l'utilité du magnétisme, messieurs les commissaires se sont écartés de la marche qu'il leur avoit tracée & convenue avec eux,

Que des expériences qu'ils ont faites, il ne résulte que des preuves négatives.

Que ces expériences mêmes, pour qu'on en pût conclure quelque chose, auroient dû être répétées, parce que l'action de ce fluide, ainsi que celle de l'aimant, n'est pas uniforme.

Que les effets avoués par MM. les commissaires, & ceux sur-tout éprouvés par eux-mêmes, supposent une cause.

Qu'enfin cette cause ne pouvant être, ni l'attouchement, ni l'imitation, ni l'imagination, tous les effets produits sous les yeux de MM. les commissaires, appartiennent au magnétisme.

Tel est le résumé de cette espece de dissertation, dont toutes les parties ne sont rien moins que solidement prouvées.

On peut en extraire quelques faits plus intéressants à conserver.

M. *Deslon* veut que la prohibition du magnétisme animal soit impossible aujourd'hui que M. *Mesmer* a fait trois cents éleves; que lui *Deslon* a instruit cent soixante médecins, sans compter une infinité d'autres personnes parvenues par leurs propres études, ou par des lumieres communiquées, à connoître & pratiquer cette méthode.

Parmi les cent soixante médecins qu'a instruits M. *Deslon*, il y a eu vingt-un membres de la faculté de médecine de Paris.

A l'apparition du premier rapport des commissaires, la faculté s'est assemblée extraordinairement. Elle a voulu exiger que les médecins magnétisants abandonnassent par écrit, non-seulement la pratique du magnétisme animal, mais encore leur croyance.

L'amour de la paix a porté dix-sept de ces docteurs à promettre de quitter toute pratique magnétique ; mais ils ont refusé d'en reconnoître la fausseté, d'autant qu'ils avoient signé l'affirmative dans les mains de M. *Deslon*, suivant la méthode de ce professeur, de n'admettre personne à l'instruction, qui n'ait d'abord reconnu l'existence de l'agent.

Enfin M. *Deslon* confirme le bruit qui avoit couru depuis long-temps que M. *Mesmer* vouloit le traduire en justice. En effet la procédure a commencé par le premier acte usité, par une assignation que convient avoir reçue le disciple. Ensuite dans une lettre à M. *Francklin*, M. *Mesmer* déclare avoir renoncé à cette action. Ainsi le procès est resté là.

Au surplus M. *Deslon* avoue que M. *Mesmer* ne lui a jamais confié ses principes ; il est parvenu à se faire une doctrine qui lui est propre, qui n'est peut-être pas la meilleure, mais qui satisfait son esprit & le guide utilement dans ses procédés.

4 Novembre. La seconde représentation de *Richard cœur de lion*, retardée jusqu'au samedi 31 octobre, a été beaucoup mieux exécutée que la première fois. On y a d'abord corrigé dans le costume un anachronisme effroyable, en ce que *Richard cœur de lion* y paroissoit décoré de l'ordre de la jarretiere, institué seulement environ 150 ans après. Le second acte sur-tout, le plus intéressant, a produit encore plus d'impression par un ensemble parfaitement bien entendu. Du reste, l'auteur qu'on s'imaginoit occupé, comme on l'a dit, à rendre la marche de la piece plus rapide & plus claire, par la suppression d'incidents étrangers qui ne font que l'embarrasser, fort indocile de son naturel aux crix du public, ne l'a point raccourcie. Quoi qu'il en soit, il s'est appuyé sur la variété & l'agrément des situations qu'elle contient; la musique vive & piquante dont l'inépuisable M. *Gretry* les a embellies ne contribue pas peu à leur effet.

Le rôle le plus brillant, sans contredit, c'est celui de *Blondel*, charmant, pétillant d'esprit & de gaieté d'un bout à l'autre. Il est délicieusement rendu par le sieur *Clairval*. Cette production ne peut qu'ajouter à la réputation des deux compositeurs.

4 Novembre. Le concert spirituel du jour de la Toussaint a été remarquable par une production françoise très-applaudie; malgré le dégoût général des partisans de la musique étrangere. C'est un *In exitu* de M. *Desormery*: cet ouvrage, plein de beautés, a excité les plus vifs applaudissements & fait frémir les cabales diverses de *Gluckistes*, de *Piccinistes*, de *Sacchinistes*, &c. Il paroît que le musicien a plus de vocation pour le genre des motets que pour les pieces à ariettes, où il n'a pas obtenu un succès aussi marqué.

Le sieur *le Fevre*, musicien des gardes-françoises, a aussi débuté dans la clarinette, & fait honneur à M. *Michel*, son maître.

5 Novembre. La société royale de médecine se glorifie beaucoup d'avoir vu dans son sein le comte d'*Oëls*, le premier illustre étranger qu'elle ait eu occasion de célébrer. C'est le 26 du mois dernier que ce prince a daigné honorer de sa présence une assemblée de ce corps. Aussi le secretaire *Vicq d'Azyr* n'a-t-il pas manqué de témoigner au comte d'*Oëls* sa satisfaction par un discours prononcé à l'ouverture de la séance, assez adroit en ce qu'il y prétend avoir trouvé le modele de la société dans un comité de médecins à Berlin, dont les travaux s'imprimoient dès 1721. Il vient par une transition assez heureuse à l'éloge du héros, d'un général dont le juge le plus respectable à dit ce qu'on ne peut appliquer à nul autre, qu'il n'a pas commis la faute la plus légere dans ses longs & glorieux exploits.

5 Novembre. Le comte d'*Oëls*, qui avoit pris congé de leurs majestés & de la famille royale le 31 du mois dernier, ne doit pas tarder à quitter Paris ; mais avant de s'éloigner il doit aller à Sainte-Assise, chez madame de *Montesson*, & chez le prince de *Condé* à Chantilly.

Ce prince a été successivement complimenté par toutes les académies. Celle des belles-lettres l'a fait par l'organe de son secretaire M. *Dacier* Mais comme elle est peu en recommandation, cette séance n'a pas excité grand bruit ; elle a eu lieu le 7 septembre.

L'académie françoise est celle qui ait le moins accueilli ce héros. Outre que le jour de la saint Louis aucun de ses membres ne lui adressa de compliment, c'est qu'après la séance ce prince s'étant rendu dans la salle des académiciens, resta isolé & assez embarrassé de sa personne, sans que ces messieurs l'entourassent & l'entretinssent, y parussent faire la moindre attention.

5 Novembre. Enfin MM. *Robert* rompent le silence & publient un *Mémoire sur les expériences aérostatiques* faites par eux, où ils prennent le titre *d'ingénieurs pensionnaires du roi*. Ils démentent par-là le bruit qui avoit couru sur leur compte ; du moins il en résulte que leur accident n'a pas été long. Par une mention qu'ils font de quelques expériences de M. *Charles*, assez récentes, ils nous apprennent encore indirectement que celui-ci, dont l'état fâcheux avoit été malheureusement mieux constaté, ou du moins beaucoup plus annoncé & répandu, est revenu dans son état naturel,

6 Novembre. C'est à la querelle élevée entre M. le baron de Breteuil & M. l'évêque de l'Escar qu'on attribue la lettre circulaire adressée aux évêques en date du 16 octobre. On sait que M. de *Noë* fit beaucoup de résistance aux insinuations de ce ministre qui cherchoit à lui adoucir l'ordre de sa majesté; qui lui conseilla d'abord, comme de son propre mouvement, de faire cesser par son absence les impressions fâcheuses qu'il excitoit; qui, poussé à bout, lui déclara enfin qu'il n'y avoit pas moyen de reculer, puisqu'il lui parloit au nom du maître. Ce que ne voulut pas croire le prélat, qu'il n'eût vu l'ordre par écrit.

On a vu de temps en temps des injonctions du procureur-général aux évêques de se retirer dans leur diocese respectif, injonctions dont ils ne faisoient pas grand cas; mais on assure qu'une pareille lettre du roi aussi précise est sans exemple au fond & dans la forme. Plusieurs évêques ont eu peine à y obtempérer. Ils ont fait des représentations, mais inutilement, & ils sont à-peu-près tous partis aujourd'hui.

Bien des gens estiment encore que leur résidence ne sera pas longue; qu'on veut les tenir écartés, pour les empêcher de se réunir & de cabaler jusqu'au temps de l'assemblée décimale du clergé, qui doit avoir lieu au mois de mai prochain, & est très-importante par les matieres à y traiter.

6 Novembre. Depuis long-temps on avoit annoncé au théâtre italien une piece encore engendrée du *Mariage de Figaro,* sous le titre des *Amours de Chérubin,* comédie nouvelle en trois actes & en prose, mêlée de musique & de vaudevilles. On avoit dit ensuite qu'elle avoit été arrêtée à la police, & l'on désespéroit de la voir jouer. Elle a enfin eu lieu avant-hier; tout ce qui tient à l'original de tant de mauvaises copies suffit pour mettre Paris en rumeur. Aussi cette représentation avoit attiré une grande affluence. On s'imaginoit trouver une parodie critique du *Mariage de Figaro*, & l'on a été indigné que l'auteur, soit mutilation, soit respect, soit crainte, n'ait pas osé se permettre le plus léger coup de patte. En outre le titre annonçoit au moins de la gaieté, le genre de l'intrigue l'exigeoit; le parterre n'a point vu son attente frustrée sans en témoigner son mécontentement, & il en a résulté un tumulte si considérable qu'on peut regarder la piece comme tombée.

Une pareille chûte, peu commune à ce théâtre n'en est que plus humiliante pour le poëte, connu déjà par plusieurs pieces agréables qu'on y avoit accueillies favorablement. Il s'agit de monsieur *Desfontaines*.

7 Novembre. C'est M. *Vigé* qui le premier, tandis que le *Mariage de Figaro* occupe encore la scene françoise avec tant d'avantage, y a osé risquer une comédie. Il a fait jouer hier pour la premiere fois *la fausse Coquette* en trois actes & en vers. Il est vrai qu'il étoit appuyé par une puissante cabale. Comme il est frere de Mad. *le Brun* qui tient une espece de bureau d'esprit où va toute la cour, il n'a pas eu de peine à recruter des *battoirs*. Ce nouvel ouvrage est dans le genre des *Aveux difficiles* du même auteur: peu d'action & beaucoup de madrigaux. L'intrigue de celle-ci a le mérite d'être claire, si c'en est un, parce qu'elle est plus nulle. Il faut voir si son succès se soutiendra.

7 Novembre. Extrait d'une lettre de Grenoble, du 28 octobre.... Si vos docteurs de Paris s'égaient sur les docteurs *Mesmer* & *Doston* & sur leur doctrine, les nôtres ne sont pas moins plaisans. Voici l'épigramme d'un médecin de cette province, faite sur le champ, après avoir vu le rapport de messieurs les commissaires nommés par le roi, pour l'examen de cette vieille erreur renouvellée.

  Le magnétisme est aux abois,
  La faculté, l'académie,
  L'ont condamné tout d'une voix
  Et l'ont couvert d'ignominie.
Après ce jugement bien sage & bien légal,
  Si quelqu'esprit original
  Persiste encore dans son délire,
  Il sera permis de lui dire,
  Crois au magnétisme..... animal !

Vous voyez que nous nous connoissons aussi dans le Dauphiné en calembours & que nous savons les admirer.

8 Novembre. Les faiseurs de distiques continuent à s'exercer. Chacun se dispute à qui fournira la meilleure inscription pour la pompe à feu. On en a rapporté plusieurs latines, en voici d'autres françoises qui ne sont que des traductions des premieres.

Un anonyme a rendu ainsi celle de l'abbé *Boscovits*.

 Le Dieu du feu s'accorde avec le Dieu des eaux,
 Et la flamme en ces lieux jette l'onde à grands flots.

Un autre s'exprime avec plus de précision & moins d'harmonie :

 Ici l'onde & le feu font un accord nouveau,
  C'est le feu qui nous donne l'eau.

Un M. de *la Mesenquere* a composé un distique latin que nous n'avions pas encore rapporté. Il mérite d'être excepté de la foule des autres que nous avons laissé à l'écart. Le voici :

Hic pugnæ immemores conspirant ignis & unda
Ipsa urbi attonitæ flamma ministrat aquas.

Ce distique a plu à M. de *Sancy* qui aime le genre & l'a fait passer de la sorte dans notre langue :

Ici du feu, de l'eau, la guerre est terminée ;
La flamme donne l'onde à la ville étonnée.

8 Novembre. Quelqu'un sans doute des prélats mécontents de se voir obligés de résider dans leur diocese, a fait ou fait faire une espece de parodie de la lettre ministérielle de M. le baron de *Breteuil*, où l'on en critique le fond & la forme. On dit cette plaisanterie assez plate ; cependant elle a un certain cours à raison du moment & des grands personnages qu'elle concerne.

8 Novembre. Extrait d'une lettre de Lyon du premier novembre... C'est le 21 septembre qu'est décédé en cette ville l'avocat dont vous vous informez, Me. *Prost de Royer*, des académies de Lyon, des Arcades, de Bordeaux, &c. Du barreau il étoit passé à des places distinguées il avoit été successivement administrateur des hôpitaux, échevin, président du tribunal du commerce, lieutenant-général de police, provincial des monnoies.

Entre ses ouvrages littéraires on distingue une *Lettre sur le prêt à intérêt* qu'il publia en 1763 ; elle plut assez à M. de *Voltaire* pour qu'il permît de l'insérer dans ses œuvres, & elle a servi de base à tous les traités ou écrits qui ont paru depuis sur la même matiere.

Il mit au jour après ce premier écrit un ouvrage *sur la municipalité de Lyon* & un *projet d'établissement d'un bureau de nourrices*, qu'il eut la satisfaction de voir exécuté. Il avoit d'abord lu ce projet à notre académie, & l'assemblée avoit fondu en larmes.

Au moment de sa mort il travailloit à régénérer le grand *Dictionnaire de Brillon*: Il étoit à la veille de livrer au public le cinquieme volume. Il est à espérer que son confrere M. *Riolz*, qu'il s'étoit associé, continuera ce travail.

Me. *Prost de Royer* étoit un savant plus connu des étrangers que des nationaux. Il étoit en correspondance avec plusieurs de sa classe. Aussi les illustres voyageurs qui ont visité la France depuis plusieurs années, n'ont pas manqué de le voir à leur passage dans cette ville. L'empereur, le comte du *Nord*, l'archiduc, le roi de Suede, le maréchal Potosky, tous l'ont accueilli avec distinction. En dernier lieu M. le comte d'*Oëls* ne lui permit pas de le quitter durant son séjour.

9 Novembre. Extrait d'une lettre de Versailles, du 7 novembre.... Derniérement il y avoit à dîner chez madame d'*Herveley*, que vous savez être née sujette de l'empereur, un capitaine Autrichien & un gros négociant Hollandois. Après le repas ces deux personnages se mirent à causer ensemble sur la rupture éventuelle entre la cour de Vienne & les Etats-Généraux. Le premier demande à l'autre ce qu'il pouvoit opposer aux quatre-vingts mille hommes que la Hollande étoit à la veille de voir armer contre elle? « Notre courage, „ dit le républicain, nos facultés, notre sang. —
„ Voilà des sentiments bien Romains, reprend
„ l'Autrichien; mais aujourd'hui ce sont les
„ gros bataillons qui gagnent les batailles, font
„ la guerre ou la paix.... Hé bien, repart son
„ adversaire: nous avons beaucoup d'argent,
„ plus que l'empereur; avec ce secours nous acheterons ses troupes. Puis, après tout, continue t-
„ il: qu'est-ce que votre maître? C'est un homme

» qui b... toujours & ne dé***** jamais »
Propos grossier, sans doute, mais énergique, en
ce qu'il caractérise à merveille la politique d'un
prince qui a déjà roulé dans sa tête plusieurs projets
de guerre, & les a vus tous avortés, faute de les
avoir assez digérés.

9 *Novembre.* On a découvert que la comédie de
Richard cœur de Lion étoit tirée d'un recueil de
fabliaux, publié il y a trois ou quatre ans par monsieur *le Grand d'Aussy*, que tout l'épisode de *Blondel*
étoit absolument postiche ; aucun historien n'en
fait mention & la captivité de ce roi très-réelle
ne fournit rien qui puisse fonder le merveileux
du fond, qui n'est qu'une pure fable ; ce qui
rend la piece encore plus absurde dans son intrigue.

10 *Novembre.* M. de *la Place* est aussi entré en
lice pour concourir aux inscriptions de la pompe
à feu de messieurs *Perrieve* ; il a traduit ainsi le
distique de M. l'abbé *Boscovitz*:

Ici, chers citoyens, par un accord nouveau,
Vos vœux sont exaucés : le feu vous donne l'eau.

10 *Novembre* On compte déjà dix appels comme
d'abus de la part des bénédictins opposés au régime actuel. C'est le fameux M. *Piales* qui les
soutient de sa doctrine, de ses principes & de
ses raisonnements lumineux.

11 *Novembre.* Extrait d'une lettre de Beauvais,
du 31 octobre...... Une statue équestre de
Louis XIV, ouvrage de *Girardon*, destinée pour
la place de Vendôme, ayant été jugée trop petite,
fut donnée par ce monarque au maréchal de
Boufflers qui la fit transférer dans sa terre de
Boufflers. Le comte de *Crillon*, propriétaire aujourd'hui de cette terre, a trouvé qu'un aussi
beau morceau étoit déplacé dans un endroit so-

litaire de son parc; il a demandé que la statue fût transférée dans cette ville pour y être admirée d'un plus grand nombre de François. Le roi y a donné son agrément.

Les ouvriers préposés à la conduite de ce monument, quoiqu'en grand nombre & avec beaucoup de peine, n'ont pu lui faire faire que deux lieues en onze jours, la statue ne pouvant avancer qu'à l'aide de cabestants. On compte qu'elle pese 28 à 30 milliers; à quoi il faut ajouter encore environ 10 milliers, tant pour le char, que pour les pieces énormes dans lesquelles elle est assujettie.

Les écoliers du college & des pensions qui partageoient avec les habitants l'impatience de posséder un monument si cher, profiterent du jeudi 7 de ce mois, jour de congé, pour se rendre sur les onze heures du matin à une lieue & demie de cette ville, au hameau appellé Saint-Maurice, où étoit la statue : par un pur mouvement de zele ils prierent l'entrepreneur d'abandonner les cabestants & de leur livrer les cordages. Ils étoient environ deux cents, petits comme grands : tous employerent leurs forces avec tant d'intelligence & de succès, que, sans les ordres précis de l'intendant de la laisser à quelque distance de la ville, ils l'y eussent fait entrer, & l'auroient amenée sur la place le même jour à cinq heures & demie du soir. Il se calcule que chacun, l'un portant l'autre, avoit déplacé une masse d'environ deux cents livres pesant.

11 *Novembre.* Les états de *Hollande* ayant exigé de leurs conseillers comités un rapport exact de la véritable situation des frontieres, arsenaux, magasins, &c. ceux-ci ont obéi, & cet état authentique a mis dans un jour parfait la mauvaise administration des chefs. Comme un tel

rapport a percé, est, dit-on, imprimé, & qu'on en voit à Paris des exemplaires, fort rares, il est vrai ; les partisans de la maison d'*orange* le traitent de libelle ; ils gratifient de crime de haute-trahison sa publication dans la circonstance présente. Les rédacteurs des gazettes nationales s'en étant emparés, & ayant commencé l'insertion du rapport dont il s'agit, ont reçu défenses de continuer. Toutes ces difficultés ne font qu'exciter la curiosité des politiques de Paris, avides de connoître cette piece intéressante & fidelle ; mais c'est en vain que beaucoup l'ont cherchée jusqu'à présent.

11 *Novembre.* Extrait d'une lettre de Londres, du 28 octobre..... Un certain *Elias Abesès*, Grec de naissance, ayant acquis par un long séjour, & par des places de confiance à Constantinople, des notions dérobées au public sur divers usages de cet empire & du sérail, les avoit rassemblées dans un manuscrit qu'on vient de traduire en anglois, sous le titre de *The present state of Ottoman empire :* l'état présent de l'empire Ottoman.

Suivant cet ouvrage, le nombre des esclaves ou femmes du grand-seigneur actuel est de 1600 : chacune a son lit à part : le nombre dépend de la volonté seule du sultan régnant. *Selim* en avoit 2000 & le sultan *Mahomet* seulement 300. Elles vivent dans la partie la plus retirée du sérail, dont un côté a vue sur les jardins, & l'autre sur la mer de Marmora. Depuis que le czar *Heraclius* n'envoie plus de la Géorgie le tribut des filles, ce sont des pirates qui recrutent pour le sérail ; ils cherchent à les prendre en Circassie ; ils les choisissent fort jeunes, dès qu'elles annoncent de la beauté. On leur enseigne à broder, à danser, à chanter, elles n'ont personne pour les servir : ce sont les jeunes qui servent les plus anciennes.

La jalousie est extrême parmi ces femmes & le

grand seigneur n'a le droit d'appeller à son lit une des esclaves qu'aux jours de fêtes extraordinaires ; autrement elles courent grand risque pour leurs jours. La jalousie des favorites sous le regne d'*Achmet*, fit empoisonner 150 de ces femmes qui avoient eu le bonheur de s'attirer les regards du grand-seigneur, les jours non permis...... Au reste, cet ouvrage sera bientôt traduit en françois & vous amusera.

12 *Novembre*. Extrait d'une lettre de Toulouse, du 15 octobre........ L'affaire dont vous me parlez est déjà vieille, elle a été jugée le 29 juillet dernier. En voici le sujet.

Vous savez que la destruction des jésuites en France a laissé un grand vuide pour toutes les écoles, & notamment dans cette ville à l'égard de la théologie. Le parlement y suppléa par un arrêt du 7 novembre 1765, & enjoignit aux quatre professeurs conventuels des augustins, des carmes, des cordeliers & des bernardins, d'ouvrir leurs écoles & d'y faire des leçons publiques. Il faut observer que ces professeurs étoient déjà nécessairement membres de l'université.

Cependant neuf ans après les sieurs *Pigeon*, *Barthe* & *la Roque*, jaloux des réguliers, prétendirent les exclure de cet enseignement public : l'un d'eux, le sieur *la Roque*, essaya de prouver que leurs rivaux n'avoient eu autrefois que le droit d'enseigner les religieux de leurs ordres. Me. *Jamme*, si célèbre par la défense de M. *Damade*, prit en main la cause des professeurs réguliers ; il releva avec beaucoup de clarté & de force des assertions du professeur *la Roque* & le terrassa absolument.

12 *Novembre*. Relation de la séance publique de l'académie royale des inscriptions & belles-lettres, tenue aujourd'hui pour sa rentrée d'après la Saint-Martin.

La compagnie s'étant épuisée sans doute pour la séance publique tenue extraordinairement le 7 septembre dernier, cette séance-ci a été fort maigre

M. *Dacier* l'a ouverte, en déclarant que l'académie, entre les pieces qui avoient concouru pour le prix à décerner dans cette séance, n'en avoit trouvé aucune qui en fût digne. Ce sujet étoit énoncé ainsi : *Examiner quel fut l'état du commerce chez les Romains, depuis la premiere guerre punique jusqu'à l'avénement de Constantin à l'empire.*

Il dit ensuite que l'académie proposoit pour le sujet du prix qu'elle doit délivrer à pâques 1786, de comparer ensemble *Zoroastre*, *Confucius* & *Mahomet*, & *le siecle où ils ont vécu.*

Après ces annonces, il a lu l'éloge de M. l'abbé *Guasco*, académicien libre. Il étoit né en 1712 d'une famille piémontoise & distinguée. Il fut de bonne heure affligé de la vue, & les soins qu'on prit pour la lui conserver, lui firent perdre absolument un œil. Celui qu'on avoit négligé comme trop incurable fut le seul au contraire qui lui restât. Destiné à l'état ecclésiastique, l'abbé *Guasco* étudia en théologie à Turin. Il s'y éleva dans ce temps une querelle à-peu-près semblable à celle qu'on a vu naître tout récemment à Toulouse ; les professeurs séculiers de cette science attaquerent les réguliers sous lesquels le jeune de *Guasco* faisoit son cours ; ils les taxerent d'enseigner une doctrine erronée ; leurs écoliers furent interrogés sur leur foi & n'eurent pas de peine à détruire la calomnie.

L'abbé de *Guasco*, sorti de cette épreuve, se répandit dans le monde, parut à la cour de Turin, & déploya un si grand mérite qu'il inspira de la jalousie

jalousie à son pere. Pour s'y souftraire, il vint en France & s'établit à Paris. Il s'y lia bientôt avec le célèbre président de *Montesquieu*, & y acquit d'autres amis diftingués dans les lettres & dans les sciences. M. *Dacier* fait une defcription particuliere des talents qu'avoit cet étranger pour la converfation, dont il poffédoit la pantomime au plus haut degré. Cette pantomime eft prinicipament affectée aux Italiens, à qui leur vivacité ne permet pas de rien dire fans y mêler beaucoup de gefticulation qui, bien ou mal placée, peut & doit produire des effets bien différents.

M. l'abbé de *Guafco* favoit les langues; il avoit de grandes connoiffances dans les antiquités & dans les arts. Durant fon féjour en France il concourut plufieurs fois pour les prix de l'académie des belles-lettres, & fut toujours couronné ; ce qui lui valut enfin l'honneur d'y être admis en 1749.

M. *Dacier* paffe rapidement fur les ouvrages du défunt, peu connus & que fans doute il ne connoiffoit pas affez bien lui-même pour entrer à cet égard dans de grands détails ; il affure feulement que leur auteur avoit fait des progrès fi confidérables dans notre langue, qu'on s'apperçoit rarement en les lifant, qu'il foit étranger. Du refte, peu de détails fur les mœurs, fur la vie, fur le caractere de l'abbé de *Guafco*. Aucune faillie, aucune plaifanterie, aucune anecdote, aucun mot philofophique rapporté dans cet éloge.

La circonftance la plus finguliere de la vie de l'abbé de *Guafco*, c'eft que le féjour de la ville de Tournay ne convenant point à fa fanté, il avoit pris le parti de retourner en Italie, mais d'effayer avant du climat de chaque ville pour juger celle où il feroit le mieux : il eft mort du rant cet essai en 1781, & l'académie a été plusieurs années à ignorer cette perte; en sorte qu'il se trouve encore dans l'almanach royal de 1784 & qu'elle ne lui a payé qu'à cette époque le tribut tardif dû à sa mémoire.

Après cet éloge M. de *Rochefort* a lu le premier. C'est un second *Mémoire sur Ménandre*, où il établit avec le même art des rapprochements, la même finesse d'inductions, que *Plaute* peu soupçonné jusqu'à présent d'avoir tiré parti du poëte grec, lui a beaucoup d'obligation & s'en est approprié quantité de choses. Il en cite pour exemple le *Miles gloriosus*, traduit ordinairement sous le titre du *Soldat fanfaron*. Il fait une assez grande analyse de l'ouvrage, il le décompose & pousse la preuve de ce qu'il avance jusqu'à la démonstration.

Du reste, il loue *Ménandre* du talent qu'il avoit dans ses pieces de donner aux spectateurs le plaisir du ridicule, sans employer les ressources d'une odieuse malignité. Il fait voir enfin qu'*Appollodore* fut de tous les poëtes comiques celui qui sut le mieux imiter la maniere de *Ménandre*, & qui approcha le plus de sa perfection. Chemin faisant, il continue de répandre des préceptes & d'excellentes vues sur l'art; il donne quelques légers coups de patte au sieur de *Beaumarchais* qui, sans être ni *Ménandre*, ni *Plaute*, ni *Moliere*, amuse ou du moins fait courir tout Paris depuis six mois.

A cette lecture a succédé celle d'un Mémoire de M. de *Guignes*, ne contenant autre chose que des *Observations sur le degré de certitude des éclipses rapportées par Confucius dans son ouvrage intitulé* Tchun-t-Sceou, *depuis l'an* 720 *jusqu'en* 495 *avant Jesus-Christ*.

Son organe ne lui permettant pas de lire lui-même, il a emprunté celui de son confrere, M. *Anquetil*, à la voix de *Stentor*, mais qui, ne sachant pas la ménager, avec les meilleures choses fatigue & ennuie souvent l'auditoire; ce qui étoit encore plus inévitable en cette occasion où le sujet étoit par lui-même très-didactique & très-sec. En général l'auteur, infatigable adversaire des Chinois, les déprime le plus qu'il peut. Il prétend que les éclipses dont *Confucius* fait mention dans son ouvrage, ne peuvent servir à établir la certitude de l'histoire de ce peuple; parce qu'on ne connoît pas assez le calendrier qu'il a suivi, qu'on n'y trouve pas assez de détails pour calculer, & qu'elles ne sont rapportées que relativement à l'astrologie, à laquelle les *Chinois* ont été adonnés de tout temps, comme ils le sont encore à présent. Il en conclut la nullité de leur astronomie, la plus ancienne de l'univers, mais qui faute de méthode & de points certains, ne pourroit que faire tomber dans des erreurs considérables. Les Chinois sont dans les sciences comme les oiseaux, qui depuis l'origine du monde construisent leur nid de la même maniere, sans aucune amélioration; connoissant presque tous les arts avant les Européens, ils n'y ont pas fait le plus léger progrès & ils sont encore au premier degré de leur enfance.

Le quatrieme *Mémoire sur la Palestine*, de M. l'abbé *Cuenée*, débité par le même lecteur, auroit éprouvé le même sort, si son auteur, excédé du mauvais ton de M. *Anquetil*, n'avoit pris le parti de lui arracher le cahier &, malgré la foiblesse de son organe, d'en achever la lecture.

L'infatigable défenseur du peuple Juif, & de tout ce qui lui appartient, dans sa dissertation, qu'il a beaucoup abrégée à cause du temps, ou plutôt dont il n'a lu que la derniere partie, continue à prouver invinciblement, que *la Palef-tine confidérée principalement par rapport à fa ferti-lité, depuis l'entrée des croifés en 1099 jufqu'à la conquête de Selim en 1317*, bien loin d'être une terre ftérile & de malédiction, a toujours été une terre abondante & de promiffion. Il expofe les principaux objets de fa culture, les anciens qui s'y confervoient encore, ceux qui avoient difparu, & les nouveaux introduits à cette époque. On connoît fa clarté, la méthode, la fimplicité pure & noble des ouvrages de l'académicien, avant qu'il fût de cette compagnie, & certes il n'a pas dégénéré depuis.

M. de *Keralio* a terminé la féance par la lecture du fecond *Mémoire fur les loix & ufages militaires des Romains*. Son objet devoit être un examen critique de quelques points de ces loix, des principaux changements qu'elles ont éprouvés, & des effets de ces changements. Auffi, obligé de beaucoup étrangler fon ouvrage pour cette féance, malheureufement il n'en a embraffé que la partie la plus ennuyeufe concernant les détails de la légion romaine, qu'il a difféquée dans toutes fes divifions & fous-divifions.

Cette fois la matiere manquant aux lecteurs, on a levé la féance avant l'heure ordinaire de fortir; les écoliers académiciens ont eu un quart-d'heure de claffe de moins, & fe font empreffés d'en profiter.

12 *Novembre*. M. *Desfontaines* a remis en un acte fa piece des *Amours de Cherubin*, & efpere la faire paffer ainfi. La feconde repréfentation eft annoncée pour dimanche, 14 de ce mois.

Fin du vingt-fixieme Volume.

www.ingramcontent.com/pod-product-compliance
Lightning Source LLC
Chambersburg PA
CBHW070757170426
43200CB00007B/817